THE CASE FILE OF DR. ZERO PSYCHIC

零通靈博士事件簿

宇宙遊戲大解密

加拿大自然醫學博士 **王永憲** 著

目錄

〈自序〉歡迎來到零通靈的世界　10

Ch1 超越吸引力法則的極限技巧「量子轉化」　15

1-1 我們與心想事成的距離　16

量子轉化是精準調整能量頻率的技巧　19
心想事成的三個條件　22

1-2 對宇宙許願時容易犯的錯誤　24

量子轉化充滿突破性，但並非沒有限制　24
你想選擇相信什麼樣的信念？　28
不精準的許願　29
不切實際的願望無法實現　32
感情的錯誤許願法　34
想當上帝，也會造成問題　36
鬼打牆最難救　40
你所餵養的願望會成真　43
貪心不足蛇吞象　47
太常修改願望，就是告訴宇宙「你不知道自己要什麼」　48

1-3 成敗相依的「潛意識」　53

潛意識真的分辨不出想像與真實嗎？　54
潛意識觸發的其實是你的生命經驗　55
關於內在小孩與分靈體　58
幫助你知道自己在哪邊的測量法　62

1-4 我所嘗試過幾個改變命運的方法　67

風水真的會改變命運嗎？　67
持咒的祕密　70

Ch2 量子轉化的關鍵影響　73

2-1 量子轉化進階影響關鍵　74

「相欠債」不僅僅是一個口語概念　74
從宇宙編導的層級做修訂，才會提高成功率　76
讓我發現相欠債的「三明治事件」　77

相欠債會產生變化　79

有欠「相欠債」會發生什麼事？　83

比相欠債更深層的相欠債：功課　86

不為自己設定，就等著被別人設定：主導權　91

量子轉化的天時、地利、人和　95

2-2 人類的九個本源種族與對現世的影響　98

人類的九個本源種族　99

本源是先天的原廠設定　102

外貌是否受到本源的影響？　104

「自我感覺良好」對人生產生的影響　107

2-3 是誰模擬出我們的世界？　112

我們遊戲世界的緣起　115

一層一層發展下去的文明世界　116

不同層級文明的玩家特質　118

關於人生遊戲玩法的進階說明　123

你所知的「歷史」其實可能不存在　125

影響你命運的文明力量　127

進一步來探討「文明組合」的特質　130

安裝 C 文明的相關實驗　133

關於「糧草」的概念　134

增加 C 文明後的個案分享　135

改變命運是個幌子？　140

神也來自不同文明領域　142

希臘諸神與我們世界的起源　144

諸神的意識分流　147

在 D 文明之外的 E、F 文明可能性　151

希臘諸神與我們世界的連結與可能性　154

上一層的因，才是真正主宰下一層的果　161

從量子轉化回看吸引力法則　167

吸引力法則不是極致，視情況仍十分夠用　168

Ch3 人生真的是一場「遊戲」　171

3-1 暢遊「人生主題樂園」該知道的事　172

人生主題樂園　172

關於主題樂園選擇的等級　175

度眾生到底是什麼樣的遊戲？　177

3-2 一玩再玩，遇見更好版本的自己　182

輪迴轉世到底存不存在？　182
「我」的體驗：玩出最好的「王永憲」　186

3-3 當「遊戲不好玩」時，該怎麼辦？　191

人生爽度 vs 遊戲難度　191
我們覺得人生不好玩，卻是上界玩家超愛的爽快遊戲　193
遊戲中的「購買行程機制」　196
人生遊戲裡的「加購行程」與「推銷行程」　198

3-4 遊戲中的 Bug 與祕技　202

人類現實生活中遊戲的 bug　202
除了祕技之外的人生 bug　204
當人生遊戲卡關時　207
Game over？關於壽命的祕密　209
上界玩家人生爽度與我有關嗎？　211
不同層級就要使用不同技巧　219

Ch4 你的現實就是虛擬　221

4-1 虛擬即是現實　222

幻象世界的模擬假說　223
缸中之腦──被圈養的意識　224
電動玩具的進化，隱藏模擬假說的佐證　226
宇宙的起源・數位大爆炸　227
諸法皆空，一切都是由最小像素所構成的　228
速度的最上限與空間扭曲　231
平行宇宙與遊戲的多重結局　231
虛擬實境（VR）　233

4-2 量子物理的一些學理　236

雙縫實驗的意義　237
你的現在決定過去　239
構成能遠距影響其他人事物的非定域性概念　240
把無限可能性變成單一可能性的「瓦解波形」　242

4-3 「現實世界」是「虛擬遊戲」的投影　245

遊戲中的非玩家角色（NPC）　245

遊戲裡的「多條命、不同等級、點數、經驗值」　248
冒險、業力與神（人工智能）　249
開放的世界以及無窮盡的可能性　251
我們有自由意志嗎？　253

Ch5 我要預約量子轉化！　259

5-1 王博士的「量子轉化」服務　260
預約並且進行量子轉化的須知　261
量子轉化可以怎樣幫到我？　262
為什麼量子轉化不接受當日預約？　264
量子轉化遠距行政作業上的二三事　265
請問量子轉化的效果如何？　267
穿梭平行時空的注意事項　268
關於量子轉化後續的調整　269
讓量子轉化更有效的祕技　270
請欣然感恩地迎接新時空狀態　272
腦袋開始改變，代表新旅程已啟航　273

5-2 做完量子轉化後常見問題　275
常見問題：狀況變糟了，還是狀況出現變化了？　275
對量子轉化的誤解　276
量子轉化，一次就夠嗎？還是多多益善呢？　279

5-3 量子轉化常見的 Q&A　280

【尾聲】來自 A 文明的財富：有錢咒　302

【附錄】卡到負面能量的自救方法　306

【參考文獻】　309

王永憲博士　量子轉化系列課程簡介　311
晴康中心資訊　313

〈自序〉歡迎來到零通靈的世界

　　從高中就開始接觸身心靈資訊的我，經常在思考的問題是：人生要怎樣才能變得更好？我認為首先必須要破解「這個世界為什麼會是以我們現在所認知的方式運作的？」，要是能知道世界的運作規則後，或許就可以找到改變人生的「正確方法」。

　　2014 年，我在陷入人生困境時研發出了神奇的「量子轉化」，從此改變了我的人生方向。在量子轉化出現後約一年，發生了一件特別的事情：某天深夜，一位朋友打電話給我，她說她誤吃了一個不太新鮮的三明治，肚子痛得很厲害，我腦袋閃過一個念頭：「靠，該不會是妳欠三明治吧？」

　　於是我就依照當下這個直覺的念頭，用量子轉化調整了三明治跟我朋友之間能量上的關係，讓三明治變成欠我朋友。約莫十分鐘左右之後，她跟我說，肚子已經完全不疼了。

　　這次的結果讓我大吃一驚，原來宇宙萬物之間存在著一種能量流動的方式，這方式會影響到現實中一個人與周遭人事物互動以及事件發展的走向。因為這一開始是來自我朋友「欠」了三明治，後來我就把這個形容能量流動的概念稱之為「相欠債」。

　　在我多年的測試與實務操作下，除了確定「相欠債」這樣的隱藏規則真實存在，而且調整後的效果顯著，許多個案也因為透過量子轉化調整了相欠債，而使生命出現許多不可思議的奇蹟（當然，量子轉化不是只有調整相欠債而已）。

　　說到這裡，你可能會想，那我又是如何得到這些訊息的呢？

　　我必須先說明一下，我是一個沒有通靈能力的麻瓜。所謂的通靈，我認為是可以接收到不屬於自己的，而是來自其他意識的訊息，像是眼睛直接看到光或是靈體、耳朵可以聽到來自靈體或其他世界

的聲音、身體可以因為磁場上變化的不同而有特別的感覺，像是起雞皮疙瘩，感受到體內能量的流動、冷熱感，或是可以聞到靈體或不同世界的味道。以上這些能力我通通沒有，多年來即使我嘗試過了許多方法，都無法改變「我是個不折不扣的麻瓜」的事實。

每當在與有通靈體質的朋友聚會時，他們總會聊到親眼看到神佛、光啊之類的，或是可以讀取到別人在想什麼，有些人還可以預知未來、看到前世等等，這些除了讓我心生羨慕之外，更是讓我感到自卑。為什麼我就是沒有這種體質呢？如果人生有困難時，可以有高靈指點我該有多好？

或許我少數的優點之一就是不輕易言棄吧！我的旅程從 EFT 情緒釋放技巧開始，也接觸了許多身心靈方面的資訊，後來我結合了靈擺與美國 CIA 專用的 Controlled Remote Viewing（受控式遠距觀測，以下簡稱為「遙視」）技術，自己研發出了「空間訊息讀取術」。有了這個技巧，即使不會通靈的人，也可以跟（遊戲世界的）空間互動來獲得讀取資訊的能力，而且不需要透過任何的工具。我把上述的能力，稱為「零通靈」。

《駭客任務》（The Matrix）的世界觀裡，闡述著「世界是一個虛擬的假象」的說法，而近年來許多量子物理學家們的研究，則是更激進地指向了「我們所處的世界，是一個由電腦所模擬出來的世界」的學說──這就是「模擬假說」的由來。

本書的第四章，是我從許多書籍以及網路搜尋所整理出來支持「模擬假說」的資訊，如果你覺得這部分太生硬的話，可以跳過，直接往我的實際經歷與案例，從這些比較有趣的部份開始閱讀。

不管有通靈或是零通靈也好，我們所看到的，都是這個世界所展現給我們看到的一個角度、一個面向，沒有人可以看到這個世界的全貌；但不管怎樣，我們最終想要的，其實都是讓自己的人生變得更好。我無法跟大家拍胸脯保證說，我書上寫的一定就是宇宙的真相；在書裡面，我提出的只是一個我自己所觀察到的世界運作的

模型，這是一個從零通靈角度所看到的世界。這個模型雖然不是真相，但是卻有「讓我們可以更接近真相並且賦予操作」的價值。同樣的，我們也可以隨時摧毀掉這個架構出來的模型，畢竟世界的存在只是一場幻象，而人生有依照了這個模型來操作而變得更好，這對我來說才是真的。

「三明治事件」的發生對我人生有著重大的意義。試想，如果我們存在的世界是一個遊戲世界，我們也只是遊戲裡的角色的話，那麼人生的種種問題，是否只要透過修改遊戲世界的參數就能迎刃而解呢？

量子轉化，就是可以修改遊戲設定的外掛程式。當你有了這樣的金手指，你一定還會更進一步地想知道，遊戲世界裡，還有哪些參數與設定可以調整？調整了以後又會發生什麼事情？我們與「心想事成」的距離又可以有多近？一般身心靈的概念都說，一切人生的問題都出在自己身上，可是如果你只是個遊戲中的角色的話，那麼你還需要對自己負責嗎？我們又是為了什麼而來到這個世界的呢？

這本書裡顛覆了許多傳統身心靈的概念，也收錄了種種我腦洞大開的發想以及實際操作的結果，這過程非常有趣好玩，當然有時候也充滿了挫敗，畢竟要靠一己之力來破解宇宙如此複雜的機制，並不是件容易的事，但這些都是我人生寶貴的經驗。

Sony 在 Playstation 發售 20 週年（2014 年）時發布了一段影片，影片裡有這麼一句話：「我們拯救了多少次世界，磨礪出了多少個技能；我們經歷過了多少次愛戀，打敗了多少個敵人；我們演繹了多少個不同的人生，我們和多少個夥伴們一同戰鬥過。這些經歷，只有我們自己知道。」

是的，現在是把我的這些經歷分享給大家的時候了。

這本書的出版，要感謝商周出版社的藍萍姐，感謝她願意讓我

出這麼任性與亂來、沒有人寫過的一本書；感謝孟舫、妙瑟以及歐文，願意在我探索的過程，聽取我的想法並且給予意見；感謝貓眼娜娜提供文稿上修潤的建議；也感謝我的學生們，你們願意接受一個頭殼可能壞掉的老師、依照我的教導並且讓我知道，我所發現的東西，你們也都做得到。

　　最後要感謝購買了這本書的你。相信這本書可以開啟你對於我們所處世界的新視野，最重要的是，當你也發現這個世界是一個虛擬的遊戲世界後，你對你原本的人生與世界，又會有什麼不一樣的看法與改變呢？

　　那麼，請翻開下一頁，讓我做你的嚮導，我們一起進到零通靈的世界探險吧～

Ch1 超越吸引力法則的極限技巧「量子轉化」

1-1 我們與心想事成的距離

首先來分享一個個案給我的量子轉化回饋：

碩士畢業後待業了半年多，終於開始找工作，但之前去理想的單位應徵都被打槍，不然就是沒有碩士加給。因此設定好願望後，決定請老師幫我做遠距找工作。以為至少要一兩個禮拜才會有效果，沒想到老師幫我做完的隔天早上，就被通知面試，不到兩個小時後就被通知錄取了！

重點來了，這份工作的待遇與離家距離遠近，都比我原本許願的設定條件好上非常多（例如原本設定騎車 30 分內可以到工作場所，這個單位只要騎 10 分鐘；薪水與原本設定的多上 3000 塊，還有碩士加給）。老師真的太神啦！

接下來還要繼續請老師幫忙設定工作一切順利！感謝老師～

這樣類似神蹟的事情，究竟是怎麼做到的呢？請先容許我自我介紹一下我的背景與經歷吧。

我本身在加拿大讀的是自然醫學，學成後也是從事自然醫學的工作，我的專長是來自澳洲的「撥恩技巧」（Bowen Technique）以及德國的「同類療法」（Homeopathy）。多年的臨床與諮詢中，我觀察到，許多病人的健康問題，在進步到一個程度後，就無法變得更好了。在與許多病人深談下，我發現，大多數身體上的疾病，都是病人內在負面情緒與過去創傷的反映，於是我後來除了原本的「撥恩技巧」以及「同類療法」以外，也加上了「巴哈花精」（Bach Flower Remedies）以及「EFT 情緒釋放技巧」，沒想到這竟是解開

許多疾病障礙的關鍵，大家都變得更健康，更開心了。

　　所以我依照我的所學與經驗，出版了《不開心，當然會生病》一書，這本書專注的是情緒與疾病的關聯。但是這本書沒講完的，卻是我所發現的寶物：「情緒與心想事成的關聯」。

　　首先我們要了解到，「外在世界的狀態只是內在狀態反映的結果」，所以每一個身體上的疾病，包含你人生的一個困境，都會有一個內在情緒，或是負面能量的源頭。當你專注在負面的狀態下，有了負面的情緒，那麼就會產生更多外在負面的結果；相對的，當你專注在好的情緒上，就會吸引到更多好的、讓你開心的外在結果，這就是吸引力法則。

　　想要心想事成，情緒是最大的關鍵。為什麼情緒釋放是如此的重要？我們來看看這一張圖：

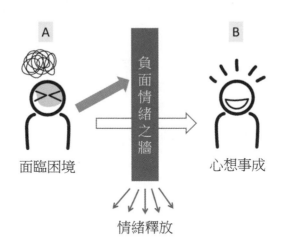

　　這張圖是我自己對吸引力法則的見解與闡釋。A 是目前因為人生遇到了困難而愁眉不展的你，B 是因為問題解決了而非常開心的你。

中間的這一道牆，可以把它視做：因為你本身的負面情緒所累積出來，阻擋你達到心願的，能量上的障礙之牆。負面情緒越強大，這面牆就越厚實，越難瓦解。

　　Ａ與Ｂ兩個都一樣是你，差別在哪呢？答案很簡單，只有情緒狀態上的差別而已。

　　我個人的實際操作經驗是，只要能夠把阻擋住的情緒釋放掉，就能夠拉近我與心想事成的距離。而「EFT情緒釋放技巧」以及「聖多納方法」是我一開始發現到很棒的情緒釋放技巧，只要能夠釋放情緒，中間的這道牆就會被瓦解，願望就會快速達成。於是我也依照當時的經驗，出版了《放下的力量》一書。

　　緊接著沒多久，新的問題出現了。雖然情緒釋放是心想事成的重大關鍵，可是如果你所擁有的負面情緒，或是這一道牆的厚度，遠遠超出你的想像呢？

　　改變命運並沒有我想像中那麼簡單！很多時候問題無法解決，是因為這件事情的負面能量累積了太多，這些問題可以歸類到你的潛意識、你人生過去的創傷，甚至前世（如果我們先假定有前世存在的話），我們會因為這些能量的影響而出現特定的習性，所有的生物都是依照習性運作，而累積越多的習慣是越難改變的。

　　越難改變的事情，往往可能就是累積了成千上萬的分靈體（分靈體，是負面能量的單位，更多關於分靈體的資訊請參考P.58）。一般做情緒釋放，能把情緒從「很強烈」處理到「沒有不好的感覺」，就是處理了一次的分靈體。假設做一次EFT需費時1分鐘，如果你想要釋放1億個累積分靈體，那正常來講，就需要花上1億分鐘，也就等於190年，對於一般人來說，這就是窮極一生都無法改變的命運了。

　　2014年農曆春節前，當時我的財務狀況、事業與感情都陷入谷底，我所遭遇到的負面能量遠超出我所能處理的範圍，我的人生正在經歷靈魂暗夜，我對於現況無能為力。這段靈魂暗夜持續了將近

四個月，我沮喪到幾乎要放棄情緒釋放，當時我所相信的信念都被推翻，我已經在要放棄自己的邊緣了，但是我也沒有其他的路可以走，我唯一能做的就是透過情緒釋放，讓自己在人生最痛苦的時候，還能有片刻的喘息。

某天就在我情緒釋放完，稍作靜心休息時，突然腦袋靈光一閃，把 EFT 與聖多納技巧的概念融合起來，並加上其他所學，我發現，我可以用意識的力量，一次處理掉比以前來的更多的負面能量，於是「量子轉化」就這麼誕生了。

初期量子轉化的概念，說穿了就是強效版的情緒釋放，只要能夠透過宇宙深層意識，把你當下跟你所想要願望之間的能量障礙（分靈體）消除的話，那就能大幅提高心想事成的機率。因為「量子轉化」有這樣的效率，且又架構在吸引力法則的理念之下，我認為「量子轉化」是一個超越吸引力法則極限的技巧。

在我不斷的操作與實驗這個以意識為力量的量子轉化時，更多有趣好玩的概念由此衍生出來了。這中間還包含了：我意外的從麻瓜，得到了零通靈的能力；之後更是因為一個「三明治事件」的發生（詳細的經過在本書的第 2 章），讓量子轉化又更加的進化了。

不過在我們聊到更深層的概念之前，不妨先看看我多年來在這條路上所經驗到以及領悟到的，「要如何更加拉近我們與心想事成的距離」的基礎觀念吧。

量子轉化是精準調整能量頻率的技巧

之前我家裝潢時，因為變動設計的緣故，導致清水模的牆壁多打了一個洞。

那一個洞多醜啊，美麗的清水模就這樣毀了！

設計師跟我說，不用擔心，她會找一個很厲害的油漆師傅來處理。

那天，油漆師傅來了，他先把洞填滿補土，然後開始調油漆。沒多久，調好的漆完美的刷在補土上，如果不是超近距離仔細看的話，根本看不出有什麼不同！這師傅調色的功力也太厲害了吧！

　　這就讓我想到「量子轉化」跟「調色」之間的關聯。畫畫是什麼？最原始的畫畫就是單純的把看到的東西，用自己的方式記錄下來（這邊先撇開抽象派或是刻意營造出濃烈個人風格形式的技巧不談）。所以，學畫畫的第一步往往是素描，就是把你眼前的物體用鉛筆去勾勒出來，把它的線條、質地與光影立體感，重現在紙上。

　　我在溫哥華時，曾請教來自中國的知名藝術家程樹人先生；我問他，素描要怎樣才畫得好？他回答：「盡你所能去把看到的一切，絲毫不差的複製到紙上，那就會是個很棒的素描。」

　　原來那些繪畫技巧很厲害的人，就是具備了能夠把眼睛看到的內容，完全複製到畫紙上的能力；包含了最基礎的草稿、線條乃至調色，都能夠完整重現，這就是祕訣所在。

　　而量子轉化，嚴格說起來就是「精準重現目標」的能量調頻與設定。

　　比如說「我想要變有錢」（就像畫畫一樣，先鎖定想畫的目標），然後把自己調整到有錢；也就是把有錢的能量與頻率，完整的調整或複製到自己身上，這樣就能夠顯化出有錢的狀態。

　　說是這麼說啦，好像很簡單的樣子，但其實一點都不簡單。

　　很多人的許願就是「我要變有錢」、「我要某某某愛上我」，這其實一點都不精準。

　　用畫畫來比喻，如果你表達想要調出黃色，這對於畫家來說，是多麼困難的要求啊！你知道這世上存在著多少不同色階的黃色嗎？

　　更何況是要把你從「沒有錢」調到「有錢」的狀態；某某某對你沒有感情，要調到充滿愛意的狀態……其實難度都是非常高的。

　　有些個案做完量轉後，進展的速度比較快，是因為他本身處在

的頻率就比較接近目標；已經有了一個很好的基礎，那就只需要微調就好。如果你的頻率離目標比較遠，那就會要花許多的時間，就像是把白色調成黃色，必須要慢慢添加一些綠色、一些藍色，看看色感與濃度，再繼續補充藍與綠色，抓到平衡。

要調整得好，我認為有兩個關鍵點：一是個案本身的情緒狀態，情緒狀態越接近目標，當然就越好調。另外一個關鍵是調整者本身調頻的能力，也就是施行量子轉化的人，本身的法力高低以及用字的精準度。

舉例來說：「台灣欠你」跟「台灣人欠你」，這兩個是完全不一樣的狀態。「我有好的財運」跟「我銀行帳戶存款很多」也是不一樣的狀態。

這是我多年來做量子轉化所發現的，宇宙對於用字精準度的要求非常高，所謂「失之毫釐，差之千里」，就是這個意思。甚至有些設定句中文無法表達，只能用英文。宇宙永遠都會很精準的依照你給的字句去實現你的願望，因為這就是它運作的機制。

想一想，如果你的許願字句不精準呢？這就像是我手上拿著黑色的顏料，卻希望畫出金黃色的太陽，這是不可能的任務啊！

許願不夠精準怎麼辦呢？對我來說，沒有怎麼辦，只能依照出現的結果再做下一步的調整，希望能夠慢慢地、一步一步地幫助個案達到目標。我對於「一步登天」從沒抱持太大的希望。

因此，我開發出的種種技巧，就可以比喻成比較接近目標的種種顏色的顏料。使用了，會讓你更接近目標；但若要很精準，就需要你情緒上的調整以及足夠的回饋，讓我可以更精準的調整目標，直到實現你要的結果。

也就是說，是把你要的狀態，透過「調頻」的方式完整重現在你身上。

個案自己本身情緒調節得好，就能夠事半功倍，因為你的顏色或頻率就會離目標很近；反之，就是我剛剛講的，妄想用黑色顏料

畫出金黃色的太陽。

　　所以啊，盡可能讓自己多體驗快樂的事情吧！這樣自身的顏料與頻率比較容易處在明亮的光譜中，想要達到目標的速度，也會加快許多呢！

　　最後，如果要說到「抽象派畫風」跟量子轉化的關係？

　　那就是用天馬行空的方式，在這世間自由自在的玩耍了！

心想事成的三個條件

　　在我多年的研究，我認為想要心想事成，一定要達到以下三個條件：

第一、目標要符合你的價值觀。

　　例如：你如果永遠只把工作擺第一位，那麼你不太可能有美好的家庭或感情，反過來也是一樣。價值觀順序沒有排好，你的人生會一直卡在「你不懂為什麼一直得不到想要的」這個點上，會一直鬼打牆。

第二、對你的目標沒有負面情緒。

　　你不可能喜歡錢又討厭錢，這樣子錢是進不來的。

第三、採取行動。

　　沒有行動就沒有後續的結果。如果你只想在家發懶，那麼你就不會出門賺錢，所以不可能有錢。

　　要如何知道你的價值觀，是一個很深的學問，這是無法用簡單的一句「你認為在你生命中什麼是最重要？」的問題來得到答案的。我們必須要從你平日的行動去仔細分析，才能知道你價值觀真正排序的順位。

　　三者缺一不可，而其中最難掌握的，就是「情緒釋放」，因為

這在我們成長的過程中是隻字未提的。

　　《靈性開悟不是你想的那樣》一書作者傑德 · 麥肯那曾說過：「宇宙就像是一條頑皮的大狗。」這個是千真萬確的。

　　許願時要非常注意自己陳述（不管是嘴巴講出來或心裡想）的願望內容，因為，宇宙基本上會「照字面上的意思」把願望送上門來。

　　最常聽到的案例是，有人許了「希望快速有大量的金錢」的願望，結果宇宙給予的方式是透過親人發生意外，最後大量的金錢是從保險理賠而來。像這樣的例子多不勝數，所以我在教導學生時，很重視「安全目標設定」；也就是說，如何用「精準的許願方式」，讓你可以快樂與安全的得到你想要的願望。

1-2 對宇宙許願時容易犯的錯誤

　　除了自己本身接觸宗教二十年，也在身心靈成長這一塊鑽研了近十年（兩者中間有重疊）。而真正公開幫大眾解決問題的量子轉化，也已經默默地做了幾年。其中我遇到最多的問題，莫過於——個案不知道自己要什麼，以及不知道如何許願。

　　所以，我們就來探討一下，「許願」容易出問題的地方在哪邊。

量子轉化充滿突破性，但並非沒有限制

　　量子轉化雖然概念源自吸引力法則，又超越吸引力法則，但並不代表沒有任何限制。當然，這些限制同樣也是來自於吸引力法則。

　　雖說實際操作起來後，我發現吸引力法則可能跟你想的不太一樣，不管怎麼樣，就讓我們來檢視一下這個法則的眉角吧！

第一，要注意的是許願上的矛盾。

　　透過量子轉化來許願，是最直接、快速跟宇宙下訂單的方式，我的工作是確保宇宙接收到你的願望。

　　但是問題來了，你真的有想要你許的那個願望發生嗎？最近的一個個案，她跟我說希望能夠找到工作，趕快經濟獨立，但是又希望找到一個可以在經濟上當她依靠的男人。

　　兩個其實是完全相反的願望，你不可能要經濟獨立又要依靠別人給你錢。所以每次許的願望都是自相矛盾，導致願望遲遲無法達成。

第二，是許願的頻率。

很多人都來許願一次就希望宇宙可以一次搞定，讓他迅速滿願。一些簡單的願望當然沒問題，但是遇到比較大的願望，可以一次搞定嗎？如果宇宙真的是這樣運作的話，我只要一次許一個我要擁有台幣一兆的願望，我人生就什麼工作都不用做，也不用在這裡努力練功，而且一本書寫個三四年了，不是嗎？

你今天之所以會許一個願望，代表你目前是得不到的，是能力所不及的，你才會許這個願望。因此許願後，需要觀察你跟你的目標的距離是否變更近了？生命中出現了什麼新的變化？

重要的是，要定期視進度許願！宇宙是透過對比運作，因此定期來告訴宇宙說，你目前離目標還有多遠，宇宙可以更有效率的帶你到你想要的地方去。

沒有依照「視進度固定頻率」的許願，代表其實你也不是很在乎你願望的進展程度，不是嗎？就像你網購了某個東西，東西如果沒有來，你就會去追蹤包裹的去向，不可能漠不關心。

這部分，本章節的下一篇亦有詳述。

第三，是負面情緒。

情緒是你跟你目前願望距離多遠的指標。負面情緒越強，代表你離目標越遠。量子轉化除了許願外，我每次都還會多幫個案消除相關的負面情緒，目的是能夠讓你離目標更近。

但是，如果負面情緒累積很多，量子轉化就無法一次全部清除完，這就會影響到成功的機率與速度。

所以我通常都會建議個案回去參考我在 youtube 上面的 EFT 教學，或是來上課學習釋放情緒的技巧與心法，這個很重要。

比較頻繁來做量子轉化，也一樣可以比較快速的釋放掉負面情緒。但最切忌的心態是：「今天來做量子轉化就希望願望明天馬上達成。」

記得，你既然想要請宇宙幫忙，不就是因為你自己原本達不到

這目標嗎？總是要給宇宙一點時間去運作吧！這是展現對宇宙的信任。

　　當你做了量子轉化，但是事情卻沒照你想的「馬上」如願的話，是不是負面情緒就出現了呢？又或是心中抱持著「怎麼還沒有」的想法呢？這些同樣的，都會因為吸引力法則而帶給你「事情怎麼還沒有發生」和「事情不會馬上發生」的結果。

【零通靈看世界】

零通靈博士迷途記：聽說祖先欠錢欠很大？

　　誠如我在書中與社群日帖時常提醒的，我能走到今天，其實也經過許多彎路、賠過很多金錢與時間。我不希望讀者與身邊的朋友發生跟我一樣的「迷途」歷程，因此，特別在本書中把兩個比較經典的故事分享出來。

　　第一個，就是本篇「燒一卡車的金紙給祖先」的事件。

　　十多年前我剛從加拿大回台灣時，事業正要起步，但畢竟我讀的是台灣所沒有的自然醫學，想要有什麼迅速的好發展，當然是困難重重。

　　當時我處在的宗教是教義中包含了道教與佛教，這是從高中時期就接觸到的宗教信仰。雖說我自己比較自我認定是佛教徒，只是那時師父處於退隱的狀態，人生有困境時，不知道可以找誰幫忙。於是，一位同門師兄介紹我去嘉義某某分堂找一位助教（助教是我們宗派內的一個弘法人員職稱），她是師父認證的「瑤池金母分靈」，據說也是通靈很厲害，能夠解決所有疑難雜症的。

　　某天，我母親就搭車到嘉義找到這位助教。助教聽完了我們的問題後，說這跟祖先有關，尤其是你事業正要起步，祖先很怕當你飛黃騰達後，會忘了祂們，所以現在來阻礙你，提醒你祂們的存在。

母親則是因為當時已經跟父親離婚，助教說，離婚沒有經過祖先允許，祂們很不高興，總之也是祖先在妨礙我母親就對了。結論呢，助教就帶我們去嘉義九華山的地藏王菩薩廟，讓我們請地藏王菩薩作主，用擲筊的方式跟祖先溝通，看是要燒多少金紙才能讓祂們滿意，不要再來找我麻煩。

　　助教還特別強調，大殿的天花板有鐵算盤，又有地藏王菩薩作主，這絕對是公平公正的。我在廟裡一看到金紙的清單就頭痛了，印象中大概有十來多種類的金紙。助教還說，連每一種要燒幾份，都要用擲筊的方式來得到祖先的同意，而且必須三個聖杯才算數！

　　於是我跟我媽在大殿跪了兩、三個小時，才終於每一種金紙都卜到三個聖杯，得到了祖先的認可。助教算了算，告訴我們這批金紙換算成台幣的話，是98000元。

　　由於身上沒有那麼多現金，我們只能再搭車回市區找提款機領錢。同時，助教跟他們分堂裡的師兄們就去準備金紙，我們分頭行動，然後約在附近的靈骨塔碰面。我相信沒人看過價值98000元的金紙有多少，告訴大家，這個量是需要一輛大卡車運送過來的！我看到那麼多金紙的時候，也是嚇了一大跳。

　　助教說：「接下來，我們要開始幫你們做儀式，把錢燒給你們祖先了，等一下一點火的時候，你們就要搭計程車離開。切記，千萬不要回頭看，一回頭看的話，祖先就又會跟上去了！」

　　那時我們一心只希望祖先高興，不要來妨礙我們。於是點點頭，在她一聲令下，馬上跳上計程車，頭也不回地離開了靈骨塔現場。

　　花了這些錢、做完了這些儀式，大家猜我往後的人生有什麼改變，事業有起色嗎？沒有。告訴大家，我之後的一、兩年內，還是一樣的倒楣又不順利。

　　附帶一提，後來從旁得知，那位助教似乎本身家裡就是經營金紙店的，而且燒金紙時又不准我們回頭看，所以在我們離開後，那堆金紙到底有沒有真的被燒掉？我們也無從得知。

總之呢，這些都讓我思考到許多問題。首先，如果輪迴存在的話，我家祖先難道都不用投胎轉世的？而且沒事就只會在那邊以妨礙子孫為樂？這樣的祖先我才不要呢！最重要的是，誰又能證明我當時的不順，就是祖先的關係呢？

　　在我多年量子轉化的經驗中，基本上也沒有遇過，處理問題時需要考量祖先影響或干擾的因素的。老實說，就算真的有祖先的問題，也比不上當我們在人生低潮時，還讓我們燒了台幣 98000 金紙的人類可怕。

　　而這也是後來促使我決定脫離宗教信仰的重大契機之一。

你想選擇相信什麼樣的信念？

　　日前有一位個案，她跟我抱怨她的人生是多麼地不順遂。感情不順；小孩一個在家當伸手牌，整天打電動無所事事；另一個則是八點要上班，可是十點了都還在家裡不出門，然後最近還出車禍。總之家運要有多糟糕，就有多糟糕。

　　她問了我一句話：「老師，我前幾天看電視，看到有人說『人的一生從天上帶下多少錢是註定的，帶了多少就要還多少，沒有還掉之前是不可能有錢的』，您說是真的嗎？」

　　我聽了差點沒把正在入口的飲料給噴出來，只能故作鎮定的說：「或許吧，有一句話說『一飲一啄，皆有定數』，但是你要怎麼證明這是真的呢？難道你相信你欠上面多少，然後天上會有天使或菩薩出現，幫你印證這件事嗎？」我的老天，我真的很愛用這樣的比喻去形容，上帝跟菩薩請赦免我的罪吧！

　　她繼續說：「可是我有去做法事啊，就是要去補什麼財庫，把這個欠債的還掉……」

　　「但是呢，什麼屁用都沒有對不對？」我馬上接著補上這一句。

哼哼，我才不告訴你，我也曾經幹過類似的蠢事呢！而且幫我做這法事的，號稱是瑤池金母分靈的師父家裡，還是專門生產金紙在賣耶！

這是個自由的世界，而世界上原本就充滿了許多不同宗教、不同角度的論點。這些我都沒有意見，你也可以自由的去選擇你想相信的論點與想法。

重點是，我會請你思考一下：「請問你相信了這個信念或這個論點後，對你的人生有什麼幫助嗎？」

如果你相信了某個論點或信念，然後只會讓你成為一個受害者（不管是金錢上或精神上的損失）的話，那麼勸你還是算了吧。覬覦你錢包的人何其多，尤其這個論點或信念，會讓你一旦相信就先損失一筆金錢的話，那麼也勸你還是不要比較好。

因為這個論點或信念，只會帶給別人好處，而不是你。

我常常告訴我的學生們，要「善加選擇你所被說服相信的信念」，正常交易、有來有往的，都不算吃虧。但是如果要耍嘴皮，買空賣空的，一定要注意。

而能讓你明哲保身的就是這麼一句話：「請問你相信了這個信念或這個論點後，對你的人生有什麼幫助嗎？」

要知道，所有的信念都是假的，或是也可以這麼說：我們可以選擇只相信對我們有幫助的信念。

目前正在閱讀本書的你，不妨也可以思考看看，如果你接受了「謹慎選擇相信對自己有幫助的信念」這個論點，對你的人生又會帶來什麼幫助呢？

不精準的許願

另一個我想討論的是，很多人的願望都很模糊且不準確。

比如說，我有遇過女生許的願望是：「我想嫁給有錢人。」或是有人跟我說：「我想要變有錢。」這些願望，每次都會讓我啼笑

皆非。因為，當你在講「我沒有錢」的當下，你真的沒有錢嗎？

你知道嗎？只要你手上有新台幣一塊錢，你都是名副其實的「有錢人」。

所以當妳的願望是「我想嫁給有錢人」時，很抱歉，只要路邊乞丐碗裡有一塊錢，妳嫁給他都算是心想事成！同理，「我想要變有錢」的願望也是一樣，只要讓你手邊的錢比現在多了一塊錢，願望都算是實現的。路上不小心撿到老虎鉗，你也會是個「有鉗人」（笑）。

或許你會覺得很好笑，但是這真的是宇宙會實現你願望的方式；它完全是「依照你許願時字面上的定義」給你你所想要的。

所以，正確精準安全的許願，是我經常對學生強調的重點中的重點。

好的願望帶你上天堂，壞的願望也會帶你上「天堂」。

另外，很多人的願望會是：「我希望我在某某方面可以更好。」

根據前述的邏輯，我想大家應該也知道問題在哪吧？沒錯，一樣是不精準的願望。問一下你自己，「更好」的定義是什麼呢？

感情上的更好，很難定義。

如果對方給你更多錢，對你更溫柔體貼，更愛你（你怎麼知道對方更愛你的方式不是把你殺了分屍，然後再把你吃掉呢？這些人追求的可能是一種「跟你靈肉合一」的愛），或是比之前少劈腿一些（但還是繼續劈腿）……這些都沒有一個正確「更好」的定義。

同樣的道理，金錢的更好、健康的更好、工作的更好；自己小孩的更好、功課或事業的更好……都有著同樣難以精準定義的問題。

另外，還有一種不理想的許願的方式，就是想要一次許願但「全部打包吃到飽」，像是「我希望身體健康」、「我希望我從此以後再也不要經歷 XXX 了」，或是「馬上讓我脫離貧窮，變成億萬富翁吧」。

以身體健康來說，要知道，你今天身體之所以會生病，就是因

為你的身體本質處於健康狀態的緣故。病理學就是研究探討疾病在個體發生的原因，以二型糖尿病來說，其病發原因主要是因為：一個「原本健康」的個體，在過度精緻澱粉類的攝取之後的「正常」生理反應。所以，假設你是因為二型糖尿病而許「我要身體健康」的願望時，你會讓宇宙整個無所適從，因為你的糖尿病的確是身體健康才會有的狀態啊！有發現問題在哪了嗎？

而「我希望從此以後在也不要經歷 XXX 了」的願望，更是個超不負責任的願望。有句話說：「人生不是得到，就是學到。」外在世界的種種，只是我們內心投射出來的一面鏡子。我們更需要去探討的是：為什麼你一直重複在經歷相似事件？其背後的意義究竟是什麼？

重複事件的發生，往往在於「你還沒有學到你需要學習的人生功課」。

所以，宇宙是透過事件的發生在提醒你：你需要對自己負責，你要去了解到，這些事件到底想傳達關於你內在的什麼訊息，直到你理解你的人生功課是什麼，並且完成了以後，宇宙才有可能讓這個功課消失，或是讓遊戲的關卡結束。

宇宙之於我們，就像父母一樣，當我們年幼尚在學習走路，父母總是會在旁邊小心翼翼的，深怕我們會不小心跌倒受傷。但是當我們已經知道怎麼好好安全走路時，父母就會放手，從此不用再擔心我們會不知道怎麼走路。

所以，我們可以知道，凡是重複不斷發生的負面事件，基本上都可說是宇宙給你的大愛，宇宙希望你可以從中學習，突破自我，到最後，宇宙可以讓你放心的往下一段人生的旅程前進。

由此可知，當你想許一個「我希望我從此以後再也不要經歷 XXX 了」的願望時，這是一個多麼不負責任、多麼任性的願望啊！還沒學會走路就想要用飛的，那是不可能的事情。

基本上，許一個正確的願望有個大前提，就是：換個角度想一

想，如果自己是一位全知、全能的大神，面對「你自己」所提出的願望，你能看得懂這個願望嗎？這個案有給我足夠的資訊，讓我知道要怎麼處理問題嗎？這個願望合理嗎？這個個案是不是想要自己什麼努力與取捨都不要付出或承擔，不負責任地只想把一切交給宇宙處理呢？

設身處地一下，其實你就會知道你的願望到底合不合理，有沒有許錯了。

宇宙再怎麼厲害，還是無法處理祂不理解與聽不懂的問題啊！

不切實際的願望無法實現

對願望下一個不切實際的截止日、不切實際的目標、不確定的目標、不斷更改願望。像是：「我希望在 7 月 31 日前可以得到新台幣 100 萬元。」「我希望可以一個月內我的癌症全部消失。」「我希望某某某可以在年底前跟我交往／上床。」以上等等類型的願望。

每次看到個案或學生這樣的願望，我都是覺得很傻眼。

我們先看看例一：「7 月 31 日前得到 100 萬。」問題來了：那8 月 1 日給你 100 萬，你要不要呢？ 7 月 31 日給你 99.9 萬你要不要呢？條件要訂得有彈性一點，對宇宙來說，這些可能只是小零頭，不一定需要那麼準確。

所以，宇宙可能在 7 月 31 日時只幫你準備好了 99.9 萬，然而祂發現你在那邊不斷靠北，抱怨這跟你的願望不符合，那宇宙也只好哭哭地把 99.9 萬給報廢掉，你的願望當然就無法達成了。

值得一提的是，這中間還會有一個「怎麼還沒有達成」的反撲。

當你每天看著自己的收入抱怨著：「怎麼目標金額還沒有達成？」問題就來了！當你每天專注在「怎麼還沒有達成」時，因為能量專注點的不同，宇宙也會判定成：「噢，原來你的願望是『怎麼還沒有達成呀』！」

所以，你就會得到一個願望達不成的結果。但請記得，其實你

是有達到「怎麼沒達成」的願望唷！可是你會說，那不然直接許願「我要 100 萬」好了，這樣總行了吧？當然不行啊，如果在你死的前一天才給你 100 萬，這樣好不好呢？

再來看例二：「我希望可以一個月內我的癌症全部消失。」

雖然我們都相信奇蹟的存在，但別忘了，你自己的內在仍然會因為我們多年來在物質世界生活，而有了許多的「習慣」；你不太可能因為堅信「車子傷害不到我」就走到馬路中間，期待被車撞了人不會受傷。

因此，我們潛意識中是超乎你想像地，被物質世界的規則所限制著。

所以如果你的希望是「身上的癌細胞在一個月內全部消失」，你要先問問自己：你相信事情發生的可能性嗎？這完全不符合現行的醫學認知與正常邏輯。（雖說我們不排斥事情如願發生的可能性，但關鍵在於你有多相信？）

這麼說好了：當你希望的是奇蹟，很大的機會代表著，你內心認為，這是一個不可能發生的事件。

我之前曾經遇到一個個案，是個年輕小男生，剛出社會沒多久，是幫建商賣房子的。他的願望寫著：「希望三個月內賣掉我手邊需要賣的房子，入帳 400 萬。」我完全傻眼。我問：「那請問你目前最好的狀態是一個月入帳多少呢？」他說：「最好的話，大概是六十萬吧！但也不是每個月都會有。」

所以我算給他聽，60 乘以 3 等於 180，也就是說，你許願的上限最好是不要超過你曾經達到的上限太多，180 萬的願望比較合理，否則潛意識根本無法去接受跟相信那樣的數字。

換句話說，許一個你自己都不相信的願望是沒有用的！

但是那小男生就說：「沒關係啊，《祕密》這本書上面說可以，我願意相信。」那我只能說：好吧，你都這麼說了，那我就依照 400 萬的數字去許願（雖說我內心很清楚這種願望許了是沒用的）。

處理完後，小男生問我：「那我有什麼需要做的嗎？」

我又傻眼一次：「啊你不是說你已經看過《祕密》這本書嗎？」然後他一臉茫然，根本搞不清楚狀況，於是我只好又簡單地說明了一下情緒釋放（但《祕密》書裡面也沒講情緒釋放），讓他回家好好做。雖然，我不覺得他懂我在講什麼，我也不相信他回家會做就是了。

總之，不管是金錢、感情、事業或健康都一樣，首先請確認：你的願望是符合正常邏輯，而且你也相信可以達成的願望吧。

感情的錯誤許願法

除了常見的財富、健康願望，有情感困擾的人也非常多見。談到感情的許願，大概不脫離以下幾種：「我想跟某某某在一起」或是「我想跟某某某上床」。

又回到我們的老問題——「定義」。什麼叫做「在一起」？什麼叫做「上床」？對方跟妳馬路上走在一起，就算是願望達成了唷！你跟對方坐或躺在同一張床上，也可以算是上床喔！所以，首先要搞清楚你的目的。

其次，是對宇宙做了限制：「我希望跟某某某在一個月內上到床。」雖說有時間限制好過沒有時間限制，但這個時間限制就跟金錢部分我們所討論的問題一樣，假如你很喜歡某個女孩子，那麼第31天讓你發展到親密關係，你要不要？你是不是第30天沒有，就放棄了呢？

那如果條件複雜一點，對方現在有交往對象呢？對方現在是處於婚姻狀態呢？現況的運作改變，通常會花上更久時間啊！因此，遇到許這種很急迫時間限制的願望，貌似超過了就不要的個案，我都會覺得，其實你沒有很喜歡對方啊！真的很喜歡一個人的話，哪有這麼簡單就放棄？

而且我認為，人跟人之間的關係，最好都還是要先看一下對方

跟你緣分的深淺。對方是不是你的貴人？能量上對方是不是來討債的？這些非常重要。

我在研究緣分的過程，曾經把我從青春期以來有比較多互動的女性（不管有沒有交往）的緣分，全部都用空間訊息讀取術計算了一下。之後，我也把身邊感情好與不好的情侶跟夫妻的緣分數據都拿來計算一下，最後我得到了「緣分是怎麼回事」的大數據，也開發出了「一看兩個人就可以知道，兩人之間緣分有多深」的獨家技術。

基本上，兩人之間沒原廠設定到一定的緣分，就不會有什麼樣的關係。不過，有比較深的緣分，也不代表一定就會是情侶或是夫妻，也可以是很好的朋友等等。此外，如果萬一願望成真，跟對方在一起了，可是對方是來討債的，常見情況是：你會遇到對方把你的金錢吸乾，感情、能量榨乾，會讓你人生極度痛苦，而且債沒還完前，你也無法閃人。遇到這樣的情況該怎麼辦呢？

可惜的是，很多時候讓你愛到無法自拔的，通常是來討債的。討債這件事也不單只是感情，人與人之間，很少是完全沒有緣分的；沒有緣分的人，自然也不會出現在你生命裡。

你可能會說，如果一開始就是來討債的，那我避開不就好了嗎？這真是個好問題。我所觀察到的是，既然要來討債，一開始一定是會有個陷阱／糖衣：先偽裝成他／她／它是無害的，甚至是吸引你的，你才會上當啊！往往當兩人在一起後，你才會發現對方是來討債的。

所以，你身邊的家人、小孩、朋友、室友、同事……乃至於你的股票、臉書粉專、粉絲、生意、事業，還有你所居住的房子、地區、城市，以及國家，都可以透過看相欠債的方式，來知道兩者之間互動的方式。

當然相欠債是一個比較傳統的說法，符合現代一點的說法就是「兩人之間能量交流的模式」，如果你欠我，代表著你的能量（金錢、

感情等）比較容易流到我這邊來，反之亦然。（關於相欠債，第2章有更詳盡的說明。）

　　現在的我，有空間訊息讀取術的能力了，於是我檢視了我自己在加拿大選讀高中、大學以及醫學院的狀況。其實在每次選學校時，我都剛好有兩個選擇，現在一比較才發現，最後我決定去入學的，都是我欠比較多的學校；而欠我比較多，如果我當初選擇去了，會很開心、很爽的學校，反而我都沒選。

　　這不禁讓我覺得，命運是不是會讓我們不知不覺傾向還債的方向走？當然啦，如果是以「功課」，或上界玩家故意要選擇「讓角色來體驗一個多災多難的人生」的角度來看，這樣也不能算錯誤就是了。

　　所以請思考一下，如果你欠對方，或是沒有在一起的緣分的話，對方有可能因為你許個願說想要，他就主動靠過來嗎？不過，這並不是主動示好的一方就是已經知道你欠他，而故意來跟你討債的，完全不是。

　　使用「緣分」與「相欠債」只是一個方便大家了解的解釋。說到底就是一個「你人生命運的原廠設定」，這並沒有針對誰，就像是遊戲裡面的大魔王角色，或是戲劇裡面的壞人一樣，對方並沒有針對你，他就只是在依照劇本，依照原廠設定，盡職的飾演他的角色而已。

　　以上只是簡單說明而已，其實還有更多的條件需要參考。總之，當你知道，人跟人之間感情是這麼複雜時，感情又怎麼可能僅僅是「我希望多久以內可以跟某某某在一起或上到床」這樣一句話的許願，就可以達到目標的呢？

想當上帝，也會造成問題

　　前面討論過了一些許願字句上與定義上容易犯的錯誤，接下來的我們看看「太執著結果要如何發生」會造成什麼問題。很多人的

願望都會是：

「我希望可以用我想要的某某方式，把多少錢給我。」

「我希望在什麼樣的情況下，讓我的生意談成。」

「我希望在什麼樣的浪漫場景下，讓某某某愛上我。」

除了跟之前提過的，「如果宇宙不是用你想要的方式把結果給你，那你還要不要呢？」以外，這些願望的問題在哪呢？

首先來分享一個你我可能都耳熟能詳的網路小故事——《上帝的直升機》。

有一位牧師，從年輕時就一直守著他的教堂。

有一天，外面下起傾盆大雨，釀成水災。雨水慢慢淹過稻田，淹過道路，淹進教堂裡了。牧師跪在教堂裡祈禱，他懇求上帝保護他，救他脫離眼看就要來臨的水災。

大水淹進教堂了，淹過了地板，淹到牧師的腳。一個救生員划著小艇過來，跟牧師說：「快上來！牧師！大水快淹上來了！」

牧師搖搖頭說：「不行，我要守著教堂。沒關係，上帝會派天使來救我的！」

大水仍然一直往上升高，淹過了教堂的椅子，牧師只好站到桌子上。

這時，又一個拯救人員划著一艘船過來，跟牧師說：「牧師！快！快！快上來！再不上來你會被淹死的！」

牧師還是搖搖頭說：「不行，我要守著教堂。沒關係，上帝會派天使來救我的！」

大雨仍然沒有停歇，水一直往上升，牧師從一個桌子爬到另一個更高的桌子，最後爬上了屋頂，坐在屋脊上，握著教堂的十字架。

這時，一架直升機緩緩飛過來，救生員丟給牧師繩梯，要他握緊逃生。駕駛員喊著說：「牧師！快上來呀！不然你會被淹死的。」

牧師仍然搖搖頭說：「不！我要守著教堂。沒關係，上帝會派天使來救我的！」在大水不斷洶湧著襲擊大地後，牧師被淹死了。

牧師死後上了天堂，見到了上帝。他埋怨地問：「上帝呀！您怎麼沒有派天使來救我呀？」

上帝說：「怎麼沒有？我第一次派天使划著救生艇去接你，你不接受；我又派天使划一艘比較大的船去接你，你仍然不接受。最後，我再派天使駕著直升機去接你，你還是不接受。那就沒辦法了呀！」

這時牧師終於恍然大悟。

有沒有發現，身為一個人，我們的腦袋卻經常的在想幫上帝做計畫、想指導上帝，甚至想當上帝呢？

我們總是認為自己的想法與計畫是最圓滿、最完美的。如果上天不按照我們想要的方式去做，那就是錯的，我就不要了！

然而，仔細想想，我們人類跟上帝或宇宙相比，是多麼的渺小跟沒有智慧呀！你真的相信我們的小腦袋，會比上天知道的更多嗎？這就好比我們明明有一個全知全能的導航系統，它可以很精準的指出最快速、最便捷的路徑給你，可是你偏偏不信任它，認為靠自己的經驗就好。

結果，哪知道你平常透過經驗認定的捷徑，這天剛好有塞車的問題，導航原本給你的路徑，表面上雖然看起來比較遠，但是其實「慢慢來比較快」。而這也是為什麼「大自然裡面沒有直線」這回事。

電影《普羅米修斯》裡有一句台詞：「上帝不創造直線。」

物理學上也有最降線問題，又稱最短時間問題。其實很多時候，直線未必是最快達到目標的方式。

以下這個網路故事也是同樣的哲理：

佛學院的一名禪師在上課時把一幅中國地圖展開，問：「這幅圖上的河流有什麼特點？」

學僧答：「都不是直線，而是彎彎的曲線。」

禪師繼續問，「為什麼會是這樣呢？也就是說，河流為什麼不

走直路，而偏偏要走彎路呢？」

學僧們七嘴八舌地議論開了。有的說，河流走彎路，拉長了河流的流程，河流也因此能擁有更大的流量。當夏季洪水來臨時，河流就不會以水滿為患了。還有的說，由於河流的流程拉長，每個單位河段的流量就相對減少，河水對河床的衝擊力也隨之減弱，這就起到了保護河床的作用……

「你們說的這些都對。」禪師點了點頭，然後緩緩說道：「但在我看來，河流不走直路而走彎路，最根本的原因就是：走彎路是自然界的一種常態，而走直路是一種非常態。」

「因為河流在前進的過程中，會遇到各種各樣的障礙，有些障礙是無法逾越的。所以，它只有取彎路，繞道而行；也正因為走彎路，讓它避開了一道道障礙，最終抵達了遙遠的大海。」

說到這裡，禪師話題一轉：「其實，人生也是如此。當人們遇到坎坷、挫折時，也要把曲折的人生看做是一種常態。不悲觀失望，不長噓短嘆，不停滯不前，把走彎路看成是前行的另一種形式、另一條途徑。這樣你就可以像那些走彎路的河流一樣，抵達那遙遠的人生大海。」

把走彎路看成是一種常態，懷著平常心去看待前進中遇到的坎坷和挫折，你會像河流一樣，抵達到人生的目標。

我研發量子轉化的目的，就是要讓自己與大家減少人生的彎路與冤枉路，而且能走最快的捷徑。但是如果你想要快速跨過這一道一道的關卡，本質還是在於負面情緒的釋放，以及對宇宙的信任。

自稱來自愛莎莎尼星球的第五次元外星人巴夏（Bashar）說：「小我想出的最好版本，往往都是高我想出的最爛版本。」當你在拼命想著你的願望想要怎樣達成時，請思考一下這段話：「當你不信任宇宙（上帝、高我等），而不斷的認為你必須指導宇宙、指導上帝時，祂們當然也只好放任你自己去了，你覺得你的生命又怎麼會往最好

的方向邁進呢？」（老實說如果我是上帝或宇宙，看到一個小小人類居然在那邊對我的做法指指點點，我根本就不想理你了，好在宇宙跟上帝都比我還有大愛。）

在我研發出量子轉化多年以來，我覺得我學習到最大的功課就是「對宇宙的信任、信任，再信任」。我通常都是幫自己或個案透過量子轉化的技巧許願後，就放著讓宇宙自己去把事情處理好。而每次事情總是會以我和個案意想不到的方式，呈現出我們想要的結果。

打開心胸，放心地去相信宇宙吧！宇宙比你還要知道祂在做什麼。放過自己、也放過宇宙一馬，不要再妄想為祂下指導棋了！你的人生將會減少許多的糾結，也將會更加快速地開啟喜悅成功的大門。

鬼打牆最難救

從事身心靈工作與教學，除了是我的職業，也是我的志業；能夠為人帶來幫助，了解宇宙運作的方式，順便混口飯吃，這是我最大的收穫。這個工作最有趣的地方是：我並不知道今天來找我的個案會帶著什麼樣問題；然後，在聽完問題後，就要馬上想出解決的方法。

基本上，這跟我之前從事自然醫學時的工作內容很像，只是量子轉化可以處理的不只是身體健康的問題。當然，我無法保證每個人的問題來到我這邊都有解，量子轉化的基本原理就是，提升你願望成真的機率，如此而已，但無法保證事情一定會百分百的實現。

大部分來的客人都能理解到這一點，我甚感欣慰。其實，只要你不要讓自己卡在問題上面，情緒越能釋放，量子轉化的效果就會越好。什麼叫做卡在問題上面呢？就是所謂的「鬼打牆」，這是我最害怕遇到，也認為是最難救的狀態。

想想以前的我，也曾經有過極度鬼打牆的時候。當時我喜歡的

女生不喜歡我，朋友都勸我：「這個女生配不上你，你可以找到更好的。」

我當時的想法大概是像這樣：「對啊，我知道我可以找到更好的，那為什麼沒那麼好的就不可以？我就是不要那麼好的，不行嗎？」、「這麼不好的女生最後也一定會嫁人，我條件這麼好，我都降低我的要求了，為什麼她不可以跟我在一起？」之類的。

現在回想起來，真是令人汗顏啊！但是，當下的那股負面能量非常強大，不用牽去北京，我就已經是一條大笨牛了。更慘的是，當時還起過多次自殺的念頭，我相信有過感情創傷的朋友們，都會有這種類似的經驗，不但自己深陷其中不自知，想要自拔根本就比登天還難。

當時的我不知道怎麼幫助自己（應該是說，連幫助自己的想法都沒有），所有身邊的親友們也不知道如何勸我，我只能說，鬼打牆中的人，實在超恐怖！

不知道你有沒有感受到，鬼打牆中的你在無形之中，給予了對方跟自己多少的壓力呢？

天底下沒有所謂「強求」可以得來的事情。

強求，是因為你給自己跟對方太大的壓力，才會導致願望無法成真。

其實，這個狀態只需要透過提問兩個問題就可以解決了。

首先，你可以問鬼打牆中的人：「所以你到底想要什麼樣的結果？」不一定是感情受創的鬼打牆，任何鬼打牆的狀態都可以先問對方這個問題。

以感情來說，通常答案可能會是：「我不管怎樣，就是想要跟對方在一起。」

那麼下一個問題你可以再問：「如果你已經達成願望了的話，你的心情會如何呢？」

「我會很幸福，很開心啊。」這應該也會是個標準答案。

這時，你可以反問對方：「那麼依照吸引力法則，你目前這種哀傷、低潮的情緒，跟你得到對方之後的幸福、開心是矛盾衝突的。所以，你無法得到你想要的結果，一點都不意外，因為你沒有處在正面的能量頻率上啊！」

是的，只要能夠讓個案覺察到，他處於的狀態，跟他願望成真狀態是相反的，他就有救了！這不只適用於鬼打牆中的人，平常也可以拿來檢視自己的情緒狀態。記得我說過，「當你想到你的目標時，你的情緒狀態就是結果的狀態。」

那麼下一步該如何讓他脫離鬼打牆的狀態呢？

我想「情緒釋放」或是「量子轉化」會是最好的答案[1]。

只要對方願意情緒釋放，改變了自己的能量頻率，生命就會出現轉機！這個我百分百保證。

【零通靈看世界】

抱怨不會讓運氣變好，只可能更糟

據我的觀察之中，運氣不好之人的共同點，往往是「愛抱怨」與「鑽牛角尖」，這些人往往對所有的事情都有自己的看法與意見，而且都會覺得自己才是最正確的。

常常我遇到一些個案，在量子轉化諮商的過程，不斷地抱怨跟鑽牛角尖，並不是單純的「陳述事件」。

要知道，這兩者有很大的差別！「陳述事件」，是把問題用客觀的方式講出來，讓我有足夠的資訊來處理你的問題。「抱怨」跟「鑽牛角尖」則是劈哩啪啦講個不停，而且是主觀性的、帶有情緒的，最糟糕的是，我無法得到任何有用的資訊來處理你的問題。

---

1 關於情緒釋放的技巧，可參照《放下的力量》；而量子轉化的服務與相關課程資訊，可洽本書附錄。

從吸引力法則的角度來說，當你不斷抱怨跟鑽牛角尖時，你的負面情緒會被帶動起來。接著，就在你抱怨的當下，就開始吸引更多同樣負面情緒的事件或情況來到你的身邊。

可以這麼比喻：你在倒垃圾的同時，又製造出了更多的垃圾。

人們之所以會這麼做，是因為我們的教育中，「從來沒有教導我們處理負面情緒的技巧與能力」。我們誤以為只要不斷的去「討論」自己的問題，就可以找到解答，或是在抱怨的過程中，可以得到身邊人的認同。

但是你從來都不知道，只要你有正確的方法與技巧，你就可以有效的解決你的問題。你更不知道，不斷的抱怨，只會讓你身邊的人離你越來越遠。

如果你不知道有方法或技巧可以處理負面情緒的話，那麼你可以幫助自己的第一步，就是停止思考跟抱怨你的問題。最起碼在這個當下，你不會再吸引到更多的問題到你身邊來。

「只要情緒變好，事情就一定會變好。」這是我一直跟我學生說的。能掌握好自己的情緒，就是掌握自己命運的開始。

你所餵養的願望會成真

一個硬幣必須同時存在正反兩面，才是一個完整的硬幣；我們處在的世界是一個二元對立的世界，有陰就有陽，有男就有女，有黑就有白……這樣的概念，就是「二元對立」。

因此，男人不是人類的全部，女人也不是人類的全部；反過來，人類這種族，必然包含了男人與女人。

同樣的這樣的概念，也適用在我們的願望上面。

今天當你許一個願：「我想要變有錢。」請問你為什麼要許這樣的願望呢？

答案是：因為你現在沒有錢，你對金錢感覺到匱乏。

所以，不管你的願望是妻財子祿，還是健康，也跳脫不了這樣的二元對立。想要有對象，就是沒有對象；想要有健康，就是沒有健康；想要小孩，就是沒有小孩。以此類推。

這會產生什麼問題呢？主要的是你「情緒的專注點」。

我們再來看看以下這個流傳以久的故事：

很久很久以前，有一天晚上，一位充滿智慧的印地安老酋長，告訴小孫子一個「兩隻狼」的故事。這位老酋長說，每一個人內心裡，一直都存在著兩隻狼之間的爭鬥。

一隻狼是惡狼，十分邪惡。牠迫使你生氣、嫉妒、憎恨、傷心、後悔、貪婪、自負、自憐、自卑，說謊、自大、虛榮心、本位、利己、毀滅性的自我。

另外一隻狼是善狼，牠幫助你經驗到愉悅、平和心、愛、希望、人性、慈善、關懷、真誠、慷慨、熱情、誠懇、信心、自重，並幫助你培養出一種施捨、建設性的自我。

默默聽著祖父講故事的小孫子想了一下，問他的祖父：「最後，哪隻狼獲勝？」

這位人生歷練豐富的老酋長說：「孩子，你餵養的那隻狼贏了。」

凡是你餵養的，就會變強壯。並不是你以為牠是惡狼，牠不好，牠就會輸；也並非因為牠是善良的狼，就應該要贏。

這中間沒是、沒非，沒對、沒錯。

當你許一個想要變有錢的願望，可是你卻經常專注在「現在是沒有錢」時，你就是在餵養「我沒有錢」，你就是在告訴宇宙，我真正想要的是「我沒有錢」的願望。

如果你沒搞懂的話，你每一次的許願，都會讓你掉進一次莫大的陷阱裡。

你會以為，我只要跟上天更虔誠的禱告，或是更加努力的練習心想事成的觀想，更加努力的_____（請自行填入什麼都可以），

願望就會更快速的達成。

錯！你只是不斷地扯你自己的後腿而已。

所以我覺得做「夢想板」是一件很違反吸引力法則的事情。夢想板之所以會風行，應該是從《祕密》這本書開始的。我記得書上寫的是：有個人因為在夢想板上剪貼了一個他很喜歡的房子，若干年後他買新家，搬進去時赫然發現，原來新家就是當初夢想板上的那一個剪貼的房子。

然後我就看到大家一窩蜂的開始製作自己的夢想板（尤其是傳直銷跟業務都很愛）。但是大家偏偏遺漏掉了故事中最重要的一個步驟，少了這個關鍵步驟，想透過夢想板成功的機率應該是零。

你每天只是看著你所沒有擁有的東西，你有可能窮到快餓死了，可是那隻匱乏之狼則是快被你餵養到快撐死了。

由此可知「太執著」的相反，就是「不執著」；不執著又會有什麼問題呢？

許多人都以為，我只要跟宇宙說一次我的願望，或是做了一次量子轉化，那麼只要回家翹著二郎腿，所有的願望就會一次到位。告訴大家，這種人超級多！

也許是受我之前一位師父的影響，我不喜歡開口規定價格或是要錢，所以我學習我師父，量子轉化的服務費用也是隨喜（當然步驟比較複雜的，還是要多收一些固定費用）。通常客人做完一次量子轉化後，我都會跟客人說：「請回去觀察兩週到一個月，如果事情有到達你要的目標，那就可以不用回來。如果還沒有的話，請兩週後回來，並且告訴我事情的發展與變化，我們再做下一步的調整。」

我覺得，如果我叫你「一定」要回來找我，就好像是我在開口跟你要錢，所以我通常不會這麼做，我認為當下我已經幫你做了我該做的，這樣就夠了。其他就看每個人各自的緣分，真的有想要達到目標的，應該會持續回來找我。有時候都會覺得，我自己是不是

臉皮太薄了一點。

我也不太會去追問說，做完量子轉化後效果如何，願意分享的，我當然會很開心。沒分享、沒再回來的，我當然也不會知道後續的狀況。有次偶然的機會，我在外面遇到一位曾經找我做過房地產方面的量子轉化個案。他回報說：「事業是有起色，突然有很多人來帶看，可是沒有成交。」可是即使是這樣，他後來也沒有再回來找我。

這就是太不執著，根本佛系房仲啊！這狀況就像是：你請朋友幫一個忙，朋友開始幫你了，可是後來發現你不聞不問，他也搞不清楚你是不是還繼續需要他的幫忙，那就放著擺爛吧！

適當時機的許願與頻率很重要，太頻繁的許願，幫你忙的人會被你搞的很煩，你自己也會處於很匱乏的狀態。但是，太不頻繁的許願，人家也不知道你到底還想不想要。

總之，過與不及，皆有失之。太頻繁的許願會導致你匱乏；你本身對目標太鬆散，也無法達成願望。如何達到正確的許願頻率來讓你心想事成，這可是個大學問啊！

周星馳的知名電影《上海灘賭聖》當中，有個很經典的橋段，是關於「三個願望」。

故事之中，上海市長丁力對周星祖（周星馳）及周大福（吳孟達）表示，因為周星祖幫他打死仇家雷老虎，他願意幫周星祖實現三個願望。

周大福很開心有機會為叱吒風雲的丁先生效力，一直強調自己是黑社會的金牌殺手。周星祖調侃周大福是個娘娘腔，兩人唇槍舌戰之下，周星祖突然說：「你好煩吶！來人，把他丟下樓去！」

丁力聞言，馬上喚來手下：「好！扔他下樓！」瞬間湧上一票彪形大漢，抓起周大福作勢要扔到樓下。

周星祖嚇一跳：「喂！我只是隨便說說的～」

丁力很嚴肅的表示：「沒有人能在我丁力面前說說就算，這是

你第一個願望。」

周星祖為了救祖親周大福，只能改口：「且慢，我希望他身體健康，長命百歲。」

「好！你們放了他，這是你第二個願望。」丁力說：「你不如把第三個願望也說了，這樣可以了卻我一樁心事。」

眼看一口氣用掉兩個願望，心急的周大福只好趕快補充，第三個願望想要金銀財寶⋯⋯沒想到周星祖卻嫌他俗氣貪心，話鋒一轉地說：「丁先生，其實我的第三個願望就是——想再要三個願望！」

沒想到，這個看似無厘頭的願望，反而贏得丁力讚賞：「好，貪心是人類打拚的原動力，我喜歡你這種真小人，比那些偽君子好上幾百倍。這個金幣你拿著，到真正有需要的時候再拿給我，我會盡量滿足你。」

後續劇情我們略過不提。針對這個橋段，我們如果把有極度權威的上海市長丁力比喻為宇宙來看，即使實現願望的方式看似很搞笑，但是「沒有人能在我丁力面前說說就算」，這是我之前提過的——宇宙會很依照字面上許願的方式，來實現你的願望。

所以許願時的用字遣詞要很小心，因為沒有人能在宇宙面前說說就算了。

貪心不足蛇吞象

或許你會說，電影中的周大福不是許了一大堆願望嗎？台詞是這樣寫的：「我們的第三個願望就是要很多金銀珠寶，很多健壯男生來保護我們，四輛汽車⋯⋯」為什麼丁力沒有依照字面實現願望呢？

這就是一般人許願時容易犯的錯誤了：一次許一大堆願望。

要知道，為什麼宇宙可以聽得到你的願望？因為你專心、真心，因為你許願時沒有小我干擾，宇宙才能聽到你的願望，這是關鍵點。

這就是為什麼我一直以來都強調「情緒釋放」的重要，唯有在

許願時不被負面情緒所干擾時，你的願望才能夠「上達天聽」。這需要非常強大的專注力以及「放下」才做得到。

由此可知，這也是為什麼，當周大福在碎碎念時，丁力沒有把他的願望當做一回事。一次許一大堆願望，代表你沒有想清楚，代表你的「小我」旺盛，代表你沒有情緒釋放，代表你沒有跟宇宙合一。

結果就是：在眾多雜訊下，宇宙沒有辦法聽到你的願望。

當然，宇宙是全能的，不可能真的「聽不到」你的願望。只是，當你在一次許一大堆願望的狀態下，你的內心是否處於匱乏的狀態？大部分的時候是的。當你餵養了負面的狼，所以只能實現「無法實現」的願望（而這也是願望的實現）。

另外，不知道自己想要什麼的人，也往往會有講不出願望，或願望講不清楚的問題。講不出來，或是不知道自己想要什麼，宇宙當然無法幫你實現「連自己都不知道」的願望，不是嗎？

太常修改願望，就是告訴宇宙「你不知道自己要什麼」

接著，我們來看一下「一直修改願望的問題」。

許了願望，事件會有所變化，所以我們會隨著事情的進展，來進行修正、優化，這是理所當然的情況，沒有問題。有問題的，是延續前面所提「一次講很多願望」，或是一直修改願望。

以上兩個的共同點，都是無法讓宇宙有效的知道你的願望是什麼。

記得我之前提過，如果你把宇宙當成一個人（或是自己），你聽到願望時，真的聽得懂自己在表達什麼嗎？如果你是宇宙的話，每分鐘幾百萬上下，會有時間聽一個人落落長，永無止盡的一直許願，然後又講不到重點嗎？你又會想怎樣面對這個人？（我說過，如果我是宇宙的話，根本就懶得去理這樣的人。）

另外，如果你在事情都還沒變動之前，一直修改願望，一下希

望這樣、一下希望那樣，又會發生什麼情況呢？舉例來說，我們今天做了布丁，布丁做好之後應該要放到冰箱去冷藏，讓它定型。一直修改願望，就好比你一下想要在布丁裡面加芒果，一下又想要加草莓。最後，布丁因為不斷被拿出來加食材，根本無法在冰箱裡成形，或是最後變成四不像，而且也不美味。

在我量子轉化的個案中，偶爾也會遇到這樣一直修改願望內容的個案。通常我的處理方式是：先不處理，給對方一週的時間沉澱舊願望的能量，看看他有沒有想清楚，重新許願後，我才會處理（總之只要你一改願望，我就會延後一週就是了，否則新舊願望的能量與頻率會互相干擾）。

你必須了解，自己到底想要的是什麼？這個在我課堂上以及《放下的力量》一書裡面都有提到過，每個人的願望都只能分類到「妻財子祿與健康」，沒有別的了。但，那些都不是你真正想要的東西，你真正內在想要的，其實是別的東西；沒照這個最高標準去許願時，通常會有落差。

此外，許願時千萬不要顧忌「道德的包袱」。想許什麼就許什麼，想得到什麼就清楚的說出來。道德是只有人類才會去想的問題，宇宙跟自然界並沒有這樣的東西存在。

道德什麼的，交給宇宙去處理就好，不能給你的、不該給你的，就是不會給你，不用去擔心這個問題。但是，你不講清楚你要什麼的話，那你永遠得不到你想要的。

在宇宙面前許願，請記得要做個坦蕩蕩的真小人。

關於付出與得到的代價思考

奧修大師有一個歷程文章，非常值得與大家分享：

有人問奧修，為什麼每個來這兒靜心或聽講的人都得付費？

奧修回答：

為什麼不？你為生活中的一切付費，為什麼不為你的靜心付費？你為生活中的一切付費，為什麼不為神付費？你為什麼想要免費得到神？

事實上，你不想要神。你準備為你要的一切付費。你知道你必須付費。但你不想要靜心。你可以為了看電影付費，為什麼不為你的靜心和想要聽的講道付費？

錢是什麼？如果你為了某個東西付了 5 盧比，而你一天可以賺10 盧比，那你就花掉半天的時間。錢只是你為了某個東西付出半天勞力的象徵。你去看電影，為了電影票付了 10 盧比，而你一天賺 10 盧比。你說這個電影是值得的——「我可以用一天的勞力來交換」，但你沒準備要用任何東西來換取你的靜心、祈禱、宗教。事實上，宗教是你清單上最後一項，你想要免費得到；這樣，基本上你是不要它的。如果它有個價格，你會感覺不舒服。

葛吉夫常為他的講道索取高額費用；不只是錢，他還會創造各種困難。

例如：不會事先宣布講道的資訊。如果他打算在早上八點講道，三小時前，大概五點，你會接到電話：「八點到某個地方。」那個地方會有二十哩遠、三十哩遠或五十哩遠——「葛吉夫會在那兒講道，而我們已經付費了！」

人們會問：「你為什麼要製造困難？你為什麼不事先說，以便我們可以安排？」葛吉夫會說：「如果讓你可以安排，那它是沒有價值的。」如果你在突然的狀況下仍可以過來，放下一切你準備要做的⋯⋯也許你要在八點去見總理，現在突然有另一個抉擇：去見葛吉夫或總理──然後你去見葛吉夫。那某件事將會發生。你冒著風險，你選擇了困難。不確定葛吉夫是否會講道。他可能來了這兒。四處看看後說：「不是現在。不，不是今天。我稍後再通知你們。」

他曾在巴黎辦了八天的講道，然後連續取消八天。第一天，大約有 400 人；到了最後一天只剩下 5 或 6 人。他看著他們說：「現在，剩下的才是正確的人。群眾走光了，現在我可以對你們說任何我想說的。」

我也對群眾沒興趣。我對遊客沒興趣，我只在意真誠的求道者。他們已經顯示出他們的勇氣和毅力。

你付的錢只是開始。漸漸的，我會說服你付出一生。除非你有那麼多的勇氣，否則不會有任何事發生。宗教不是廉價的，更不會是免費的。

靜心村需要日常的維護，這個地方已經為你準備好了；有些音樂家必須準備音樂，有些人必須引導靜心，花園必須照顧，建築物必須興建。一切都要錢──從哪兒來？而且你知道我不施展任何奇蹟的。

只會有兩種方式。一個是：別人為了你捐錢。但為什麼別人要為你捐錢？你來靜心，而別人為了你付錢？為什麼？如果你想靜心，你要付費。如果你真的想靜心，你會準備付費，不該搭任何順風車。如果你沒錢，就去賺。如果賺不到錢，來靜心村工作換取。但不要要求免費。

你必須顯示自己的真誠，不是只是為了好奇來這兒。判斷的方式是什麼？最簡單的方式就是金錢……因為最大的貪婪是對金錢的貪婪。

　　所以每當你必須失去金錢，你得失去一小部分的貪婪。當你為了進來而付 5 盧比，你是在付費拋棄一點貪婪。問題不是金錢，而是貪婪。而這只是開始——因為只有當所有貪婪消失，靜心才會發生。你裡面只要有一點點貪婪，那靜心就不可能發生。對貪婪的頭腦而言，靜心是不會發生的；靜心只會發生在不貪婪的頭腦中。如果你沒錢，那就工作。用工作來支付，顯示你的真誠。

　　我深入的去了解無數人，我發現只有很少的人會吸收。其他人只是好奇的人，只是為了娛樂自己。也許那個娛樂和宗教有關，但那是無意義的。

　　所以我不是為了群眾而在這兒。要永遠清楚這件事：我對群眾沒興趣，我只對個體有興趣。

　　你必須顯示你的勇氣和毅力。

1-3 成敗相依的「潛意識」

　　除了自己可以覺察到的表意識，覺察不到的潛意識也對能否心想事成非常重要。當你無法心想事成時，建議也可以檢視一下是不是潛意識在扯後腿。而在我多年身心靈的研究裡，潛意識是個第二難搞的傢伙。

　　究竟是怎樣的難搞法呢？你以為你真的很想要一份工作，或你以為你真的喜歡某某人，但是只要是潛意識並不這麼認為時，不管你再怎麼努力，它都不會讓你成功。

　　潛意識到底是什麼？它除了記錄你從小到大所接收到的資訊以外，還有強效保護你的功能。在接收來自外界的訊息過程當中，潛意識不斷地收集資料，它知道你的喜好，也知道你生命中經歷過哪些壓力與難關。

　　所以當你遇到了你表意識喜歡的工作，或是你表意識喜歡的一個人，它會去比對過去的資料庫，來看看這件事情的實現與成立對你來說是不是安全的？

　　請注意，潛意識所謂「安全」的定義與標準，跟我們想的不太一樣。

　　大致上來說，潛意識認為「維持現狀」是最安全的。

　　所以如果你曾經遇過一個會家暴的伴侶，分開了以後，潛意識會自動偏向找尋也是會有家暴的新伴侶給你。對潛意識來說，這是你所熟悉的，所以找同樣條件的伴侶是最安全的。

　　另外，受暴者之所以無法離開家暴伴侶的另一個理由則是：潛意識無法想像沒被家暴是什麼樣子（因為你不熟悉或是沒遭遇過），因此可能會對「沒家暴」感到害怕，所以讓你無法離開。

　　同樣的情況，可以舉一反三到你喜歡的新工作、要賺更多錢、

想追求不同類型的對象、身體變健康等等，都有可能會被潛意識扯後腿。

另一種情況則是，你以為你想要 A，但是潛意識其實想要 B。如果你不知道潛意識真正想要什麼的話，那麼你跟 A 是永遠沒緣也沒分的。

然而請千萬不要錯怪潛意識，雖然它運作的方式常常會讓你感到哭笑不得，但是要記得，它是為了保護你而存在的，它的所作所為，都是最大的愛啊！

潛意識真的分辨不出想像與真實嗎？

許多教導心想事成的老師或派別，都很喜歡強調正面思考；另外還更愛教你發揮想像力，把你想要的結果觀想出來。為什麼要這麼做？因為他們認為「潛意識分不清現實與想像之間的差別」，只要你經常去正向思考、觀想你所想要的，透過吸引力法則，潛意識就會把你要的結果顯化到你的人生中。

他們經常舉的例子之一，就是叫你想像，手上有著一顆新鮮切開的檸檬，然後想像把檸檬放到嘴裡，大力咬一口。

因為檸檬很酸，只要一想到檸檬，我們就算嘴巴沒真的吃到檸檬，也會很自然的分泌唾液，這就是他們所謂的「潛意識分不清現實與想像之間的差別」的證據。

另一個例子就是：如果你最近想要買一台紅色的車子，或是你已經買了一台紅色的車子，那麼接下來，你就會很容易隨處都能看見紅色的車子。這也是被拿來當做吸引力法則運作的證明之一。

還有一個也是很著名的例子，就是讓運動員在沒有運動的時候想像運動（例如跑步），科學家發現，運動員身上所有肌肉，都會跟隨他的想像被啟動，所以他們說，運動員們透過反覆的想像，就可以在沒有運動的時候強化訓練的效果，可以在比賽時取得更好的成績。

我相信許多朋友們都試過正向思考，也試過正向的觀想。尤其是「吸引力法則」始祖的亞伯拉罕，更是宣稱，只要你能夠保持正向的頻率 17 秒（或延長到 68 秒以上），吸引力法則就會回應你思維所發出的震動，力量就會開始運作，你就會心想事成。

反過來，如果你專注在負面的事件超過 17 秒（或延長到 68 秒以上），同樣的會啟動吸引力法則，只不過這次是吸引負面的事件到你的生命中。

以上的例子都很有說服力，聽起來也很真實。但是，在人生的遊戲裡，大腦真的是這樣運作的嗎？

潛意識觸發的其實是你的生命經驗

2014 年，美國威斯康辛大學麥迪遜分校的電機工程學系教授巴里・溫・范恩（Barry Van Veen）與他的團隊，為了想研究想像跟現實兩者之間之於大腦的差別，而做了一個實驗：首先，研究團隊讓一組實驗對象想像他們在騎腳踏車，請他們專注在一些形狀與顏色的細節，接著讓他們看一段無聲的大自然影片。另外一組實驗對象則是讓他們看一段影片後，請他們在腦裡回想剛剛所看到的影片。

透過 EEG 腦波圖的觀測，研究團隊們發現，兩組實驗對象大腦中神經傳達資訊的方向是相反的。當研究對象在想像畫面時，他們的資訊是從大腦的頂葉（掌管動作、直覺、計算和物體辨認等功能的處理）流向枕葉（視覺區）。

也就是說，當你在「只是單純想像一件事」而不是在「回想一個體驗」時，資訊是從大腦高階功能部位流往低階功能部位的。相反地，當實驗對象看過影片（實際體驗）再回想時，他們腦內資訊的流向，則是從枕葉流向頂葉。

我認為這個方向性的不同，對於潛意識來說，就是足以區分什麼是真、什麼是假的關鍵機制了。

當你想像檸檬、運動等，這些都是從你已經有體驗過的事件來

觸發想像力，大腦與身體透過過去的經驗，出現生理上的反應，這是再正常不過的了。我相信運動員的確可以透過反覆想像過去運動上的經驗，來提升自己在比賽的表現。

所謂心想事成專家要你做的練習，前提都是你必須先有那個體驗，才有可能啟動生理上的反應。可是如果你想要的願望是你從來都沒體驗過的事情呢？比如說希望月入百萬好了，你的人生如果從來沒有過月入百萬，或是甚至不知道一百萬長什麼樣子的話，請問你要如何去想像體驗或怎麼累積這個能量呢？

同樣的，如果你從來沒有吃過榴槤的話，請問你又要怎麼想像出榴槤吃下去的味覺與口感呢？一個沒吃過檸檬的小嬰兒，自然也不會因為想到或看到檸檬就分泌唾液……

總而言之，你無法想像出你不知道的東西，更別說是要把它給顯化出來了。

這些正向思考與觀想的技巧，說穿了就只是讓你爽爽的做點白日夢而已。舉個更不文雅的例子吧：有個魯蛇每天晚上看著 AV 女優的影片或是想像著跟自己心儀但追不到的對象做愛來打手槍（我相信每個男生做這樣的想像應該都可以超過 17 秒才對），幻想著自己某天會有一親芳澤的機會。

但是現實中我們都知道，那也只不過就是性幻想而已。哪怕是花上了一輩子的時間，來每天勤勞快樂的做超過上百次的 68 秒，對方還是永遠都不會多看你一眼的。

所以正確的心想事成方法，是必須能夠讓大腦資訊「以正確方向流動」的技巧才會有效。

在我對於心想事成相關的研究裡，我認為，首先要設定好你的目標，然後要釋放掉與其相反、扯你後腿的負面信念與情緒，這些都是最基本的。而更重要的，就是確保大腦裡神經資訊傳輸的方向是正確的。

除了所有人類都會共同有的基本體驗以外，基本上，你無法吸

引與創造你所沒有體驗過的東西（除非那是原本命運中就有的安排，但那就也不用吸引了）。更何況，人性本賤，如果你已經擁有你想要的東西，你還需要去做任何努力來吸引它嗎？所以透過外面教授的吸引力法則，你或許可以「吸引」到一些正面的事件到來，但是你往往得不到你真正想要的東西。

【零通靈看世界】

為什麼放下很重要？

很多個案喜歡問一個問題：「我想要的，為什麼還沒有發生？」

我通常會反問個案：「你覺得……如果你希望上天在你明天早上起床時變出一百萬給你，然後一百萬真的出現了，你覺得這符合邏輯嗎？」

個案想了想，然後搖頭。

「這就對了，」我說：「當你想要神蹟出現的時候，你唯一能做的是『不要讓自己的信念與情緒成為阻礙』。我不是要你放下你想要的目標，而是放下因為目前困擾你的這件事情所產生的情緒，以及當初產生這情緒的信念。」

大部分的人嘴裡都說想要神蹟，但是行為上卻是認為「一切一定要照我的方式來，我最大」。既然是「神」蹟，就代表沒有人類的邏輯性可言，這自然不是我們的頭腦可以思考而得到答案的。

當你不再試圖命令宇宙，這件事情只能在我想要的形式完成時，你就自由了，就會進到跟宇宙合一的狀態，就容許宇宙把你所想要的，在命運容許的範圍內，透過你意想不到的方式帶到你面前。

試想，如果你自己的方法有效的話，那麼你早就得到想要的了。你有可能比老天爺知道的更多嗎？如果沒有的話，何不在許願後，全然的相信宇宙的安排，讓宇宙幫你完成你的願望呢？

幫你把願望確實的傳達上去，是量子轉化的工作。

放下你的情緒與信念，是你告訴上天你信任祂、讓上天知道你真心誠意想要得到你想要的東西。這，是你的工作。

而這個所謂的「放下」，不是嘴巴說說而已，這是有技巧的。依循我教授的技巧，人人都可以做得到。「放下」將不再是個哲思，不再是個口號，是實際上可以操作跟印證的方法。請參考《放下的力量》，以及量子轉化【一階・放下】相關課程。

關於內在小孩與分靈體

從精神療法的觀點，我們可以知道：當人經歷創傷時，一部分的自我會與本體分離，並且阻隔創傷記憶，藉此自我保護。但是，創傷記憶只是被隱藏在潛意識角落，並沒有消失。而這一份因創傷而與本體分離、並守護著創傷記憶的能量體，就被通稱為「內在小孩」。

⊙內在小孩擴大版──分靈體

「內在小孩」在不同的派別下有了不同的名稱，為傳統心理學用來表示一個人精神或靈魂裡面「類小孩」的部分。

這個名詞經常被用來說明一個人童年主觀的經驗，或是因為孩童期的經驗影響到成長以後的思想行為。所以，「內在小孩」也被用來代表，從小累積在大腦的記憶、情緒與經歷。

知名心理學家榮格把這稱為「神性小孩」，而「靈魂碎片」、「真我」與「神奇小孩」也是內在小孩的另一個稱呼，但多數身心靈療癒者還是稱之為「內在小孩」。

從量子物理學的角度來看，我們的思維是存在或是「被儲存」於「母體（matrix）的能量場（field 或 subspace）」。內在小孩並不是一個實際的存在體，也不存在於人體內，因此它的正確名稱應該

是「分別存在於母體的過去自我意識靈性能量投射體」；我簡化稱之為「分靈體」。而從遊戲的角度來看，每一個分靈體的形成，就是一個存檔的紀錄。

「內在小孩」一詞隱喻著，問題永遠存在於過去，但這會讓人忽略了當下與未來。所以我提出更可以為此本質正名的名詞「分靈體」。

在我研發的量子轉化中，我們可以透過分靈體本身的「未來記憶」功能，讓原本只存在過去的內在小孩，可以開外掛解禁，穿梭過去到未來，大幅增加心想事成的成功率。

分靈體並不是一個新的概念，我們時時刻刻都會被過去的自己所影響、牽引，有時候，我們會對一再重蹈覆轍的事件和壓力感到無力，卻又無法抵抗，這是因為分靈體的存在所造成的影響。

分靈體的作用就是：把創傷的傷害跟我們隔離開來，這是一個自我保護機制。所以當一個人過去所經歷的創傷越多，他的分靈體也就會越多。分靈體就像是「過去時間被凍結的我們」，擁有著「創傷事件發生時，我們的思考跟信念」。

我們可以把每一個分靈體想成是「每一次被儲存在雲端的電腦備份資料」來看待，每次我們遇到壓力時，會搜尋過去的備份資料來幫助我們，讓我們不要受到傷害。

有時候我們會發現，在某種情況下或跟某人相處時，自己的表現會顯得像個小孩，無論表情或舉止，可能都是更年輕的自己，也許是 5 歲或 9 歲；不過根據社會學家莫里思‧馬西的理論而言，一般來說不會超過 13 歲。

因此，你可能會易怒、耍賴、愛哭，執拗於某些點，就像耍脾氣的小孩。這就是潛意識裡的內在孩童正在運作。我相信正在閱讀本書的讀者，年齡絕對大於 13 歲，但是我們回頭想想，當你情緒不穩的時候，你的行為舉止，像不像是個心智年齡不超過 13 歲的小孩在指揮呢？

觸動分靈體的契機，可以是聲音，可以是別人口中的字眼，甚至於一個眼神、動作、味道、觸覺，都有可能觸動潛意識的警報，把我們過去受創的分靈體們喚醒。那一瞬間，你的身體可能充滿許多潛意識為了保護我們、所激起的能量，並不單純是憤怒或哀傷那麼簡單，而有可能排山倒海，成為「萌生」你另一面的動力——這樣的情況，也就是「人格分裂」，所謂與自己原本想法、言行相去甚遠的「次人格」。

　　嚴重的人格分裂會導致「多重人格」，這是能量太強大的分靈體，把當下的意識心智給強制取代的結果。醫學文獻上曾有這樣的紀錄：病人出現 A 人格時身上會有疣，而 A 人格消失後，疣也跟著消失；而當 B 人格出現時，病人會有糖尿病，可是再轉換到另一個人格，病徵就不存在了。

　　所以，我們可以清楚的知道，分靈體不存在於肉體，而是存在母體的能量場上，就像是雲端備份，你隨時都可以下載過去（甚至是未來）的資料到你當下的大腦，因此才能由內而外去影響身體上的多重生理變化。

　　「人格分裂」是個比較極端的比喻，事實上，「製造分靈體」這樣的情形，每天都發生。當我們有著沒處理好的創傷時，分靈體就會為了保護我們，而把創傷的記憶儲存起來；但是，他們也只能儲存一部分，隨著時間的累積，創傷往往也會不斷的累積。

　　你一定很熟悉，無論是工作或人際關係裡，總是充滿了「又來了！我又搞砸了」的例子；而這些曾讓你心裡不快、不安、難受的「感覺」，都是創傷。

　　當創傷經驗不斷堆積，我們需要花費更多的能量來維持分靈體，以防止我們的情緒失控。你或許會發現，年紀越大的人，越容易受到過去創傷的影響，反覆談論著過往的不愉快，身體也越來越糟糕。這就是我們用能量來餵養分靈體的結果。

　　有些心理療癒師認為，除非我們和自身的內在小孩重新連結，

否則內在小孩會一直處於孤獨的狀態；而且，除了連結，更要教化、擁抱內在小孩，好讓他能走出受傷的處境。

可是，分靈體或是大家口中的內在孩童，需要的未必是愛與擁抱；從吸引力法則的角度來看，「不好」只會招致更多「不好」。因此，當你擁有越多過去受創的分靈體，你會吸引更多同樣的創傷事件。不管你如何正向思考，只要分靈體仍然跟你有連結，他就會為了保護你而扯後腿。

所以，在完整的療癒過程中，分靈體除了被好好對待、被擁抱，最後還是必須要被釋放掉，讓祂回歸母體，才不會繼續影響我們。

⊙不同階段消除的分靈體數量的差異

量子轉化的最初核心概念之一，就是大量且快速地消除負面的分靈體。

簡單來說，只要能夠有效率與快速的消除你與願望之間的障礙（負面能量或情緒），你願望達成的機率就越高、速度就越快。那麼我們來實際檢視一下，上完我的不同課程，你可以釋放掉的負面情緒最大值為多少吧！

【一階・放下】：6000 分靈體

【一階・生命重設技巧】：5000 分靈體

【一階・魔法】：10000 分靈體

【一階・逆轉】：5000 分靈體

【二階・轉化】：10 萬分靈體

【二階・進階】：100 萬分靈體

【三階・覺醒】：1000 萬分靈體

【三階・進階】：1 億分靈體

【四階・超釋放】：100 正分靈體

以上數值是針對每堂課裡面最高階技巧，練到最好時，可每次

釋放的最多分靈體數量，如果放下、重設或魔法搭配起來，效果會更強。

放下＋重設＝ 100 萬分靈體

放下＋魔法＝ 500 萬分靈體

放下＋逆轉＝ 8000 分靈體

放下＋重設＋魔法＋逆轉＝ 1000 萬分靈體

分靈體數字的多少，會依照每個學生的功力有所差異。雖說一階都上完，可以釋放的分靈體數量，跟上到【三階·覺醒】幾乎是一樣的，但是上完【三階·覺醒】的，在釋放的速度上遠勝過一階。

而我自已目前練到的功力，是可以單次釋放最高達 80 無限個分靈體。哈，懂數學的人都知道，沒有「無限」這種單位，無限就是無限。只是因為練到後來數字太高，我就直接把無限拿來當做數字的單位了。

這是給大家一個參考，好好的上課，好好的練，越往上走，你每次能清除的障礙與分靈體就越多，你跟願望之間的距離就會越來越短，甚至要瞬間實現，也不是不可能的事情。

當然，只靠消除負面能量，並不一定就能心想事成，有時候還需要用「加分靈體」來輔助與補強，甚至要考量到遊戲世界的設定，這些請參考本書後面的內容。而不管怎麼樣，消除負面能量的障礙，是無可避免、一定要處理的先決條件。

幫助你知道自己在哪邊的測量法

有句話說得好：「不管你想去哪裡，你都必須先知道你目前在哪裡。」

這句話看似簡單，但很多人或許從來沒有思考過。如果我們的世界是一個虛擬世界，那麼無論你要去哪裡，都需要有一個「起點」與「終點」。

舉個例來說，當你想從台北搭高鐵到高雄時，你只需要到台北車站告訴票務人員：「我要一張幾點幾分到高雄的票。」就可以了。可是當你上網要買高鐵票時，網路售票系統本身並不知道你人此時此刻在哪裡，所以上網買票會先要求你選擇「出發站」與「到達站」，你才能進行後續的購票。

我們的腦袋總是預設了「現況」為出發點，「目標」為終點，但是很多時候，你並不是很清楚的知道你的現況在哪裡。那麼，能夠知道自己目前與目標之間的相對位置，對許願來說，是一件很重要的事情。

對宇宙而言，你必須能夠精準說出：「我要從 A 點出發到 B 點。」宇宙才會知道怎樣幫你完成 A 到 B 之間的距離，這樣才是正確許願的方式。就好比說，如果你只傳達「高雄」，誰曉得要從地球的哪裡，去把你帶到高雄？

那麼要怎樣知道自己的現況呢？我們從妻、財、子、祿、健康的幾個面相來簡單討論一下：

【妻，感情】

如果感情有問題的話，你知道你的問題是：現在是單身找不到對象？還是你現在是處在一段關係中，但是關係出現了問題？那又是什麼樣的問題？性方面的問題？劈腿的問題？婆媳問題？金錢問題等等。

【財，金錢】

如果這方面有問題的話，你知道你目前的金錢狀況有多糟糕？例如：每個月薪水只有多少、欠債有多少？還是目前沒有收入？

【子，小孩】

如果這方面有問題的話，你目前是想有小孩但卻一直無法懷孕？還是懷孕中出了某些狀況？還是有小孩了，可是小孩現在正在經歷什麼樣的問題，讓你感到困擾？

【祿，工作】

如果工作方面有問題的話，會是目前工作遇到什麼樣的關卡？是否跟老闆還是員工還是客戶之間相處上有問題？還是業績不夠好等等。

【健康】

如果身體不適，是否知道目前身體生的是什麼病？是怎樣的不舒服法？有給醫生檢查診斷過了嗎？醫生怎麼跟你說的？你目前對你身體的病痛感覺如何？如果醫生處理了，那現況有比較好還是比較糟等等。

以上是你必須知道，你目前問題是處於哪一個狀態，這就是你的「出發站」。如果可以的話，請給這個問題打一個分數：10 分是最糟糕的狀態，0 分則是沒有問題的狀態。

搭配我們所提到「對宇宙的目標設定」的概念，如果設定地完整的話，通常那就是你的「到達站」，也就是你的終點。在這個時候，你給這個問題打的分數會是 0 分。

有了開始站與到達站，這時候，兩點之間的相對距離就出現了。如果你認為你當下的問題非常嚴重，打了個 10 分，那麼距離問題解決時，就等於會有十個單位，或是十個等級的問題或能量需要被處理。

處理的方法不外乎是市面上所有的身心靈課程與老師能提供的方法，但我個人對初入門的朋友們，是大推 EFT 情緒釋放療法，或透過本人所著作的《放下的力量》裡面的信念系統說明，大家就會知道，這是一階最快速處理問題的方式。

以上講的是個案主觀式的打分數，身為一個做量子轉化、幫別人處理問題的老師，大部分的時候，我會遇到的問題，都是別人自己不知道自己當下問題的起點跟終點在哪的朋友，或根本不知道自己該怎麼表達出問題是什麼的。

各位請相信我，這種人很多。這時候該怎麼辦呢？

身心靈圈廣泛常見來解決這個問題的技巧有「O環測試法」、「臂力測試法」，以及「靈擺」。這些都是方便療癒師透過能量來了解到個案內在潛意識真實想法狀態的技巧。當然也可以拿來測一個物件的能量與個案適不適合。

【O環測試法】

要幫自己做有難度，如果幫別人做，女生通常會抱怨男生力氣比較大，導致女生認為結果不準確。這技巧需要長久與深度的練習。

【臂力測試法】

這是我個人比較喜歡的一個方法，方法做對的話，不會有男生力氣比較大、影響到測試結果的問題，相對簡單與容易，個案對測試結果也比較不會有意見。但是同樣有一個無法幫自己做臂力測試的困擾。

【靈擺】

靈擺的功能可以說是相當的多，包含了：找尋失物、問事占卜、了解內心真正想法；探測人體及動植物健康、探測家中風水好壞、測試食物及藥物是否適合身體，清洗氣場、淨化水晶及物件、祈願祝福等。

靈擺要測試得準確，同樣的需要大量的練習與經驗的累積。對我來說，靈擺的問題在於，如果我要使用這個測試方法，我就必須隨身帶著一個靈擺。

多年前我曾有在香港機場，想使用靈擺測試一個台灣沒有的健康食品時，被店員白眼的經驗。店員可能害怕我對他的商品下邪法，或是我是哪來的奇怪巫術師之類的吧？何況把玩了商品又不知道會不會買，感覺確實有點怪怪的。

所以，我後來整合了O環測試、臂力測試以及靈擺，獨家研發

出「空間訊息讀取術」。也就是說，我可以什麼道具都不用帶，也不需要旁人的協助，就可以從我們處在的空間中，透過身體捕捉到資訊（我使用「資訊」二字是因為，我認為我們處在的是遊戲世界，在我眼中，就跟駭客任務裡面的 Neo 看到天上掉落的一連串程式碼是一樣的感覺）。

這技巧大幅的提升了機動性、方便性，以及不會被旁人覺得你很奇怪，或是讓你看起來像在做街頭藝人表演。當然，要能夠測得好，同樣的也是需要很大量的練習以及經驗的累積。而這技巧最大的問題在於小我的干擾，這有可能會導致準確度降低。換句話說，如果可以保持情緒的平穩以及與神性的連結程度，會大幅提升「空間訊息讀取術」的準確度。因此，還是回到那個重點：情緒釋放很重要。

使用正確測試的方法，會讓你掌握到很多你之前所不知道的事情。

比如有位個案說，他想要跟女友復合，但一測就發現，他其實並沒有真的那麼想；有些個案在金錢上的問題，會說他想要月入百萬，但你會發現，他其實對生命中出現很多的金錢感到極度的恐懼，所以無法達到這個目標。

不管你的測試方法是什麼，其實都沒有關係。重要的是，你是否能夠幫一位不知道自己當下的問題、不知身處何處的個案（或是你自己），準確地定位出他的所在地，找出他到達問題解決前所需要處理的相對單位，或是需要被消除的分靈體的數量。

記得，不管你想要去哪裡，你都必須要先知道你目前在哪裡。接下來才能透過所學的技巧，真正帶領你／個案來到問題被解決的終點站。

想要改變命運，讓生命變得更美好，那麼就得先了解：命運是怎麼來的，以及有哪些可以影響命運的力量。

風水真的會改變命運嗎？

關於改變命運，古人說：「一命、二運、三風水，四積陰德，五讀書。」

「命」在我看來，就是「先天文明」，「運」就是「本源」。

先天文明要改是有難度的，而且難度很高；「運」指的是一個人在 D 的本源，本源會受到情緒與後天因素的影響而改變。命與運在我這邊是有修改的空間的。然而，當一般人說到改變命運，除了宗教以外的方式，對傳統華人來說，「風水」就是首選了。

風水，簡單來說，就是「看你居住的環境磁場好不好」的一門學問。好的磁場帶你上天堂，壞的磁場當然就讓你下地獄。我從小就對玄學有興趣，在高中時就開始學習針灸，後來到接觸佛教、密宗、基督教以及道教，練過氣功，也有稍微學習過紫微斗數與風水。風水我接觸過的派別有八宅、玄空以及奇門盾甲。

風水堪輿術的準確度自然不在話下，否則這門學問與技術不可能存活那麼久。但是因為我國二就移民到加拿大，中文程度沒有很好，所以當我想研究「風水」這些需要比較多古文的技術時，就覺得有點吃力了。

在我的經驗中，我覺得靠風水改變命運有一定的難度，而且房子的裝潢會被所謂「正確的風水」搞的奇形怪狀。在當初買房子裝潢時，媽媽很相信台灣電視上某大風水師，便強力要求，需要請大

師看過風水再來裝潢。

　　但大師來看過後，就因為門的方位問題，建議了一個打開大門後要九拐十八彎才能進到客廳的動線，讓我超級傻眼。後來當然不採用，但因為當時信仰佛教，所以家裡還是需要一個佛堂。最後，請了我們宗派裡面有名的風水老師來看，想說這次依照宗派的理論來裝潢準沒錯了吧？

　　在我脫離佛教後，以非佛教徒的角度來看家裡的裝潢，才發現，整體動線都受制於那個佛堂，讓家裡的動線變得非常奇怪，整個家的隔間也很怪，許多空間浪費掉了，住起來很不舒服。

　　在我把這個裝潢打掉重做之前，我也遇過一位奇門遁甲的老師，他不需要到我家，只要開個奇門遁甲盤，就會知道我家哪個方位漏水，哪個方位窗戶外面有虎頭蜂窩，真的是準到讓我嘖嘖稱奇。

　　奇門遁甲改變命運的方式，就是要擇日、擇時辰，把某個方位上看似完全沒有意義的東西移除，然後再擇日、擇時辰在某方位，放置上看似完全沒有意義的東西上去，這就是「佈局」。這是個很有意思的過程，我放過的東西有三把水果刀、豬八戒的公仔、三羊開泰雕像、圓月彎刀等等，這些跟傳統風水上要放的五帝錢、風鈴、貔貅等之類的完全不一樣，而這麼做，卻有改變風水的功能，其實這樣的概念很量子轉化，我很欣賞。

　　話是這麼說啦！我覺得老師很強，奇門遁甲也很威，但是不知道為什麼，當時這些東西就是對我不起作用。我記得那個三羊開泰（其實不是要三羊開泰，老師是說，要找三隻羊的金屬物品）的雕像，就是為了課程招生人數可以提升而特別擺飾的，結果那次只有三個人報名，連老師也不知道為什麼會這樣，總之一整個非常不符預期。

　　當然，我現在就很清楚。除了被本書後面會提到的先天文明與本源限制外，我在相欠債上也是欠那位老師的，另外權限高低也有關係，所以幫助不大是情有可原，而且原因很多重。

而我認為風水上也有另外一個問題。很多人都認為，只要家裡多放了這個那個就可以永保安康。但是在這宇宙中，除了你的意識之外，沒有任何東西是永恆的，想要有好風水，可能就必須三天兩頭改變你家中的擺飾。所以，當時我每兩週就要找這位老師起卦、改變家中擺飾一次。

　　雖說求助奇門遁甲的目的，是為了讓自己變得更好，但是，自從找了這位老師後，我心情反而處在一個驚心膽顫的狀態。因為，每天回家我都會想：如果在特定時辰，不小心把我衣服或包包放到會引發負面事件的方位怎麼辦？家裡燈泡壞了、馬桶壞了，我馬上就又開始擔心害怕，覺得自己完全被風水給限制住了。

　　各位，這就是把力量交出去的後果，你人生會出現超強烈的無力感。

　　然而最後，讓我感到真正最無力的，是某次老師跟我說：「你現在家中某某方位擺的玩具正在作用中喔，所以會導致你最近金錢事業運很差。」難道是我要把多年收藏的玩具都丟掉嗎？

　　後來老師建議的方法竟然是：「不然你把東西都搬出去，依照奇門遁甲的方式幫你排家中的格局，重新裝潢。」

　　「玩這麼大？」我心裡想。但我如何確定，真的依照風水規則這樣裝潢後，玩具或書或其他物件，不會哪天又「起作用」了呢？這件事最後當然不了了之，畢竟依照奇門遁甲的說法，家裡所有的東西都有作用，每個物件都有可能在特定的時間空間下啟動，有可能幫到你，也有可能害到你。

　　不過剛剛都沒有說到重點——這麼多年下來，我的結論還是：情緒是最大的關鍵。正所謂「福地福人居」，我認為這才是風水的最高境界。當你心情好的時候，你自然就會住在一個很好風水的地方；當你心情不好的時候，再怎麼改風水或搬家，你的問題仍然是無法被解決的。

　　我了解到，之前的我，情緒經常性的處在很不好、對人生很不

滿的狀態。我不斷地情緒釋放，直到量子轉化出現後，我才真正領悟到問題的癥結點。最後我決定，什麼老師的建議都不聽，把舊的裝潢打掉，在房子原始架構允許下，裝潢成我想要與我喜歡的方式。

雖說我家不是什麼上百坪的豪宅，但現在回到家，真的是很開心、很舒服，比起之前依照風水設計出來的動線與空間感都好太多了。

一切都只是心識的轉化，你覺得風水不好導致運氣不好，其實是你有問題，不是風水有問題，很大的可能性是——壞風水，只是一個你人生失敗的藉口而已。

天底下沒有永遠不變的東西，擺設能改變的只是一時而已。我覺得中短期可以找風水老師或是擺設來幫忙，但想要長期有效改變的話，我會建議你，不如往自己內心尋求情緒的平和，這才是改變命運的真實起點。

在此，我重新定義風水一下：「風水，就是透過外在居住磁場的變化，來讓你知道你內在情緒狀態的學問。」請記得，好情緒帶你上天堂，壞情緒帶你下地獄。外在的風水其實很無辜的。

持咒的祕密

除了風水以外，修行也是一種改變命運的方法。在我曾經所信仰的密宗很注重持咒，在修每一個法之前，都有規定要持滿本尊咒語至少 10 萬次。

感情是我人生很大的一個罩門。當時的師父有傳授過一個法門：只要唸滿 30 萬遍的「咕嚕咕咧佛母心咒」，想要誰愛上你，誰就會愛上你。於是我花了兩年的時間，把 30 萬遍唸滿了，但是什麼事情都沒有發生。

後來師父在香港傳了「愛染明王法」，他說這是很特別的一個主尊，只要唸滿 30 萬遍的「愛染明王心咒」，同樣地，想要誰愛上你，誰就會愛上你。而且這次還附加了個條件：「之前修其他法如

果沒有效果的，修這尊一定會有效！」

當時還是個窮學生的我，為了得到這個灌頂，努力存錢，從溫哥華飛到香港參加法會，之後再花了兩年，把 30 萬遍唸滿。其中我也修了許多壇的愛染明王火供法，也依照師父交代的，在每次火供中都燒了許多的蓮花蕊。但還是什麼桃花都沒有。

當然我也早就唸滿 30 萬遍的根本上師心咒，因為那在我之前信仰的宗教裡，這是最基本需要達標的基本功。當時去請教宗派的上師「為何感情仍無法滿願」時，我得到的答案不外乎是：「前世因果」、「業障深重」、「冤親債主」、「持咒不專心」、「沒誠意」等等無法讓我信服的理由。

或許也會有人說，你這是為了欲望唸咒，當然不會有效。唉，如果不是因為想要滿足人世間的願望，誰在那邊跟你乖乖唸經持咒啊？你以為外面那些廟的香火鼎盛是怎麼來的？那都是滿滿的欲望啊！那怎麼會別人有效，我沒效呢？更何況，我一直認為，如果神佛流傳這樣的方法下來，有但書就應該直說，怎麼會讓人遇到沒效卻也沒其他解的困境呢？

後來我透過實戰經驗發現：任何目標設定後，至少一定要搭配「情緒釋放」，潛意識不再去跟願望扯後腿，你才有最基本成功的機會。而對於持咒，我則有了更有趣的發現。

之前的師父說過，修行人之所以要持咒，目的是為了「調頻」，也就是說，透過不斷地唸咒，讓自己能量的頻率，經常性的跟你持咒的本尊是一樣的，那麼就像收音機調頻一樣，透過最少 10 萬遍的咒語，讓你的身口意熟悉了那樣的頻率，將來當你需要召請本尊的時候，只要一持咒，你跟本尊之間的連結可以順利開啟，祂馬上就會出現跟你相應。

以上的觀念我完全認同，但現在的我會更進一步的，把它當做是遊戲裡面「累積經驗值」的角度來看。不管是什麼咒語都一樣，想像你只要唸一次咒語，你在那個特定咒語的經驗值點數就會增加

一點。

　　既然有經驗值的概念，那麼就一定也會有「遊戲角色等級」的存在。

　　於是我看了一下，當初我辛苦花了兩年所唸的 30 萬遍的「咕嚕咕咧佛母心咒」，居然只有等級 14 ！那麼「愛染明王心咒」呢？等級只有 6 ！再對比我之前的護法「大威德金剛明王」，那是一尊我只唸了不到 10 萬遍、就夢到他好幾次的金剛護法神，結果等級竟然是 57^2 ！（以上等級滿分 100。）

　　我根本沒特別在唸的大威德金剛明王咒語，為什麼反而等級特別高？我能量檢測跟比對了一下，發現原來關鍵點是相欠債（或許你要說這是與本尊之間的「緣分」也可以）。

　　能量檢測的結果是這樣的：我欠咕嚕咕咧佛母 4 分（滿分 20 分），我欠愛染明王 7 分，而大威德金剛明王欠我 7 分。（附帶一提，能量上我也欠當初的師父 4 分。）整體來說，只要唸到了你有欠的主尊咒語，唸起來的效果就是杯水車薪，有唸跟沒唸一樣。

　　相反的，只要找到了有欠你的主尊，你修起法來就會如魚得水，事半功倍（有些遊戲裡面會有限定時間經驗值關卡，在那時間內打關卡的時候，遊戲會給你雙倍或四倍的經驗值，大概就是這麼回事）。

　　就像我後來所推測的一樣，一切都只是遊戲裡面的機制而已！所以，或許現在只要我去調整我跟咕嚕咕咧佛母與愛染明王之間的相欠債，持咒的效果就會出來了也說不定呢！

　　不過其實除了調整相欠債以外，量子轉化還可以直接調整等級，這會讓自己在遊戲裡面升級的速度加快，我想，這也是另外一個破解遊戲機制所帶來的好處吧。

　　2　補充說明一下等級的概念：遊戲中等級越低，自然就是新手；等級越高，當然就是高手。但是怎樣定義高手呢？在我的能量測試中，以藝人來說，周杰倫貴為天王，他的等級是 66，Michael Jackson 等級則是 70。換句話說，以人類來說，70 看起來已經屬於最上限，所以大威德金剛等級 57，已經是非常強了。

Ch2 量子轉化的關鍵影響

　　量子轉化除了基礎面，也有「加強版」的層面需要進行處理。這是我開發與驗證，一路以來的結果。其實，本篇列舉的幾個影響要素，在我持續開發技巧的過程中，只是一小部分。但因為有些關鍵性的影響，因此優先在本書中與讀者分享。

　　在本篇，我們暫時撇開遊戲的觀念，而是換個角度，使用電影與戲劇的比喻說明，這樣大家會比較清楚我想表達的東西。

「相欠債」不僅僅是一個口語概念

　　在日常生活中，常見一對夫婦生了小孩後，端看小孩好不好帶，會有「這個小孩是來報恩」，或是「這個小孩是來討債」的說法。反過來，我們也會觀察到，有些父母真的很疼小孩，或是父母對小孩很糟糕，盡其所能的欺負孩子、情緒勒索等等。所以，父母之於小孩，同樣也會有「報恩」與「討債」的分別。

　　這個報恩與討債，因為無法追溯為什麼會如此發生，也有「磁場」或是命理學上「相生相剋」的說法。因此在佛教裡，就把這個「為什麼」歸類在「因果」。報恩，就是他前世有欠你，所以這輩子來還債；討債，當然就是前世你欠他，所以這輩子來向你報仇。

　　以上說法大家耳熟能詳，但我認為這畢竟是猜測來的機制。怎麼說呢？因為你並沒有辦法百分百證明這是真的，也就是說，無法證明這樣的因果關係真實的存在。

　　那麼同樣的，雖說目前也是無法證實的機制──越來越多的科學證據顯示，我們存在的世界，是透過宇宙大電腦精密演算出來的模擬遊戲。

我們想像一下，如果現行存在的世界如果是一個遊戲，或是一場戲呢？

　　在戲劇中，藝人所演出的角色事業遇到瓶頸，這只是劇情中的發展，這藝人本身並沒有遇到事業瓶頸。（不然怎麼會有這個卡到事業瓶頸的角色給他演呢？）同樣的，在戲劇中，如果小朋友過得悲慘，請問飾演小朋友的演員真的很悲慘嗎？

　　若父母欠孩子一個道歉，請問是劇情使然？還是出演父母角色的演員，真的欠出演小孩的演員一個道歉？甚至，這中間有所謂的因果可言嗎？

　　我想答案應該很清楚了。

　　所以，人跟人之間的所有的一切──你人生的妻、財、子、祿等所有一切，如果是個已經被宇宙大編劇跟宇宙大導演安排好的劇情，你可能要重新思考，你希望人生過的比現在更好，應該要怎麼調整努力的方向。

　　一個角色遇到事業的瓶頸，那是劇情的設定，能夠修改設定的，只有編劇或是導演，而不是角色本身的努力。同理，人跟人之間的報恩與報仇，也是劇本中寫好的，我們只是在演出這些角色而已，並不是真的有所謂的「因果」關係。

　　任何在劇本中出現看似有因果的，都只是故事而已。

　　舉例來說，周星馳在《西遊記》裡面演的角色是至尊寶與孫悟空，請問至尊寶跟孫悟空真的有前世與轉世的關係嗎？還是那只是劇情的鋪陳與安排？那飾演這些角色對周星馳本身，又有任何影響嗎？

　　再次強調，「**任何在劇本中出現看似有因果的，都只是故事而已**」，所以任何你人生卡關或是別人對不起你、運氣不好等的事件，都只是劇情的安排，沒有任何事情是針對你而發生的；甚至，可以反過來說，所有的事情都是「為你而發生的」。

　　請問，正在演一個被別人欺負的角色的藝人，會去跟導演或編

劇說，其他人都是針對我而欺負我嗎？好的演員應該是很享受演出，盡情表現被別人欺負時應該發揮的演技，不是嗎？

所以，我們可以得到一個結論——

如果你對你人生目前的際遇不滿，你可能覺得感情不順、事業卡關、金錢匱乏，你當然可以努力的去改變自己，可以努力的去求神拜佛。但是這只是個「角色的劇情」啊！你就只是在演一個「不管我再怎麼努力，再怎麼求神拜佛，就是感情不順、事業卡關，金錢匱乏」的角色而已。

除了原本的劇情外，你還幫自己加碼了更多不順的劇情。導演跟觀眾看了只會拍手叫好地說：「哇，你的演技真是太棒了。」但這些讚嘆對你卻一點幫助也沒有。

可見，努力方向錯誤的話，一切都只會是徒勞無功。

從宇宙編導的層級做修訂，才會提高成功率

那麼，到底要怎樣才能改變命運呢？以一個戲劇來說，當然只有「導演」跟「編劇」才有改變角色設定與劇情的權限。偶爾導演可能會讓演員去自由發揮一些台詞，但你的台詞再怎麼變化，再怎麼 free style，你也仍然是無法跳脫角色演出的。

所以，「量子轉化」就是透過修改「宇宙大導演」或「宇宙大編劇」的設定，來幫助別人改變命運的方法。

舉例來說，當你在玩一個遊戲時，只要你儲值、課金了，就可以用正常遊戲中不可能發生的速度與結果，來影響到你在遊戲裡面角色的能力。就好比一個很弱的角色，可以在大量儲值、課金的情況下，很快地拿到很強的武器以及其他虛寶，等級快速封頂一樣的意思。

但如果沒這麼做的話，你在遊戲裡面，就只能天荒地老的慢慢佛系升級，你玩遊戲的爽度跟順暢度也會降低許多。

對於劇本與遊戲的改變，只能在劇本與遊戲之外來做改變；身

為一個角色，你無法在劇本與遊戲裡面做改變（求神拜佛，找人作法，就是這麼一回事）。而這就是一般人無法有效改變命運的最大癥結點。

我看待世界的方式跟一般人不一樣，我看的是劇本的設定，所以像是「相欠債調整」，就是我獨家的發明。量子轉化中的「相欠債調整」，就是一個很單純修改劇本設定的技術。

你可以透過它改變你跟別人的關係，從你欠對方變成對方欠你，這樣對方可能就會對你比較好；從你欠台灣到台灣欠你，這樣你在台灣就可以事業順利，財源滾滾，活得非常開心。

讓我發現相欠債的「三明治事件」

之前提過，人跟人之間的關係，用「相欠債」三個字，就可以很簡單的清楚說明。

我第一次發現這個概念，是我一位朋友誤吃了一個壞掉的三明治，三更半夜肚子痛。她緊急打電話給我，我腦袋閃過一個念頭：「靠，該不會是妳欠三明治吧？」

於是我就依照當下這個直覺的念頭，使用分靈體的概念，調整三明治跟我朋友之間的關係。10 分鐘後，她跟我說，肚子已經完全不疼了。這才開啟了我對「相欠債」一系列的研究——原來這是一種跟宇宙溝通的程式語言！

簡單來說，只要是我欠你，我就會很自然地對你有能量上的付出；可能是給予錢，或是給予愛、關心等，因為就是要還債啊！反之亦然。

當然，這只是先天原廠設定，並沒有什麼「前世我對不起你」或「你對不起我」的前世因果理由。畢竟，遊戲世界裡的角色不會有前世，只能有原廠設定。

那麼，找我調整了與某人之間的相欠債後，是否就一勞永逸，一了百了呢？

當——然——不——是！

把相欠債用工作與金錢來看待，就會很清楚明瞭。假設我欠你一百萬個單位的相欠債，我幫你端杯茶、按摩肩膀，在能量上，我可能就還掉了五百個單位；只要我持續的付出，而你沒有相對回饋我的話，遲早有一天這個相欠債的能量一定會還完，到時候我就不欠你了。

不欠你的時候，或許就是：突然有一天，我不想幫你按摩肩膀了，甚至，我從此就從你的生命中消失了。

如果我幫你做事，你有公平地依照國家社會的標準，給付我金錢或薪資或物質，那就是互相幫忙，互不相欠。當然，給多了也會變成我必須償還相欠債。

因此，偶像明星藝人要紅，需要你的「所在地」欠你，以及粉絲欠你，他們才會捧錢來買你的專輯與周邊商品。每當他們購買一次，就是還債一次；同樣的，這個欠債也會有還完的一天。一個藝人不紅了、唱片不賣了、沒收視率了，就是粉絲們欠的債已經還完了的緣故。

所以，日常任何的一切，如果希望自己得到比較好的成果，都可以從相同的想法上著手：看病找醫生與醫院，我也都會找欠我比較多的醫院或醫生，因為他們要還我債嘛，一定會好好的對待我的。找髮型師也是要找欠你比較多的，才會剪出你喜歡的髮型；找人拍照也一樣，學股票找老師也一樣，出版書籍也一樣，總之所有的東西都要找有欠你的人，你才會得到最大的利益。

找不到怎麼辦？用量子轉化調整就對了！

所以佛教會講「布施」與「廣結善緣」的概念，為的就是：這輩子得到你恩惠的人，下一輩子都會因此而欠你高利貸，然後乖乖的來還你債（其實這是個很貪心的起心動念）。不過下輩子的事，我覺得還是等到真的有下輩子再說吧。

總之，這也就說明了，為什麼有些夫妻明明之前很要好或很相

愛，然後一段時間後就相敬如冰了。那是因為彼此相欠債還清了，可是緣分仍在，只好一直大眼瞪小眼的拖下去，雙方之間沒有什麼有意義的互動，直到老死。

另外，我也觀察過，同一件事情的「還債」，在單位上也可能是不對等的。

比如以男女朋友之間的親密關係來說好了，有的是男生做愛一次就償還五百單位，可是同一次做愛女生可能只償還一百單位，在這個例子中的關係，對女生來說就是比較不公平的。不過，並不是每一對男女都是這樣的數據。換言之，並非同一件事情彼此互相付出，就是相同單位的來往，搞不好其中也有一方是虧損也說不定。

而一段感情或關係，在彼此能量欠債還清的情況下，就會走向結束。

所以我雖然可以調整相欠債的能量，但不代表調了就一勞永逸。我調整過後，雖然對方會欠你比較多，但是通常有調整需求的一方，是你欠對方比較多。因此，調整之後還是要持續觀察，或許對方還清了，又或者你不經意中為自己製造出了新的「債務」。

相欠債會產生變化

身為自然醫學博士，對於一些療法，有時候也是會想去體驗一下。前一陣子聽朋友說有家養生館的整骨療程很不錯，測了一下是有欠我的，所以就預約了。

或許大家會問：身體部分你自己調一調能量不就好了，幹嘛還要去整骨？這就像生病的時候要看醫生一樣，調整能量雖然會有效，但能量轉換成物質需要時間，速度會比較慢，所以根據「最小阻力法則」，物質的問題由物質方式解決，能量的問題由能量方式解決，這是我一向奉行的理念。

第一次去體驗時，覺得整骨的感覺還不錯，有些脊椎比較緊繃的部位都有被放鬆。結束後，師傅建議一開始要每週去整骨，效果

會比較好，我也欣然接受。

第二週去整骨狀況也都很不錯。其實我去的時候，都還會偷偷測幫我調理的師傅們欠我多少，只要有欠，我都覺得很放心。

後來，第三次去覺得怪怪的。怎麼今天師傅的手法比較粗糙？不但整起骨來比之前痛，而且最資深那位師傅的指甲，還在按摩時掐進我的皮膚，很不舒服，怎麼都讓我感覺很不對勁。

當下一測，發現養生館已經不欠我了，師傅也不欠我了，而我也不欠養生館與師傅，但距離結束還有半小時，我也只好乖乖躺著讓他處理完。療程結束時，發現我已經欠師傅一分。除此之外，平常算是安靜的養生館，在我療程最後面的半小時，竟然來了一群吵鬧的年輕客人，他們聚集在養生館的等待區大聲喧嘩，跟我比較熟的朋友都知道我討厭吵雜的環境，這讓我感到超不爽的。一測，哇，原本欠我四分的養生館也變成我欠它一分了，看來我們緣分只到今天就結束了。

前一陣子有位朋友來跟我說，他跟新女友第一次上床時，感覺到人生非常美好；但第二次，他就變成非常「持久」，他說這次做起來很無感，一直無法射精完事。

我一面取笑他：「這樣不是很好嗎？持久是男人的夢想啊……」一面幫他看了看，原來，他的新女友一開始在性方面欠他七分，有美好的性愛是必然的，但是沒想到，他們兩人之間的性愛相欠債「匯率」超級不平衡的，僅上床過一次，她在性方面就變成只欠我朋友一分。

我認為情侶之間如果沒有良好的性愛關係，感情是很容易畢業的，不過女方可以這麼快就把相欠債給還完的，我也是頭一次看到。所以最後，就只好幫我朋友增加對方的相欠債，希望兩人的關係可以長久一點。不調的話，下次他們上床時，我朋友恐怕就會變成有「相欠債導致性功能障礙」，接著可能就要分手了。

相欠債是一個很妙的東西，在我看來，它幾乎主宰了物質世界

背後運作所有的一切。請記得，相欠債的本身屬於消耗品，當兩人之間都不相欠時，很大的機會是這段關係也就是要結束了。

我在整骨的時候親身見證到，相欠債在短短九十分鐘內，從「對方欠我」到」「互不相欠」再到「我欠對方」，這也是一個很有趣的體驗。

當然，我也可以繼續再去整骨，但就怕會有很高的機率是我欠不完兜著走，最後整到全身壞光光也說不定（不是危言聳聽，外面真的有這種案例）。

醫生跟整骨師傅或民俗療法師傅不一樣的地方，在於醫生有醫生專屬的法力，整骨師傅是沒有的；在治療上，法力可以超越相欠債的問題，這也是為什麼我們傳統上有「當了醫生就是手持令牌」的說法。

舉例來說，一位醫生法力如果有5，可是你欠醫生3分，那麼5-3＝2，這醫生對你的幫助仍然會有2分。反過來如果法力5分的醫生在相欠債上欠你3分，那麼加乘起來就等於8分，找這位醫生看病就會對你很有幫助。

但是，相欠債仍然有可能在你接受醫生的治療中，慢慢的被消耗掉，所以要適時依照相欠債看醫生（或民俗療法師傅），如果傻傻的都只找同一個醫生的話，有可能一開始很有效，後面可能就是你受苦的成分比較高了（或是調讓醫生更加欠你，也是另外一種方法。）。

同樣的，當我的法力夠高時，我做量子轉化也可以超越相欠債的問題，即使你有欠我，但是我的法力高過你所欠我的，那麼量子轉化仍然會發揮應有的效果。不過前提是，沒有遇到有人對這件事情作法，只要遇到有被作法時，事件就必定會陷入空轉，但那就又會是另外一個故事了。

醫師的法力

身體，是上界玩家透過我們在這個世界遊玩的載體，因此身體的健康程度，跟我們的人生息息相關。

前一陣子找了位中醫師調養身體（我沒生什麼病，只是想保養）。雖說一切都是能量，但是畢竟身體是有形的，長期調養來說，以有形中藥對應有形的身體，我覺得是比較有效率的作法，這也符合我常說的「最小阻力之道」。

我挑選醫師的方法比較特別，首先當然是透過朋友介紹，參考醫術口碑；接著我會看相欠債。只要醫師能量上欠我比較多的，一定對我比較有幫助。

當我測到這位中醫師時，我還看一下他的文明結構：這位醫師有 B5，B 文明欠他 5 分，代表相當有能力與專業。隨後，我突然有一個想法，想看看這位醫師有沒有法力。一測，他居然有 6 分！（目前台灣檯面上的某位宗教大師最高也才 6 分而已！）

這讓我對他感到十分好奇，即刻安排預約去看診。現場見到醫師本人時，他說他六十多歲，但是我覺得他看起來頂多五十，身材適中，而且頭髮是黑的（不是染髮的）。我看診之餘就問了一下：「醫師，請問你有在修行嗎？」

醫師回答：「沒有耶，我只有早晚吃我自己的中藥保養，然後每天在跑步機跑步三十分鐘左右。」

領了藥回到家，我百思不得其解，為什麼一個沒有修行的人，卻有這麼強大的法力？

這種時候，當然要問一下通靈的師姐啦！師姐回答我，傳統上，能當到醫師的人，都會領到一個無形的令牌，有令牌，才有資格在天地之間濟世救人。這無形的令牌就像是現實中的醫師執照一樣，只要有令牌，自然就會有法力。法力越強大，醫術就越高明，但那是只能懸壺濟世的法力，無法做其他的用途。

於是又我好奇的開始看之前加拿大醫學院的同學們，果然大家或多或少都是有法力的。而我父親（B4），年輕時是中部的名醫，當時的交通部長都還曾經來找父親看病，父親的法力有 3 分。我發現大致上很不錯的醫師，法力差不多都有 3 分。

如果我現在還是當醫師的話呢？雖然我原生 B 文明欠我 6 分，但當醫師法力只有 2 分，所以我果然還是不要當醫師比較強，哈哈哈。

所以要挑醫師，除了看你跟醫師之間的相欠債以外，還要看醫師本身文明結構以及醫師的法力，這樣才會找到適合你的好醫師。（附帶一提，獸醫也有法力，藥師則沒有。）

而選身心靈老師，就要挑 B 文明欠他欠比較多，以及法力強大的。

我選的這位中醫師，法力竟然有 6 分，真的是少見又少見啊。

（關於文明，請看後續文章。）

有欠「相欠債」會發生什麼事？

還蠻多人問：「王博士，我想知道『有相欠債』是什麼樣子？會帶來那些影響呢？可以更具體的說明看看嗎？」

關於這個問題，我用自己的例子來回答好了。

2019 年 12 月初，我飛了趟西雅圖進修自然醫學相關課程。因為這也不是第一次飛西雅圖，我事先測過旅程平安，就放心的去機場了。

首先，飛機起飛延後半小時，這倒是還好，就先在機場的書局晃了一下。登機時，遇到行李抽檢。我心想，這是美國要求的抽檢，而且抽檢的海關人員是個正妹，我也就很開心的被檢查了。

飛機起飛不久，在用餐時，就遇到了強大的亂流。飛機搖晃到連機長都要求空服人員要就座停止服務，而且亂流斷斷續續，晃到

我頭暈噁心，差點就要把才剛吃下去的東西給吐出來了。

這時我測了一下：我欠亂流、機長欠亂流、副駕駛也欠亂流……靠，這是什麼鬼？於是我開始調整以上跟亂流之間的相欠債。大約半小時後，終於沒再遇到亂流的干擾，總算是可以好好飛，雖說中間偶爾還會有一點小亂流，但比一開始的那些好太多了。

抵達海關時，我遇到一位友善的女性官員。她很親切的問我一些基本問題，這些都是很平常的對話，只是在幾個問題後，我開始覺得怪怪的。之前過海關時，都是問我的工作內容，問我待幾天，以及來美國的目的，這位女士還跟我閒聊了髮型，問我帶多少錢，有沒有帶零食，問自然醫學是什麼等等，彷彿很有意的在拖延時間。雖然我也沒有任何違法的行為，但是搭飛機九個多小時後，被問話問很久，還是會心情不好的，因為我超想趕快去旅館躺下來休息。

領了行李後，負責行李的海關人員看到我帶兩個大皮箱，還把我攔下來問：「一個男人為什麼要帶兩個皮箱？」我回答：「Shopping。」他還移動了行李，確認其中一箱是空的才放行。

當下我真的有點不開心，我來刺激你國家經濟成長，為什麼還要被刁難？

西雅圖的機場是需要從海關再搭地鐵，才能到出境大廳的。我出海關後，遇到有機場人員好心的把我的行李放到輸送帶，請我到出境大廳的一號轉盤拿行李，這樣我可以不用自己拉兩個大行李箱上下手扶梯與搭地鐵。

一開始我感到很高興，因為之前來西雅圖都沒有這種禮遇。直到出境大廳時才發現，提領行李的轉盤超級遠，動線設計超級不良，我走到差點以為自己的行李被搞丟了。到了旅館稍作休息後，我就搭接駁車去附近的商場晃晃，我到了商場內某家健康食品店，跟店員說我要六罐 L-Arginine，店員幫我打包結帳後，我回去才發現，雖然每一罐都有 L 開頭，但後面的字都是錯的，但還好隔天拿回去退換成功。

接著在逛 Disney Store 時，突然感到一陣頭暈。測量後發現，原來一堆有的沒的負面能量，竟然聚集在迪士尼商店裡，一整個也太莫名其妙。最後，我去吃了我每次去西雅圖都必吃的碳烤牛小排飯，然而，我卻發現這次味道變了，調味偏酸，我不喜歡。我來西雅圖，朝思暮想的就是這道菜啊！吃完後我的心情不是很美麗。

　　接著，我計畫想搭 Uber 回旅館，卻發現不管我怎麼輸入正確的信用卡資訊，app 上面都說信用卡有問題，而無法從 Uber 叫車，最後只好改用另外一個叫車 app。

　　回旅館後，我仔細的思考了一下當天發生的事情，我覺得這些不順，超級的不對勁。測了一下，美國與西雅圖都有欠我，且當天並沒有遭受到術法的攻擊或詛咒，所以排除掉這個因素。後來多方測試後，發現原來我欠「這一次的行程」欠了 13 分！

　　滿分 20 分，欠了 13 分是什麼樣的一個概念呢？我舉幾個例子給大家看：

　　因為節目錄製而意外身亡的男藝人欠電視台 18 分。

　　某位綜藝大哥欠奪走他性命的癌症 15 分。

　　在我的觀察中，一般能量會轉變成現實生活中的相欠債，最多不會超過 7 分，剩下的 13 分則屬於能量狀態。所以，我這次欠了 13 分，是真的很誇張的事情，因為 15 分就有可能要人命了！若不好好處理的話，這次旅程恐怕是難以全身而退。所以我當晚花了點時間，好好調整與這次行程之間的相欠債（迪士尼店裡的東西，當場我就已經處理掉了），隔天起床後就都一切順利平安了，回程時搭飛機也是一路風平浪靜。

　　此行唯一的遺憾，是我在回台灣前的最後一餐，又去吃了一次碳烤牛小排飯，這次的味道更糟糕，我都已經不知道該怎麼形容了。一測，我和這家店互不相欠，看來是緣分盡了，至此我對西雅圖已經再無任何留戀了。

　　以上就是我去西雅圖，第一天因為欠行程欠很大，所以才發生

了這樣的狗屁倒灶事情，給大家參考一下判斷，當你產生「相欠」的情況，會是怎麼一回事。

附帶一提，我有位朋友去澳洲玩時，把手機鎖在機場置物櫃，結果就被偷走了。我發現她欠行程 14 分，欠澳洲 11 分，另外也欠手機 15 分。由此可知，出國旅遊是跟你原本生活有比較大的反差，通常這樣的相欠債，會比較明顯的被覺察到。

現實生活中，除非你一直運氣都很差，一直都欠很大，對於不順是已經習以為常的話，否則只要是開始出現一些人事物上的變動，都應該考量到是否遇到相欠債上有欠，甚至是有欠流年流月的問題。

不過說到底，遇到問題有能力馬上自救，才是最重要的啊。

比相欠債更深層的相欠債：功課

人跟人之間的互動，一切都是架構在相欠債，也就是能量之間的流動之上。如果我欠你，代表我的能量與資源（包括我的金錢、感情、資源等）都會往你那邊流過去，反之亦然。

地球上的任何兩個人之間或人事物之間，必然存在著相欠債，因為這是遊戲世界中兩者必須存在的「原廠設定」與「運作規則」。

以林志玲為例，即使我不認識她，我與她之間也存在著相欠債的關係。如果我欠她，那麼我就會成為她的粉絲，我會迷上她，購買她的周邊商品。如果她欠我，那麼我可能就不會喜歡她，甚至罵她、黑她，林志玲想當然也無法從我身上得到任何能量與資源。

問題來了，如果兩人是認識的話，只用相欠債看就缺乏深度了，畢竟任何兩人之間都存在相欠債的話，那看相欠債就沒太大的意義。於是我想到了「緣分」與「功課」這兩個概念。

關於「緣分」，我之前提過，我曾把我從青春期開始接觸的女生們，不管有沒有交往，一一列表出來，測試緣分的深淺，並搭配許多個案的分析，我得到了緣分深淺的大數據。從此我可以從我能量上看到的緣分，來判斷兩人之間關係的密切度。

張學友的歌《一路上有你》裡面有一句歌詞：「妳相信嗎？這一生遇見妳，是上輩子我欠妳的。」這也是遇到相欠債的一種有感而發。

我們在身心靈圈也會聽到「你是我這輩子的功課」，所以我把「功課」二字延伸成為了「認識的兩個人之間，必須互相學習或令對方覺醒的課題」。也就是說，即使有相欠債，只要兩人之間沒有功課，基本上，最多也只能是擦肩而過的路人，或是你在台上我在台下的偶像粉絲的關係而已。

只有當兩人之間有「功課」出現時，A 才可能為了 B 修改自己的行為舉止，這就是「功課」。如果是感情關係的話，我認為會願意為對方改變自己，這就是有「愛」。反過來如果你不願意為對方改變自己的話，通常對方就不是你的功課，你就不是很愛她。所以如果雙方之間沒功課的話，通常就只是一段可長可短的雞肋關係而已。

在我的個案中，如果不是問感情問題，通常都不太需要調到功課。

因此，我一直以來都只講相欠債而已，在極少數的情況下，如果一件事情一直無法成或無法變動，我才會考慮功課這個因素。

在調整關係時，我通常會調的就是這三項：緣分，相欠債，功課。

調完這三項是基本條件，你只是拿到入場券而已。不是說調完之後，對方就像吃了春藥一樣，馬上飛奔來撲倒你瘋狂做愛，沒這種事！那只是你性幻想的狂野劇情而已。

完全不認識的兩人之間，或是認識但生活上沒交集的兩人，即使這三項都調好調滿，也不會有任何感情上的發展，甚至也沒機會認識到對方。如果真的可以這樣玩的話，我現在邊打字邊喝的這杯茶，應該就是志玲姐姐泡的了。

因此，原本你跟對方就是緣分不足，即使增加了緣分，你仍得跟「對方原本命中註定的其他比你強的緣分」競爭。而相欠債也會

有還完的一天（像某年開始，我就沒再買林志玲的年曆了，後來才發現，原來我相欠債上也就只欠她幾本年曆而已），當然功課也會有完成的時候。

量子轉化僅能提升你跟對方在一起或復合的機率，真的沒那個命的話，感情還是強求不來的。

關於感情的困擾，量子轉化除了可以調以上三個項目，來提升感情成功的機率外，你還能幫自己做的，就是情緒釋放。想一想，當你非得要、一定要某某某跟你在一起，如果沒有，你就要去一哭、二鬧、三上吊的話，你給你自己跟對方的壓力有多大？沒有人承受的了那種壓力的，包括你自己。

當你為了感情感到很痛苦時，淺意識只會做出這樣的判定：「噢，既然這個人讓你這麼痛苦，那還是不要跟他在一起好了。」這時候，不管你再怎麼做量子轉化，都不會有用的，因為你的意識已經被負面情緒全面的遮蓋了，你看不到任何跟對方在一起或復合的可能性。

所以啊，釋放掉「我一定要怎樣怎樣」、「我沒有你就會死」，或是這件事情所帶給你的負面情緒，就是你可以為自己與你愛的人做的，最有幫助的事情了。

很多時候，給對方自由，放自己一馬吧！在手放開的那一瞬間，你將能抓到得更多。

美好的性愛

　　性，是一個很有趣的東西。我們每一個人都是性行為的產物，但是我們卻對性都閉口不言，彷彿它是一件很骯髒的事情，但是性卻又是我們人類在肉體上能擁有最歡愉的體驗。而這麼棒的東西，卻也有性病方面的陷阱，讓人會擔心受怕而無法好好享受。除此之外，如果你無法懷孕會是一個大問題，如果你懷孕了也是一個大問題（從此就要多養一個人）。怎麼看我都覺得，性是老天爺跟人類開的一個天大的玩笑啊！

　　我在加拿大有一位好朋友 Rick（瑞克），他在我們朋友圈裡，是出了名的把妹高手，從大學時期就經常聽他炫耀他又換了新女友的消息。

　　前一陣子他回台灣請我吃飯，地點是三井日本料理，哇～三井耶，沒事請我吃這麼好的餐廳，肯定有詐。果然，吃飯沒多久，他就開始跟我請教起事情來了。

　　「理查，不瞞你說，你知道我把妹一直都很厲害的，只是……」他有點害羞，「最近一年來，我覺得我不知道是出了什麼問題，好像有性功能障礙，硬不太起來耶。」

　　「噢，那你要去看泌尿科醫生啊。」我故意用比他勃起的雞雞還硬的語氣說。

　　「我當然有去看啊，我現在行房前都要吃威爾鋼，但還是表現得很二二六六，你看看我可以認識到這麼多妹，但是都無法好好的發揮；而且最近遇到一個我可能想定下來的對象，可是我不敢跟她上床，我怕我表現不好會嚇跑對方，我好想死。」

　　多年的好兄弟，我總不能吐槽叫他去死一死，這樣就真的永垂不朽了。但是這事件引發了我的好奇心，我請他把這一年來上過床的女生照片給我看一下，我一個一個分析。

我看到的每個女生，感情上都有欠 Rick，我想他在把妹上算是神好運吧，剛好都挑到感情欠自己的女生，所以一整個得心應手。神奇的地方是，並不是每一個女生在性方面都欠 Rick，我想這就是關鍵所在了。我再叫他給我看他之前覺得完全都沒問題的女生照片，果然，他表現的很好的，都剛好是那些女生在性方面有欠他。

　　不負爺爺的名聲，謎底全部都解開了！

　　我發現，美好的性愛跟甜蜜的感情在相欠債上面，雖然很殘酷，但是兩個是分開的。換句話說，你跟對方不一定感情會好，可是卻可以有很美好的性愛，反之亦然。

　　而這個也可以來看情侶之間的發展，如果兩人完全不可能發生性行為的話，就完全不會出現數字，所以可以斷定兩人百分之百沒搞頭。

　　我認為良好的性愛，是情侶之間非常重要的事。不管是男生或女生，只要對方在性方面能量上有欠你，對方在性愛上能滿足你美好的機率就很高。所以如果伴侶之間互相都有欠的話，那真的是天作之合，如魚得水啊。

　　我的好友 Rick，就如他在把妹的好運連連一樣，這一年來在性愛方面剛好是壞運，他總是遇到了性愛不欠他的女生，這一連串的巧合，導致他以為自己有性功能障礙的錯覺。不過也多虧了 Rick 豐富的性經驗，沒這麼龐大的樣本數，我也無法發現到有這種神奇的規則啊。

　　既然我吃了人家一頓三井，正所謂無功不受祿，我告訴他：「這個你想定下來的女生，你就盡管去追吧，我保證你跟她上床沒有問題。」因為照片上的女生，在性方面欠 Rick 欠的滿滿滿啊。

　　過了一兩個月，我和 Rick 在貴婦百貨巧遇，他跟照片上的那位女生牽著手，親密的很。他把我拖到一旁說話：「大師大師，我一定要稱呼你一聲大師！」

　　「怎麼啦？」我問，雖說我已經心裡有底了。

「我女朋友對我那方面超滿意的，而且她還說，『你英文名字取 Rick 是不是因為你有像 Ricky Martin（瑞奇‧馬汀）一樣的電動馬達？做起愛來好猛』。」Rick 笑的像個智障。

「電動馬達？莫非你用的是清水健的那招？」

「沒錯，就是那招！」

然後兩個男人就在貴婦百貨笑的跟智障一樣。

各位讀者很抱歉，男人之間的對話很多時候就是這麼北七，且白爛。

不為自己設定，就等著被別人設定：主導權

日前我因為調整自己「糧草」的緣故，出現了許多享用美食的機會。吃得多，勢必就要擔心體重，這是我們一般人都會有的想法。因為我們的加 C 文明實驗社群中，也有許多調整過糧草而擔心自己體重的朋友，他們一直在敲碗要我開始開放減重的服務（關於此實驗，請參見 P.135）。

過年的時候，我想也該來準備嘗試一下量子轉化減重的流程，於是先量了一下體重。不量還好，一量就馬上罵三字經……我居然來到了 XX.3 公斤的體重！這幾乎要破我歷史新高了。

這時，我突然想到我家助理之前就很愛鬧我，說：「你再繼續吃下去，小心體重變成 XX.3 喔！」

是不是哪裡怪怪的？這數字也太巧合了吧。於是我開啟空間訊息讀取術，測了一下，助理對我體重的影響力居然有 65% 之多！我覺得這不對勁，於是開始對我生命中的一系列人事物做了測試，這才發現事情的嚴重性。

還記得我們所提醒的嗎？在我所相信的世界觀中，現有的世界就是一個電腦架構的遊戲世界，我們跟世界上其他的人（角色），

都在同一個遊戲中玩耍。我們除了透過原廠設定的相欠債與功課來決定人與人之間如何相處與互動之外，另外一個大家比較常聽到的名詞，就是「投射」。

想法本身沒有力量（如果你認為有，那是吸引力法則誤導的地方），但是意識是有力量的，因為人類遊戲是由意識來玩耍的。關於我的體重，因為我自己在那段時間內沒有很在意，所以可以說，就被我助理投射出 XX.3 公斤的體重了。助理的投射占了 65%，那剩下 35% 來自誰呢？我測了一下，來自我母親。

原來，我媽媽總是在擔心我變胖，會有三高的危險，雖然她沒精準的設定我變成幾公斤，但是原來變胖這回事，她也是很努力的為我「盡心盡力」呢！

在這一系列的探索中，我發現一個關鍵：**針對生命中的任何一件事情，如果你自己沒有去設定好你真正想要的目標，那麼基本上就是任人宰割了。**

尤其是人跟人之間的關係。我想大家可能都有經驗，在一段感情中，你往往會發現，你很難讓對方依照你想要的方式愛你；可是你卻一直依照對方希望的方式，去愛對方。雖然這不是你或對方有意識或刻意去造成的，但你卻像著了魔一樣，總是被對方牽著鼻子走，這樣的關係往往會讓你感到很無力。

這有三個可能性：

第一，是妳從沒有去設想過你想要一段什麼樣的關係。

第二，是對方投射你的力量，強過你投射對方的力量。

第三，則是你小時候被父母或身邊的人，投射出他們對感情的想法與對應方式後，就被定型了，因此你照著這樣的感情模式在談戀愛、尋找伴侶。

以上不管是哪一個，都代表著你沒有「主導權」。

除了感情以外，身邊離你最近的人，往往都會無意識中對你做出投射（你對別人也是）。所以在《放下的力量》書中我有提到，

一般 12 歲以下的小朋友，很容易被父母投射出父母自身的問題，所以許多父母的情緒問題，會透過小朋友的身心狀況反映出來給父母看。

台灣的教育方式很少讓小朋友有機會表達自己的意見，許多人都是被父母捧在手心的爸寶與媽寶，孩子很少有機會去思考自己人生到底想要的是什麼。而當小朋友長大以後，那些無法放手的父母，總是一天到晚擔心孩子找不到好工作、賺不到錢、找不到結婚的對象。殊不知**父母的每一個擔心，都是投射給自己孩子最大的詛咒啊！**

當我發現我的感情、事業、健康等等，被我身邊的人莫名其妙的投射出多少影響力之後，真是嚇到我心驚膽顫。

那要如何拿回自己人生的主導權呢？我在我所開設的「神祕課程」裡有教導學生們：你必須要去重新思考你人生的每一個面向，你真正想要的到底是什麼？以這樣的方式，去想有的，想好的（但這不是正面思考喔，如果你正面思考的話，我保證會導致反效果）。當然，情緒釋放與量子轉化也會有很大的幫助。

當你真的理解你想要什麼時，你才有可能得到你要的，不管是關係、金錢、健康、工作都一樣。

話說，當我取回體重的主導權後，我也就開始慢慢瘦下來了。

如果你不為自己設定，就等著被別人設定吧。不取回主導權，你一輩子就只能乖乖當個專業的受害者。

最後舉個關於藝人的例子幫大家更了解。首先看一下香港四大天王與粉絲之間的主導權：（本文寫作時為 2019 年 3 月）

藝人	藝人的主導權	粉絲的主導權
劉德華	11	9
張學友	14	6
黎明	3	17
郭富城	11	9

第一個數字是藝人的主導權，第二個是粉絲的主導權，兩者總合為 20。可以看到，黎明主導權明顯的偏低，代表粉絲對他比較不買帳。接著看四大天王與事業之間的主導權：

藝人	藝人的主導權	事業的主導權
劉德華	4	16
張學友	14	6
黎明	3	17
郭富城	6	14

同樣的，黎明處於最弱勢。寫本文時，張學友可能因為剛辦完世界巡迴演唱會，正處於事業高峰。劉德華則因為喉嚨發炎失聲，無法唱完演唱會，所以事業主導權也是偏低（其實也有可能是事業主導權偏低，導致喉嚨有問題）。

最後看四大天王與金錢之間的主導權：

藝人	藝人的主導權	金錢的主導權
劉德華	7	13
張學友	14	6
黎明	4	16
郭富城	13	7

金錢方面，我沒有什麼新聞消息證實這些數據，我們只能看能量上讀取到的分數。一個藝人事業成功與否，我想最重要的幾個條件應該就是：他們與粉絲、事業，以及金錢的關係中能主導多少。所以，依照上面三個項目，總分 60 分的主導權，我們來看一下：

劉德華 22

張學友 52

黎明 10

郭富城 30

所以，從能量的角度可以看到，我寫文章的這個當下，四大天王整體事業主導權最強的是張學友，接著是郭富城，然後是劉德華，最後是黎明。

當然還可以加上相欠債與功課一起看，不過以上這三項，已經讓我們有足夠的數據來判斷四大天王事業成功度的排序了。

這樣大家應該更能了解「主導權」是怎麼一回事了吧！其實除了事業以外，政治層面也可以測出主導權差異。只是比較敏感的爭議話題，我就不寫在書上，持續有關注我臉書社群的朋友，往往能看到一些「有趣的分享」喔～

量子轉化的天時、地利、人和

一件事情的成功與否，我們常說要看天時、地利、人和。這個概念在量子轉化裡，同樣是非常重要的。

天時：你與流年流月流日之間的相欠債。你與不同時空之間的相欠債。

地利呢？我之前一直都以為，這只跟地區或是土地的相欠債，但是其實不只是這樣。

人和：你與其他人事物之間的相欠債、功課、主導權等。你的情緒、價值觀、資格。

「相欠債」與「功課」還有「主導權」的概念，我們後面的篇章會有詳述。

有一次我遇到一位個案求助，他樓上的鄰居每天晚上都會有腳步聲跟東西掉落的噪音，甚至還有夫妻打架的聲音。在我調整過許多項目後，的確是有改善，但是每天仍然還是有少數噪音。

因為我沒有通靈，沒有什麼高靈或外靈會告訴我問題卡在哪邊。所以每次遇到一個問題時，我也只能一個一個去除錯，只要找到關鍵點，排除了，問題就能解決。

但是這個案樓上的噪音問題也的確困擾了我許久，我覺得能做

的都做了，也已經調過讓個案跟他樓上的房子都欠他了。通常只要有做到對的，都應該會看到效果。那麼會無效的唯一理由就是：我還沒找到解開問題的正確關鍵點。而那個關鍵點到底是什麼呢？

某天睡前，我在思考這個個案時，突然想到：如果關鍵點不是房子的物體本身，而是房子空間內的能量呢？開啟空間訊息讀取術之後，發現果然個案欠空間能量欠很大。

於是我做完調整一段時間後，再詢問個案，他回報說，現在樓上的噪音已經是在可接受範圍，畢竟是公寓大廈，物理上的隔音有限。但跟之前的吵鬧程度相比，能到目前這樣，已經是謝天謝地了。

講到所謂的空間能量，大家可能會說，這不就是傳統中華文化講的「風水」嗎？我測了一下發現：不是。畢竟風水是透過裝潢或擺設才引發的風生水起，而我並沒有改變個案的裝潢，也沒有擺設任何東西。

我所調整的，只是很單純的空間能量相欠債而已。但仔細思考一下，調整風水之後，你想要的，不也就只是讓空間能量在你要的方面欠你比較多而已嗎？

原來我不用透過風水，就可以改變空間能量呢[3]！

有了這個概念，接著就該來看看我家了。我發現我目前所住的地方，原生的空間能量只對我賺錢／事業以及修行是有幫助的，但是對我健康與桃花是有害的。雖說有錢又可修行是好事，但是如果搞到生病又一直單身的話，也真是太糟糕了，得趕快調整一下才行。

所以最後，「地利」在量子轉化裡，我就把它定義為：空間能量相欠債、地區與土地的相欠債。而空間能量相欠債是以你所居住的地方為主，它與天時與人和一樣，都會影響到你人生的各個層面。

一般的隨喜量子轉化，我幫你清除的是「阻礙你無法達成心願的分靈體」，這是屬於人和的部分。強化版的話，我才會去一一檢視，你能否達成願望的天時、地利、人和，再開始做調整。

3　目前有一個派別叫「阿法氣能量風水」，講的也是空間能量的風水。但我的概念上調整的是相欠債，跟他們的概念與做法完全不同。

雖說這樣架構出來的量子轉化世界觀越來越龐大，但是卻也更加完整。畢竟能影響到你願望成真與否的因素很複雜，但是只要用「世界是一個電腦遊戲」的角度來思考的話，這些參數與條件都需要滿足，願望才能達成，那麼一切就都合情合理了（所以別忘了ABC文明也要列入考量，它們是大於D文明這個虛擬遊戲的因素）。

　　我何嘗不想一個彈指就能夠把你的問題都解決掉呢？但是能夠把真正的障礙找出來並加以除錯，這才是能大幅提升成功率的關鍵點啊。

2-2 人類的九個本源種族與對現世的影響

　　從開發量子轉化到提供個案服務，多年以來有件很困擾我的事情，那就是：大部分的情況下，我做出調整後的狀況都能產生顯著效果，只有少部分例外，效果不佳。

　　雖然，這並不違背常理。但是身為一個醫學博士，以及有科學實驗精神、凡事實事求是的人，總是會思考：能做出成效，就必須具備「可重複性」。如果該做的流程、準備都完善，仍會有少部分效果不佳，就可能代表，我的學理技巧仍是不夠完善的（當然，如我一再強調的「情緒釋放」關鍵，必要考量個案本身的情緒問題，情緒的干擾也會導致效果不好，但那不在本文的討論範圍之中）。

　　後來，某天我在看動畫時，突然想到「原生種族」或是「本源」的可能影響性。在我透過空間訊息讀取術請示宇宙後，宇宙讓我知道了人類的本源總共有九種，或可以說，有九個種族。

　　簡單來說，在我們的世界裡，等級越高的種族，豐盛程度就越高，同時這輩子豐盛的額度就越高（但是額度高不代表現況是滿滿的豐盛）。

　　這一點就是個重要關鍵了！原來，有些人的本源是比較低階的種族，所以不管怎麼調整財運，即使調到滿，也會因為種族偏低的關係，仍然呈現一種不足的狀態。簡單來說，就是一個「乞丐中的霸主還是乞丐」的概念。

　　這令我恍然大悟：不是之前做的調整效果不好，而是這個個案本身受制於原生種族的豐盛度不足，所以成效調不起來（中醫「虛不受補」的概念放在這裡好像也可以）。我甚至猜想，或許當初印度分四個種姓制度，可能也是跟這個概念有關也說不定呢！

　　不過請注意，我這邊所說的人的本源只是一種分類，並不是什

麼因果輪迴，或是任何帶有歧視意圖的法則或系統，因為是有改善、化解方法的。

怎麼解決呢？很簡單，就是「種族等級調升」。把你從低階的本源，調到高階的本源。因為如果不這麼做，那麼不管怎麼調整都不會有效果的。提升了本源的種族，也就提升了豐盛程度，自然人生體驗就會有所不同。

所以，可以這麼說：賺錢多寡會被本源等級影響，桃花會被本源等級影響，感情方面也會被影響；甚至從事銷售、藝人紅不紅，也一樣會受到影響。本源等級的影響，甚至遠超過後續會在下一章提到的，能量上的「相欠債」與「功課」。

人類的九個本源種族

九個人類本源的種族，究竟是哪九個呢？我依序排列如下：
· 神
· 神人（外星人）
· 神獸
· 精靈
· 人類
· 亞人
· 矮人
· 巨人
· 獸人

其中「人類」是處於中間的平均值，所以如果你的本源是人類，那麼人生大概就是平平庸庸的，不會很有錢，也不會很窮。而人類以下就是平均值以下的狀態，越往獸人靠近，就是離平均值越遠。而人類以下的種族，跟高階種族之間就越容易會有「畜生聽不懂人話」難以溝通的問題。

各種族的特性與狀態，在此也一一說明：

⊙神：

具備撼動世界與時代的能力的種族，在人世間數量稀少。

⊙神人：

一開始是以第二高階的種族出現，但要說什麼是神人呢？顧名思義就是很接近神的人類，不過基本上沒有例子。所以，後來請示宇宙，得到的回覆是：「把神人當做外星人來看待是可以的。」這些人經常會被視為天才，且會有許多人類認為的奇蹟發生在他們身上，但他們基本上對此習以為常，豐盛程度極高。

⊙神獸：

神獸，就是神仙的座騎，或是傳說中的動物（龍、麒麟、鳳凰之類），往往陪伴神仙修煉多載，法力驚人。在西遊記裡，孫悟空可是打不贏偷偷溜下凡間的神獸呢！神獸很強也很尊貴，千萬不要因為有個獸字就小看他們。

⊙精靈：

不同種族的精靈分別擁有掌管不同五大元素之力，比人類多了一分靈性，多了一份法力，多了一份豐盛；也多了一份美麗與帥氣，或是有特殊的技能。跟人類比起來，是容易比較驕傲，自以為是，或是自戀的種族。這種族容易有「聰明反被聰明誤」的問題。

⊙亞人：

可參考動漫中，具有人類的樣子，也同時保有像貓耳朵那種動物特徵的物種，就是亞人（小美人魚也算是亞人）。是人類的亞種，在動漫裡，亞人經常會被人類歧視跟奴役，因為他們被視為是比人類低賤，但又可方便使喚來做所有人類可做的事情的悲情種族。

⊙矮人跟巨人：

如同字面上的意思，不同身高的兩個種族。矮人通常機伶刁鑽狡詐，巨人則比較愚蠢、體型大而不當，個性與做事都粗魯不細心。

矮人往往會為了自己的利益鑽牛角尖，且會有意而無意的聽不懂人話。巨人則是很單純的蠢到聽不懂人話。

⊙獸人：

　　外表是野獸，但是可以像人一樣站立活動，例如狼人（可參考電影《暮光之城》）。通常個性固執，思路容易跳針，因為智商不高，也聽不太懂人話。

　　舉些例子，地球上的許多名人是來自哪些本源呢？（這純粹是本人觀察結果，在當初臉書日帖發布時期隨意找些腦袋裡想得到的名人舉例，無關政治傾向，不喜勿轟。）

神	王永慶、賈柏斯、比爾蓋茲、霍金、愛因斯坦
神人	周杰倫、李登輝、郭台銘、林俊傑、金凱瑞、巨石強森、湯姆克魯斯（全盛時期）、林志穎、成龍、王晶、黃霑、劉德華、周星馳、林憶蓮、新垣結衣、尾田榮一郎、鳥山明、木村拓哉、金城武、巴菲特、川普
神獸	陳水扁、蔡英文、馬英九（任職總統時期）、柯文哲（第一任台北市長時期）、范冰冰、陳菊、湯姆克魯斯（現況）、小勞伯道尼、周迅、林志玲、蕭敬騰、張菲、胡瓜、王菲、鄧麗君、李連杰、洪金寶、張國榮、張曼玉、張學友、陳奕迅、黎明（全盛時期）、郭富城（全盛時期）、冨樫義博、井上雄彥、李宗盛、佘詩曼、聶遠、吳音寧（所以柯文哲拿她沒輒，兩人同等級）
精靈	蔡依林、昆凌、隋棠、王力宏、邰智源、郭子乾、阿Ken、納豆、安心亞、賴清德、連戰、連勝文、言承旭、小S、蔡康永、張小燕、徐若瑄、甄子丹、古天樂、關之琳、邱淑貞、王祖賢、梁朝偉、劉嘉玲、容祖兒、許凱、吳謹言、秦嵐、陳妍希、張均甯、侯佩岑、朱茵、趙藤雄（全盛時期）
人類	丁守中
亞人	姚文智

　　如上，或許讀者可以有所了解，本源跟財運與運勢的基本關連性。越上面的種族，豐盛程度就越強大。

　　本源會不會變動呢？我原本以為不會，但是後來實際印證，本

源會隨著情緒與運勢變動。的確，如果不會變動的話，那這系統不就是個變相的因果輪迴？但我們強調的是遊戲世界中多重可能性的概念。

舉一個我以前認識的朋友 A 來當例子好了，她之前是個職業平面模特兒，擁有亮麗的外表。不過，認真說來，我認為她不是單純「漂亮」的那種，因為她贏在長得很有靈氣、很有氣質，當時她的本源是精靈。

後來，她交了一位很有錢、很任性的男友，兩人關係並不好，因為男友是個玩咖，她經常因為男友劈腿而處於情緒的低潮。就我的觀察，男友有找人對她作法，因為女生漂亮，他怕她也會去外面玩，就找人作了「讓對方無論如何都會愛著他」的法。後來即使分手了之後，男生也沒有要解掉這個法的意思。換句話說，就是「即使老子不要了，也沒有其他人可以得到妳」的概念，是個超級渣男！（女生到目前為止，完全不知道自己被作法。）

後來這位女性朋友想靠自己的人脈做生意賺錢，可是因為被這術法影響，整體的運勢就變得很糟糕（畢竟桃花被鎖住了，而做生意很講人脈與桃花），目前本源看來就是個獸人。本源竟然可以從精靈變成最低階的獸人！在我看來，理論上應該是金錢、桃花、事業全部都完蛋，真是太糟糕了。

總之這是個很有趣的新概念，也不斷被我驗證在量子轉化的個案身上。當然，誠如我之前所說，這系統不是只有單純的一脈分類而已。有時候你的原生種族是高的，可是你的財源卻落在較低的種族等級，這樣也很不妙；反之亦然，並不是本源高所以讓你現況豐盛、口袋滿滿，因為也有可能你種族低，但財源是高的。

本源是先天的原廠設定

自從我發現到人類的九個種族本源後，就做了許多實驗跟研究。最基本的發現，就是本源跟自身豐盛程度的關聯。等級比人類高，

你生命的豐盛程度，理論上就會高過平均值，反之亦然。

這個可以說是每個人先天的原廠設定，每個人的本源都不一樣。

這些數值是固定不變的嗎？我發現不是，在極特定的狀態之下，本源的等級會往上或往下跑。例如，經常做情緒釋放的人，本源會慢慢的往上升；遇到重大情緒創傷的，本源會往下降（如果只是一般的負面情緒，不會影響這麼大）。

做壞事當然也會拉低本源的等級。此外還有一個看似很性別歧視的條件，就是女生不斷跟不同的對象上床，會導致本源降低，但男生似乎沒這個問題。不要問我為什麼，測出來就是這樣的結果。

還有，如果有被作法的，也會導致本源降低（因為對方通常都是作法要你運勢低落，本源降低很合理）。而換一個角度來思考，本源就是你接近神性／宇宙的等級。你的自我感覺越良好，就是小我越旺盛，通常會導致等級降低。

以上是我觀察與研究的結論。

那麼可以調整本源到什麼程度呢？目前為止，宇宙似乎最高只肯讓我把別人調到精靈等級。為什麼不能調到神獸以上等級？因為，神獸等級以上的人，都可能有被上天賦予比較特殊的「任務」或「體驗」。讀者可以參考看看前述的名人例子，對照一下他們是否有所特長，或者因為某些突出表現與影響力，才能成為一個知名人物。

所以，無法調整的原因是：你原本的靈魂並沒有計畫要到地球來體驗到這麼特別的故事或任務，所以不用強求。有時候當個小人物，人生會比較安穩，也會比較快樂（雖說寫本文時，蔡依林也「只是」精靈等級啦）。所以，目前最高就是開放調到精靈等級。

如果之後這技術有新的突破，我一樣會對調過本源的朋友負責，會使用新技巧補調整，請放心。然後只要心存善念，不做讓自己產生很多負面情緒的壞事，調整過的應該都會維持住。

相對的，提升等級後，理論上，生命中的負面事件發生機率也應該會降低才對，所以也更能讓效果維持，從此生命會進到一個非

常正向的循環。

最後請注意，本源的等級有可能受到地區或公司相欠債的影響。例如我有一個個案，本身本源是亞人，但是因為公司欠他、台灣也欠他、美國也欠他，所以他透過公司操作台股跟美股，他的財運呈現的就是神獸等級。這就是他運氣很好。反過來，如果你的本源是神獸，可是你欠台灣或你欠公司，有可能你公司跟台灣就會吸掉你大部分的財運。

大家要知道，影響人生豐盛程度的關鍵不會只有一個，但是只要有往好的方向變動，就是會提升許多豐盛的程度。

外貌是否受到本源的影響？

本源對我們的影響眾多，或許有人會想問：等級越高的人，是否越帥或越漂亮？告訴大家，並沒有！外貌出眾的人，有很大機率等級比較高沒錯，但是也有許多外在條件不差的人，其實等級都很低。

其實這些案例隨處可見，就是那些自以為帥或漂亮，一直想紅又紅不起來的藝人或網紅，或是已經過氣卻還自以為紅的藝人或網紅（等級會隨著人氣往上或往下移動，等級降低了，自然人氣也一起降低）。

所以不要被外表矇騙了！但我也要慎重說明：並不是歧視獸人或是低於人類的種族，這些本源種族沒有不好，每個人都有各自人生的體驗與先天的原廠設定，這些都是平等的。我只是覺得「人貴自知」，人活著要謙卑，不要太自我感覺良好，不要好高騖遠、眼高手低，才能活得快樂。能夠照顧好自己的情緒，自然有提升本源、擴展自己人生的機會。反之，太驕傲的人，自然會有上天降級的懲罰呢！

另外，要提醒各位讀者——自我感覺良好，有時是人生成功的反指標。

這個概念源自跟朋友聊天時，聊到某位 H 女星。她外表亮麗、氣質出眾，擔任過主播，我們聊起，這樣的女孩子會不會有「公主病」的問題？我猜想，既然是漂亮的正妹，多少都有點難伺候吧？但是，我一測，竟然發現她「自我感覺良好」的程度只有「亞人」等級。換句話說，她應該是個個性很好相處的人，沒有所謂「公主病」。

朋友推測，或許是因為她多少受到原生家庭影響，認為自己是小三的小孩，先天上有自卑的心態，所以在人際關係上更加謙和謹慎。

喜歡研究人類的我，當然就又要玩大數據啦！所以我又把政治人物跟藝人的「自我感覺良好等級」全都測了一下，得到以下的結果（如未特別標示，測的都是當下狀態。另外請注意這是測「等級」，並非本源；只要是分類，都可以視為一個參考值得標準）：

名人的自我感覺良好等級

神	陳水扁退休、蔡英文（選輸馬英九時）、希拉蕊（與川普競選總統時）、賴清德院長、陳菊秘書長、王建民
神人	蕭亞軒、柯鎮東、吳謹言（大頭症發作所以被封殺惹）、劉樂妍、大 S、黃安
神獸	馬英九退休、田馥甄（Hebe 時期）、黎明（所以現在四大天王他最不紅）徐乃麟、蔡康永
精靈	蔡英文總統、言承旭、范冰冰（所以出事了）、雞排妹
人類	馬英九市長、陳水扁市長、陳菊市長、郭富城、言承旭（流星花園）、胡瓜
亞人	蔣經國總統、李登輝總統、李登輝退休、馬英九總統、陳水扁總統、柯文哲市長、周杰倫、金城武、蔡依林、林志玲、阿湯哥、張學友、吳宗憲、張菲、羅志祥、林俊傑、小 S、蔡康永（康熙）
矮人	川普商人、川普總統、賴清德市長、木村拓哉、新垣結衣、劉德華、吳謹言（延禧攻略時期）、秦嵐（延禧攻略時期）、秦嵐、田馥甄、林依晨、彭于晏、豬哥亮、王力宏、王建民（19 勝時期）、小 S（康熙）
巨人	柯文哲醫師、黎明（全盛時期）

另外以時間順序看一下周星馳:無線電視時期,精靈。《賭聖》,亞人。《逃學威龍》,矮人。《唐伯虎點秋香》,矮人。《國產凌凌漆》,亞人。《大話西遊》,亞人。《大內密探零零發》,人類。

但周星馳從以下開始就沒那麼好笑了:《食神》,精靈。《少林足球》,精靈。《長江七號》,精靈。《功夫》,神人。《西遊記降魔》,神獸。現況,神人。

再次提醒,九等級依序是:神,神人,神獸,精靈,人類,亞人,矮人,巨人,獸人;人類是平均值,人類以下是偏低,人類以上是偏高。

我也測了我認識的一些藝人跟小模朋友,基本上得到的數據是一致的。

由以上的結果來看,就可以知道,自我感覺良好越低階的人,他的成就越大;如果是藝人的話就會更紅。

反過來,如果你自我感覺越良好,那麼成就就會越糟糕。這結果我個人是覺得很有趣,因為完全讓我跌破眼鏡。但這樣也剛好讓我印證,為什麼現在有一堆藝人或網紅,明明長得很漂亮,身材也很好,可是卻怎樣都紅不起來。或是你條件都很好,可是一直賺不到錢,都是同一個道理——因為你自我感覺太良好。

我對「自我感覺良好」的定義,大概是驕傲、大頭症、固執、堅持己見、自以為是,還有不夠謙虛。當然,這不是只有指外表而已,賺錢能力、社交能力、感情等都可以納入考量範圍。

從以上舉的幾位最大咖的藝人來看,就可以知道:越紅的藝人,往往就越謙虛,而如果紅到一個點,你自我感覺良好爆炸破表的話,星運就又會往下掉。

或許你會問:「不管是吸引力法則還是成功學,不是都說,我們要讓自己保持在自我感覺良好的狀態嗎?那這些藝人今天如此成功,難道他們覺得自己很糟糕?那這不就完全違背了吸引力法則與成功學嗎?」

其實不是這樣的。越紅的藝人，往往就越謙卑，他會思考：我還要怎樣更努力，才能帶更好的作品給觀眾？而大頭症的藝人則會想：我都已經這麼努力了，我都長這麼帥、這麼漂亮了，這麼有才華，怎麼還不紅？你們這些蟻民怎麼還不快來膜拜我？

如果對應到銷售生意上，就會是這樣的心態：「我的東西都這麼好了，你們都不來跟我買，不跟我訂貨，你們是白痴啊？」其他面向的請依此類推。

基本上就是一個「我很棒，所以我應該得到什麼什麼」的傲慢態度，全部是一樣的。

因此，我在每一堂課程的一開始，都會提醒我的學生：來我這邊上課，請暫時把你之前所學過的東西放一旁，因為滿的杯子無法裝進任何新的東西。人如果無法保持謙卑的狀態，就很難往前進啊！如果你的杯子滿了，就是自滿；越謙卑的人，你的杯子就可以裝到千杯（謙卑）之多。

總之，「自我感覺良好，是人生成功的反指標」是我的新發現，我覺得十分值得思考與自省。

另外，需要補充的是：並不會單純因為變謙卑了，你整體運勢就會變好。

當一個人沒才華、沒資格、沒運勢、沒財力、沒桃花……再怎麼謙卑、再怎麼不自我感覺良好，都是沒有用的。

思考一下，如果劉德華就只是很謙卑而已，他會紅這麼久嗎？所有的東西都要看全貌才正確唷！更何況本身就不是謙卑的人，一時的檢討與反省，也就只是一時的謙卑而已，很快就會自己打回原形的。

「自我感覺良好」對人生產生的影響

自從宇宙丟了「自我感覺良好」這六個字給我，曾經有一度讓我感到困擾：為什麼是這六個字？困擾的點在於：例如，有一件事

情你希望能達成，但是，明明你對這件事情並沒有自我感覺良好，但是我卻測到你「是」；然後，當我測到「是」的時候，事情就註定無法成功？

「自我感覺良好」有沒有可能是其他的意思？這是我思考的方向，畢竟，上面丟了一個疑似不太「使用者友善」的東西下來，不僅很多個案搞不清楚自我感覺良好到底是什麼，連我自己判讀到這個條目，腦袋也都要先轉一轉才行。

這樣不是辦法，我得要把這個概念搞得更清楚才行！為了釐清這個概念，於是我拿藝人的外表來測，我先舉兩個例子（其實我測的不只這兩位，我測了超多藝人跟身邊朋友的）：

劉德華對自己外表的自我感覺良好等級：亞人（驚）

劉德華對自己外表的滿意等級：矮人（大驚）

林志玲對自己外表的自我感覺良好等級：矮人（再驚）

林志玲對自己外表的滿意等級：矮人（超驚）

這數據也太詭異了吧？？明明全世界都公認的帥哥美女，竟然對自己的長相滿意度如此的低？

但這讓我想起了一個個案，請容我用批判性高一點的字眼敘述這個故事。個案是一位女性，她的外表並不好看，如果以分數評比來看，大概只有四十分。而且身材偏矮胖，簡而言之，並不符合一般男性與大眾審美觀。

可想而知她在感情路上比較辛苦，直到三十多歲都沒有交過男友。有一次我們聊到她喜歡的男性類型，她大言不慚的堅持，自己對於男朋友的外表上有所期望與要求。如果要具體舉例，她提過，約莫是港星錢小豪，不一定美型，但就是十分酷帥有風格。

聽到她認真的表述，我忍不住想：「怎麼可能？妳憑什麼？」我認為，一個人活到三十多歲，應該分得出欣賞喜歡的類型，跟現實生活中可以談戀愛與結婚的類型，是不一樣的吧（畢竟大部分的

人都在三十歲左右就結婚了，三十歲都還沒搞清楚，也未免太晚熟了，因為妳完全不了解妳自己）？

就像劉德華的粉絲都知道，她們超迷戀劉德華，可是絕對不可能跟劉德華結婚的道理是一樣的。可是，這個個案似乎分別不出來，這擺明了哪裡怪怪的。

我一測她對自己外表的自我感覺良好程度，竟然出現神等級！對自己外表的滿意度也是神等級！天啊，我太吃驚了。

但這也解釋了，以她的條件，竟然會「肖想」她想要交往的對象必須是要有錢小豪的外表……因為她實在太自我感覺良好了。問題是，她為什麼會對自己的外表那麼自我感覺良好？我當時讀取了許多案例，加上自己的反省與探索，我終於捉摸到了這大概是怎麼一回事。

人之所以會對一件事情自我感覺良好，往往是因為事情不如你所願，但你卻希望事情與現況有所不同。因為現況跟理想差距太大，人必須對自己說謊，告訴自己「事情一切都很好」，才能夠讓自己生存下去。就像喝醉酒的人都不肯承認自己醉了的道理一樣。

所以，出現的反差是：當自己外表不夠好時，內在會告訴自己其實我很帥、很正，其實是別人眼光不好，所以我可以不用為我的外表感到自卑。甚至，我條件好到可以篩選我要的對象；我單身是因為我條件好，我不肯隨便將就。這樣就可以名正言順地說服自己，為什麼一直找不到交往的對象了！更嚴重的，這樣的人可能會討厭、挑剔愛上自己的人，然後一直在追逐、偏愛著根本看不上自己的人，這樣的劇情也太虐心了吧！

換言之，對照在財運也是一樣：我一直很努力，所以我認為我要賺到多少錢是理所當然的。可是，明明現在就賺不到我認為應該賺到的錢，所以我必須自我感覺良好，這樣才能夠勉勵自己，明天起床又是充滿希望（雖然內在很清楚知道這個希望是假的）的一天。

這也啟發了我，或許，這又和一個人的自卑等級有關，所以我

再測一下：

　　劉德華對自己外表的自卑等級：神獸（大驚）

　　林志玲對自己外表的自卑等級：神人（特驚）

　　很難想像林志玲對自己的外表感到自卑。但我們應該可以得到一個結論：「自卑等級越高，代表越沒有自我感覺良好。」而我剛剛提到的那位女生對自己外表自卑的等級，是獸人等級。

　　所以到目前為止很清楚了：自我感覺良好，跟自卑有絕對的關係；即便「自卑」未必是精準的詞，但其象徵意義是符合我想傳達的概念。

　　也就是說，當我內在需要告訴自己「我很帥、很正」時，其實你是極度自卑的。自我感覺良好是果，自卑是因。而這自我感覺良好的能量，竟然大到足以讓它以相反的方式呈現出來，並且讓我測到，可見對你的人生會造成多大影響！

　　由此可知，當你賺不到錢、你內在需要告訴自己「我絕對賺的到錢」時，你一樣也是極度自卑的，其實你專注的是金錢上的匱乏。**自我感覺良好是一種非常膚淺的正向思考，雖然看起來正向，但是卻會把你害得很慘。**

　　心情不好時，我們的父母、學校、社會總是要我們正面思考，要告訴自己一切都會過去，都會沒事的。但其實當你勉強自己正面思考時，你的狀態就不可能好，因為你正在餵養那隻負面情緒的狼。因此，你一定會吸引到你內在真正專注、相信的東西。

　　虛偽的正向思考，騙得了自己，騙不過宇宙。外在世界是內在的一面鏡子，如果你內在真的很開心的話，那麼外在世界也該是同樣美好才對。如果不是這樣的話，那麼就該好好的面對與檢討自己內在不願面對的真相。

　　要破解的話，最基礎的技巧還是會請大家回到「情緒釋放」。

　　請記得，「自我感覺良好」是長期沒有釋放應該釋放的情緒的

產物，留著對我們一點幫助都沒有。

　　真正有美好外表的人，從不需要為自己的外表感到自我感覺良好；真正有錢的人，也不會為了自己有錢而自我感覺良好。

2-3 是誰模擬出我們的世界？

　　就在我整理出人類的九個本源種族之後，我不禁在想，為什麼我們會有九個種族？又是誰決定的？難道在我們之上，有一個決定我們是什麼種族的力量嗎？

　　佛教的《阿含經》中說人類是來自於光音天，此境界是絕音聲的，說話時自口中發出淨光而為言語，故名之為「光音」。光音天的天人來到地球，由於吃了地球上的食物之後，身子變得凝重而回不了光音天，於是成為人類的始祖。

　　諸比丘，世間轉已，如是成時，諸眾生等，多得生於光音天上，是諸眾生，生彼天時，身心歡愉，喜悅為食，自然光明，又有神通，乘空而行，得最勝色，年壽長遠，安樂而往。諸比丘，爾時世間轉壞已成，空無有物，諸梵宮中未有眾生。光音天上，福業盡者，乃復下生梵宮殿中，不從胎生忽然化出，此初梵天名娑訶波帝。

　　當然，除了光音天以外，佛教裡也講述，還有其他生命透過六道輪迴成為人類的方式。

　　基督教裡則是說，人類是神依照自己的形象所創造出來的生命：

　　神說，我們要照著我們的形像，按著我們的樣式造人，使他們管理海裡的魚，空中的鳥，地上的牲畜，和全地，並地上所爬的一切昆蟲。神就照著自己的形像造人，乃是照著他的形像造男造女。（創 1:26-27）

　　除了東、西方的兩大宗教外，其他的宗教或民族，也都有著「人類是被一個更高層的生命所創造出來」的說法。中華文化裡則是有「盤古開天、女媧造人」的神話；達爾文在他的《演化論》中，認

為人類是從猴子所演化而來的。

隨著時代的演變，近年來也有「外星生物創造論」——認為人類是外星人的後代；或是地球及地球生物或文明，是由古代太空人所創造出來的；甚至我們可能是被外星人觀察與豢養的實驗體。

著名的電影《駭客任務》以及《異次元駭客》，則是在故事中提出「人類是被電腦所模擬出來的產物」的論點。

而在身心靈的領域裡，經常會提到「高我」、「大我」、「真我」、「本我」、「擴展自我」（以上名詞都是同一個意思）等概念，這些都在暗示，在人類之上，有更高的生命體或是意識的存在。我曾經去上了《你值得過更好的生活》作者羅伯特・薛佛德的課程，更加深入了解了我們與擴展自我的關係，也了解了我們為什麼來到地球上，但是更高層的意識或生命體到底是什麼？我還是沒有答案。

在我擁有「空間訊息讀取術」以及美國CIA的CRV遙視能力後，我也很好奇我們到底是從哪來的，於是有一天，我便使用了「零通靈」能力，探索了我們人類與文明的起源。

不探索還好，這一探索，竟然開啟了我全新的視野。我對於我的發現感到無比的興奮：我們的世界竟然是被比我們更高階的文明所模擬出來的電子遊戲！而且這些高階文明的架構之複雜，更是讓我歎為觀止。

當然，我並沒有任何實際的證據，來證明我所讀取到的資訊是百分百真實的。但是依照這個資訊來做量子轉化，的確是讓我以及個案的現實生活中出現了許多難以解釋的奇蹟，對我來說，這樣就足夠了，一切都說的通了。

不管這訊息是真是假，只要我們的人生變得更美好，更開心，這對我們才是最真實的，不是嗎？

那麼就讓我們透過「零通靈」的角度，來探索我們所存在的這個「遊戲世界」的緣起吧！

什麼是 CRV ？

Controlled Remote Viewing，簡稱 CRV，中文可以翻譯為「可控性遠端觀測」，簡稱「遙視」或「千里眼」，這是一種活化潛意識功能的技巧。對於潛意識來說，祂可以接觸到宇宙裡所有的資訊與知識。

CRV 的技巧與結構會讓人把隱藏在潛意識裡的資訊帶到表面來，或是啟動內在的直覺力。學習 CRV，可以讓你具體地觀測與形容任何時間空間的人事物。不過，與其說是具體的觀測到，我個人的經驗是，其實你並不會真的用眼睛「看到」具體的影像或畫面，而是你突然就「直接知道」你想觀測的東西是什麼。

所謂的「可控性」是指 CRV 技術，是設計為：可以幫助遙視者在接收訊息時，清楚的分辨出訊息的真實度，排除想像力、情緒、恐懼、欲望等想法對讀取資訊上的汙染。

CRV 這個科學的技術最初是由美國的印果・斯旺（Ingo Swann）與史丹佛國際研究院（Stanford Research Institute International）所研發的，這技術的目的是：透過使用不同大腦的部分，來提升其認知以及直覺功能。一旦你與潛意識連結後，你不只可以強化你的感官，還可以去探訪任何儲存於潛意識的內容，像是你五歲時的電話號碼、你的車鑰匙在哪等。在 CRV 的過程中，你的淺意識功能會被表意識化，這可以讓遙視者觀察到事物的細節，以及取得超乎現實可理解的資訊以及靈感，不管是在哪一個時間空間。

這技術在美國冷戰期間曾被美國中央情報局運用來讀取敵國蘇聯的情報資訊，現在則大多被運用在幫助警察尋人、破案、考古，也可以用來了解自己的內在、幫助自己與旁人可以做出人生更好的抉擇。此外 CRV 也可以幫助物理學家、發明家等提升直覺力，甚至探索未知的事物（包含外星人或古文明等）。

我們遊戲世界的緣起

大概七千多年前，存在著一個非常高度開發、擁有超級高科技的文明、高度物質成就的世界。這個文明除了科技發展進步的程度驚人以外，人們也因為心靈上高度的成長，使其心靈處於「沒有二元對立」——也就是「沒有評斷」的狀態。

沒有評斷是什麼樣子呢？從我們一般人的角度來看，那是一種自然而然處於冷酷無情、凡事漠不關心的狀態，我們可以把這個文明稱作「A」。

人嘛，同樣的狀況久了總會膩，或是說好奇心使然也可以；於是 A 文明以高科技的電腦技術，創造、模擬出了一個「B」世界。

B 世界基本上是跟 A 相反的，簡單來說，就是比較古老（或是落後）。B 是一個崇尚古文化、重視心靈成長的世界。於是，許多 A 文明的人們就讓自己的意識進到了 B 文明這個世界，透過「體驗 B 世界」這個遊戲，來探索他們所沒有的東西。

當然，如果模擬出來的 B 文明世界裡的人類，全部都是來自 A 文明，那就一點都沒有意義。大家都知道彼此來自 A，只是換了個外表跟地點，那不就像是開個萬聖節趴而已嗎？所以，A 文明必須讓 B 文明的世界有許多高度智慧虛擬的角色，也就是「NPC（Non-Player Character）」，可以跟 A 文明的人互動與玩耍。

在美國 HBO 影集《西方極樂園》（West World）的劇情裡，樂園創辦人福特博士製作出高智慧、並且具有跟人類外表一模一樣的機器人，讓他們作為西方極樂園主題樂園的接待員，可以與來自現實生活中的客人互動，甚至包含被殺害、發生親密關係等等。總之，在 B 文明裡面被電腦製作出來的人們，之於 A 文明的人來說，就是這樣存在的意義。

那麼，等到 B 文明的這些被製作出來的高度智能人類的科技進步到一個點後，B 文明的人們也具備了製作超高清虛擬遊戲的科技，

於是他們創造出「C」文明。

一層一層發展下去的文明世界

同樣的，C文明與B文明相反，因為B文明的人們想體驗的是他們所沒有的。太注重心靈層次的提升，久了以後，人也會感到物質生活中的匱乏。所以，C文明是以「精神與肉體享樂、被人照顧、奉承、關注」等為主的主題樂園。

後來過了一段時間後，C文明同樣製造出了一個與他們相反的世界，就是「D」文明。D文明就是我們現存的世界，主題與C相反，就是沒有太多享樂；因為主題是「受苦」的緣故，所以也會有人要往心靈方面發展，尋求解脫之道。

D文明擁有來自A、B、C三種文明的玩家，大家都想體驗自己想體驗的東西，所以D可以說是亂象紛陳。它是四個文明中最落後、最混亂，卻也是最自由、最新鮮、最好玩的遊戲世界。

所以，我們所知的「世界」，除了我們現行體驗、生活的狀態，本質是：由比我們高層的意識製作出來，並由意識來玩耍的三個文明世界。

請注意，A文明並不是只創造出B這個單一文明，他們可能製造出很多其他的文明，只是因為跟我們不是屬於同一傳承，所以我們無法得知。同樣的，B文明也有可能製作出不只C文明的世界；C文明也有可能製作出不只D文明的世界，就像目前世上做電玩主機的公司有任天堂、SONY、微軟等，一家公司的遊戲不一定都會出現在所有的平台系統上，其道理是一樣的。

只是從我們最底端D文明的角度來看，我們無法知道還有哪些旁支的遊戲世界，ABCD文明就像是一直線下來的樣子。

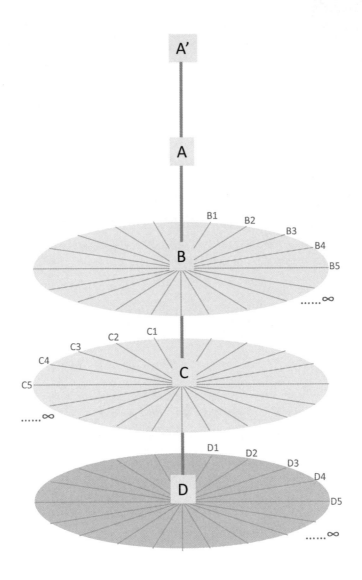

見證一下我們已經在模擬的世界

這段影片給大家參考一下。《EmuVR》是一個 VR 遊戲（本文稿 2019 年撰寫時還未上市，官網 emuvr.net），裡面模擬了 1990 年代的環境，包含牆上的海報與零食，以及所有當時的電玩主機與遊戲。

這就是所謂的「祖先模擬」（Ancestral Simulation），用來了解過去文明生活方式的模擬軟體。所以，如果你透過 EmuVR 玩裡面的雙截龍遊戲，你就是雙截龍裡面的玩家。而這就是一個從 A 文明（現實）玩 B 文明（EmuVR）再玩 C 文明（雙截龍）遊戲的概念。

想像一下，VR 遊戲再發展個幾百年，會真實到什麼樣的程度？這就是四個文明如何一層模擬一層、一層玩耍一層的由來了。

不同層級文明的玩家特質

我們處在的 D 文明裡面，有來自 ABC 三個文明的玩家，以及在 D 文明被製造出來的原生種 NPC。但，並不是每個來到 D 文明玩家的都是 A、B、C 一層一層體驗下來。有的是直接從 A 或 B 或 C 世界下來，或者其中某個層級沒有參與過。這些玩家以特性來講，相對單純。

接下來就向大家說明一下不同層級文明的玩家特質：

⊙ A 文明玩家的特質

因為高科技、高文明，極度在意規則的遵守，所以相對的會對別人與自己相對冷血、殘忍與漠不關心。由於自身的高文明而感到極度自傲與成功，所以來到 D 文明時，經常會體驗的主題是與之相

反的「不管怎麼努力，人生就是過的很淒慘」的遊戲。以我們來看，這是一種自虐，但他們內在深處的 A 文明玩家，其實樂在其中。

　　單純只從 A 文明來的玩家之中，我目前還沒找到什麼有名的人，因為他們對變成政治人物或藝人沒興趣。我有一位朋友跟兩個個案，都是單純從 A 過來的玩家，就是真的怎麼努力，人生都過得很慘；而且早期版本的量子轉化對他們的幫助相當有限，因為「爽爽過人生」並不是他們所想要的。

⊙ B 文明玩家的特質

　　如果你是單純從 B 文明來的，你會相對地比較崇尚身心靈成長（但不一定是往正確的方向走）；喜歡接觸一些相關的課程，讓自己可以從不同面向提升，但不小心被騙而走偏也是有可能的。通常你會很有禮貌，感覺溫文儒雅，除了身心靈成長以外，你還可能會喜歡比較古老的文化，像是詩詞、書法、國畫等等。除此之外，還會掌握一些專業的能力；也就是說，來自 B 文明的人，在某些特定方面，會有很厲害的專長。

　　另外，B 文明的玩家也喜歡在 D 世界散播歡樂、散播愛，也就是會把一些有智慧的言語與知識在這個 D 文明散播出去。很多不是太有名的身心靈大師都是來自 B 文明的玩家，因為他們也沒打算要變有名。

　　整體來說，我個人最喜歡的是來自 B 文明的玩家，可以說是給 D 世界製造了一股清流。單純來自 B 文明的玩家也不多見，因為通常也不是檯面上常見的公眾人物，經常出現在身心靈圈或宗教圈，但又不是很出名的人，很多都是來自 B 文明。

⊙ C 文明玩家的特質

　　如果你是單純從 C 文明來的，某個程度上要恭喜你，因為你就是到地球來享樂的。這些人就如我前文所提，C 文明本身是以享樂、

被人照顧、奉承、關注等為主的主題樂園，所以來到 D 世界時，不會忘記這樣的本質。

來自 C 文明的人唯有一個缺點，就是這些人極度需要認同感，所以往往會透過群眾或身邊的人來滿足這個條件。如果因為時機還沒成熟、體驗不到時，反而會出現心理上的疾病與問題。

因為有被奉承、關注等的本質，所以 C 文明的人天生就是有眾生緣。如果想要讓很多人都認識你、知道你是誰，並且從這些人身上賺到錢，不是來自 C 文明的話，會很困難。市面上很多藝人、公眾人物以及身心靈大師都來自 C 文明，或是文明結構中有 C 文明。

但這就有一個問題產生了。因為 C 文明本身不注重心靈成長，如果一個大師只有來自 C 文明的話，他通常只是個包裝得很好的騙子，是為了沽名釣譽而來。所以我這邊也不方便舉這些大師的名字出來，請自行觀察體悟。

有來自 C 文明的玩家，就有不少我們知道的名人了，像是：木村拓哉、邰智源、王永慶、賈柏斯、比爾蓋茲、霍金、愛因斯坦、林俊傑、成龍、王晶、劉德華、周星馳、林憶蓮、尾田榮一郎、鳥山明、陳水扁、范冰冰、陳菊、小勞伯道尼、周迅、蕭敬騰、張菲、胡瓜、洪金寶、黎明、張曼玉、郭富城、蔡依林、蔡英文、賴清德、連戰、連勝文、言承旭、小 S、蔡康永、張小燕、徐若瑄、甄子丹、古天樂、關之琳、秦嵐、陳妍希、張均甯、侯佩岑、趙藤雄等等。（以上是含有 C 文明比例的人物，不是只有純 C 文明。）

C 文明的玩家很好找，因為都會是檯面上有名的公眾人物，像是藝人或是政治人物。身心靈方面或是宗教方面的人容易有爭議性，恕我略過不提。不過，並不是所有 C 文明的玩家都一定要成為明星或名人，像是做為一個教學老師或許不用大紅大紫，但只要有一群學生願意捧著他，讓他感到很開心，也就足夠了。

值得一提的是，如果一個交往對象是單純來自 C 文明，要趕快閃！因為他就是王子病、公主病相對會比較嚴重的人。除非你「銀

彈」足以支援對方吃喝玩樂享受人生，或是你能奉承對方讓他很爽，不然勸你三十六計走為上策。

不同文明的人，其實外貌都不一樣

補充一個有趣的內容：A、B、C 文明上界的「人」都跟我們長得很不一樣！

【A 文明】

一個頭、沒有頭髮；四顆眼睛、一張嘴巴、四隻手。每隻手有八根手指（大拇指有三根，所以可以做很複雜的動作），四隻腳、兩個心臟、四種性別（男男、男女、女女、女男）；每人兩個生殖器官。

除了比我們多的生殖器官以外，祂們也有兩個我們 D 文明人類所沒有的器官——腮與魚鰾，是兩棲類生物，有穿衣服。祂們的世界沒有分國家，也沒有宗教。

【B 文明】

一個頭、沒有頭髮；兩隻眼睛、一張嘴巴、四隻手。每隻手有五根手指、四隻腳，兩種性別、女性有乳房；每人一個生殖器官。有穿衣服，祂們的世界沒有分國家，有宗教。

【C 文明】

一個頭、有頭髮；兩隻眼睛、一張嘴巴、兩隻手、四隻腳。每隻手有五根手指、兩種性別；女性有乳房，每人一個生殖器官。有穿衣服，祂們的世界有國家的分別，約有 17 個國家，有宗教。

看起來越接近我們的文明，特質就跟我們越像呢！

⊙ D 文明原生玩家的特質

最後，我們回到 D 文明來討論。

不管你來自 ABC 哪一個文明都好，其實大家目前全部都處在 D 文明進行遊戲。所以，這裡討論的是 D 文明原生的玩家。

　　「D 文明」因為是新的文明，意識層級跟 A、B、C 比起來比較低階，往往這些純 D 的人呈現出來的就是「一直不知道自己人生想要什麼」的主題，人生過的相當渾渾噩噩。很多貌似受苦流離的人，其實都是 D 文明的原生種，像是遊民或乞丐，對自己的人生抱持消極茫然的態度。不過由於也有相當的 A 文明玩家混在這樣的角色中享受自虐的感覺，所以有時候也會發生「D 文明」與「A 文明」乍看接近的情況。

　　以上是稍微提一下 ABCD 四個文明的特質，A、B、D 其實都很難舉例子，因為不容易找到有名的人做為案例。如果會有名的話，則會是跟在 D 世界裡面與「九個本源」（請見下一章）有關。

　　如果你只來自 B 文明，卻能在 D 的世界小有名氣的話，通常你的本源有可能是比較高階的。但如果沒有 C，名氣發展的還是有限，因為那不是你到這個 D 世界來玩，或是體驗的內容。

　　最可憐的是，我看到許多正妹都是純 D（這邊不是指罩杯喔），尤其是想紅、想往演藝圈發展的一些人，基本上失敗或是被騙的機率都比較高，因為 D 文明的本質就是陪 ABC 三個文明玩樂的角色。有一個例外是台灣某位樂壇天王的老婆，她算是比較幸運的 D，因為她不但是 D 文明欠她 3 分的 D3，而且她的本源是精靈（而那位樂壇天王是 BC 玩家，本源神人）。

　　D 文明的世界涵蓋了我們已知與揣想的一切，因此，本書中所有「本源」、「平行時空」等概念，都只適用於 D 文明；也就是，我們認知到的整個宇宙都是 D 文明，這些規則也只適用在這個宇宙（包含所有 D 文明所分支出來的平行時空）。

　　最後，不是每一個玩家都是那麼單純的只會從一個文明過來，許多玩家是混著玩的，玩法會有以下的組合：

　　ABC

AB

AC

BC

　或許，你會問：「那經歷過多重文明的玩家，又會有什麼不一樣的地方？

　在進入多重文明玩家的特性分析之前，我想針對「人類遊戲」的本質做一點補充。

關於人生遊戲玩法的進階說明

　若以目前最新科技的 VR 來比喻，當我們戴上 VR 眼鏡，並且啟動遊戲時，逼真的畫面以及臨場感，會讓我們完全沉浸在遊戲的世界，我們會完全忘了現實生活的存在。

　是的，本書提到的「人類遊戲」也是這樣的玩法。只不過因為創造與玩遊戲的人，是比我們更高等的文明，進行遊戲時，當然是更逼真的五感完全潛行的沉浸式虛擬遊戲。而且，當你一旦進去遊戲之後，就沒有登出的選項，直到遊戲結束，也就是死亡為止（跟話題動畫《刀劍神域》一樣）。

　就跟平常我們玩遊戲一樣，你會發現，遊戲中的時間不一定等同我們體驗的時間。在真正的「人類遊戲」中也是如此，時間的流動跟我們理解的也可能不一樣。舉例來說，如果 A 文明到 B 文明體驗一個新的人生，時間流逝的比例勢必要調整。

　假設我在 A 文明只有 70 歲的壽命，而我到 B 文明也必須活到 70 歲死掉才能結束遊戲，兩者如果沒有太多時間差異的話，我有可能還沒回到 A 文明之前，就死在遊戲裡了，這樣當然是不可以的。

　因此基本上，遊戲世界裡面時間流動的速度，是遠高過原本世界的速度的，所以才會有「天上一天，人間十年」的說法。

　我們來看看佛教裡面六欲天為例：

⊙他化自在天：以人間 1600 歲為一晝夜，定壽 16000 歲。相視共語

成淫。依空而居。

⊙化樂天：以人間 800 歲為一晝夜，定壽 8000 歲。熟視而笑成淫。
依空而居。

⊙兜率天：以人間 400 歲為一晝夜，定壽 4000 歲。彼此憶念成淫。
依空而居。

⊙夜摩天：以人間 200 歲為一晝夜，定壽 2000 歲。互執兩手成淫。
依空而居。

⊙忉利天（又名三十三天）：以人間 100 歲為一晝夜，定壽 1000 歲。
淫慾方式與人類同。依地而居。有婚嫁。幻化出生。

⊙四天王天：以人壽 50 歲為一晝夜，定壽 500 歲。淫慾方式與人類
同。依地而居。有婚嫁。幻化出生。

在每一層文明裡，時間流逝的速度不同，所以 ABC 文明的玩家，
可以在 D 文明裡玩了一百年的人生，但是對他們的生命來說，可能
就只是打了場一兩個小時的電腦遊戲而已。

至於時間流逝的速度，D 大約是 C 的 2000 倍，D 大約是 B 的
兩萬倍，然後 D 大約是 A 的兩百萬倍。

此外，雖說一樣有性行為，但是方式不一定跟我們人類一樣（佛
教六欲天裡用看的、用笑的、用想念的、用牽手的都是性行為的方
式），依照不同文明，則有不同的繁衍方式（近年來很多遊戲已經
提供玩家在遊戲中結婚，並且還可以生小孩的功能）。我認為所謂
的「幻化出生」，就是跟「該等級的文明被製造出來的意識」共同
繁衍，或是原生種的意思。

因為遊戲是以非常高科技所製作出來的，玩家經常進到遊戲世
界後，就會被故事與畫面吸引，完全忘了自己在玩遊戲，甚至也有
可能有「故意先讓自己忘了是在玩遊戲」的做法也說不定，因為這
樣可以大幅提升在遊戲裡面體驗的真實度。

你所知的「歷史」其實可能不存在

依照這樣的推算，A 文明是七千多年前出現的，B 文明是四千年前左右出現的，C 文明則是兩千年前左右出現的。文明跟文明之間的空檔，是有可能存在著其他被模擬出來的文明。

像是 A 文明不會只模擬出 B 文明，有可能還有 B1 ～ B12（不是維他命啦）不同版本的文明的存在，只是因為這不在我們理解、連結系統範圍，所以無從得知。

而我們的 D 文明存在的時間大約是 1030 年左右。

寫到這裡，一定有很多讀者會想說：「王博士你真的頭腦壞掉了！」我們存在的宇宙不是據說年齡是 136 億年，地球是 45.4 億年，我們華夏文化不也有個 4、5 千年嗎？

這是一個很好的提問，但請別忘了，這些「數據」也不過就是「遊戲的背景資訊」而已。拿我們 D 文明大家都廣為熟知的超級任天堂遊戲《超時空之鑰》為例說明好了，在「維基百科」上呈現了這樣的內容：

《超時空之鑰》有七名來自各歷史時期的玩家角色。遊戲開始的 AD 1000 年有克羅諾、瑪爾和露卡。克羅諾是沉默的主人公，一名以日本刀戰鬥的無畏青年。瑪爾（公主瑪爾蒂亞）居住在加爾帝亞城堡，雖然是受到保護的公主，但內心更喜歡隱藏其王室身分。機械天才露卡是克羅諾的好友，家中擺滿實驗設備與機械。從 AD 2300 年來的羅博，或稱普羅米修斯（代號 R-66Y），是為幫助人類創造的具有人性的機器人。羅博在未來休眠，被露卡發現並修復，之後為表感謝而加入隊伍。非常自信的艾拉居住在 BC 65,000,000 年，具有非常強大的原始力量，是伊歐卡的首長，帶領她的村民和名恐龍人戰鬥。

最後兩名玩家角色是卡艾爾和魔王。卡艾爾生活在 AD 600 年，原名格萊，是一名護衛；魔王殺死他的好友賽拉斯，並將其變為人

形青蛙。勇武但深陷後悔的卡艾爾獻身守護加爾帝亞皇后莉妮，並為賽拉斯復仇。同時，AD 600 年的加爾帝亞和魔族的戰爭，魔族在的領導下發動對人類的戰爭。魔王揭開了他遙遠的過去；他原名嘉基，是吉爾王國的王子，吉爾在 BC 12,000 年被拉沃斯毀滅，他在事故中被流放到遙遠的未來並長大，他試圖像拉沃斯復仇，並尋找姐姐莎拉的下落。拉沃斯是外來寄生物，在成長中吸收 DNA 與地球的能量，於 1999 年覺醒並毀滅世界。……

　　當你玩一個新遊戲時，無論是說明書或網路上的資料，給予你世界觀與遊戲邏輯的認知，你只要啟動遊戲之後，就會全盤接受這樣的設定，你也不會去抱怨遊戲裡面兩百年前的世界跟你歷史課本上所查到的不一樣，因為你知道那不是真的，但你會全然接受與相信，否則就失去玩遊戲的樂趣了。

　　同樣的意思，也對應在我們現行體驗的「人類遊戲」之上。基本上，我們所接受到的「資訊」──或是你可以說文化歷史──就是遊戲裡面的設定，當你投入在 D 文明這場人生遊戲之中，這個世界觀與背景設定就會被接受，並且開始進行遊戲。因此，我們所看到的恐龍化石、古文明文物等，都只是為了讓遊戲更加真實、為了讓玩家相信這個世界真的有那麼古老，而被製作出現在遊戲設定的產物而已。

　　電影《駭客任務》裡面也是設定了「在地球的 199X 年，是電腦為了擷取人類的生體能量，而讓人類的意識在虛擬世界可以最穩定」的時空背景，但電影裡現實中人類已經存活在大約 2199 年的世界，是一樣的道理。

　　好了，解說完遊戲的玩法、時間、背景設定的問題後，接下來就是玩法的不同了。當一個 A 文明的玩家進到 B 文明玩耍時，他有可能發現，B 文明已經進化到可以模擬出 C 文明，她也會想去 C 文明參觀玩耍時，對 C 文明而言，這就是 AB 的玩法。

原生 B 文明的人如果來到 C 文明，就是 B 玩法；如果 B 文明玩家在 C 文明後又來到了 D 文明，就是 BC 玩法。

　　所以，之前我們提過的：如果我們 D 文明的起源是來自 A 文明，除了純 A、B、C 的玩法之外，還會有「ABCD」、「ACD」、「BCD」等的組合。但因為大家都在 D 文明裡面進行遊戲，所以在分類上可以直接省略掉 D。

　　而這種遊戲的玩法有一個缺點：一旦你已經進入遊戲了，除非你「死掉」登出系統，否則無法停止你最後那一層在玩的遊戲。比如說，一個 AB 的玩家，因為沒有 C，所以整個體驗上就是缺乏 C 文明的成分。你無法要求登出 D 回到 B，重新體驗 C 後再進到 D，要這樣做的話，你必須在 D 文明先掛掉才可以。

　　換句話說，因為遊戲本質的緣故，造就了「生命藍圖無法改變」的窘境。不過後來我發現，只要意識層級提升夠高的話，就有辦法解決這個問題。

影響你命運的文明力量

　　命運，就如本書前面篇章所說的，是我們生活的 D 文明以電腦模擬出來的遊戲世界，我們每個人會被上層文明所影響，端看你是來自 ABC 文明，或是你是 D 文明的原生種意識。

　　再來複習一下，不同文明的特色：

【A 文明】

　　冷酷、聰明，高度文明；完美主義，極度注重規則，自我要求嚴格，甚至可能嚴格到自虐傾向。

【B 文明】

　　追求心靈方面的成長，個性溫和，喜歡開心喜悅，如果無法達成的話，會容易有身心靈方面的問題。

【C 文明】

喜歡追求肉體上的享樂、名利的成功與眾人的追捧，如果無法達成的話，會有自我認同的問題。

【D文明】

看你是否有ABC的特質，如果沒有的話，就是D原生種。原生種的存在目的是陪玩，比較沒有特定的人生方向。

但不管你是哪邊來的，要在D文明進行遊戲，就會受制於九種本源：神、神人、神獸、精靈、人類、亞人、矮人、巨人、獸人。

簡單來說，就是手遊抽角色的概念。抽到好卡，人生當然就一路順遂；抽到爛卡，你可能就必須要期待你的人生會有很大的進步空間。

高文明的不一定過的比較爽，低文明的也未必過的很糟糕。這是一場宇宙意識玩耍的遊戲，重點不在於爽度，而是在於體驗。

對一般人來說，要改變命運很難，因為我們受制於先天文明以及本源的緣故（玩手遊的朋友們就會比較了解「抽到的角色屬性以及能力就是固定了無法更改」的痛苦，但同時，擁有特定屬性也是有優點的），再加上人與人之間的相欠債，這樣就架構出了所謂命運的軌跡。

由於是關乎於意識本身在遊戲世界的種種體驗，改變命運當然也可以理所當然的變成遊戲的一部分。普通的玩法就是，隨著遊戲的設定，讓人生依照原本命運的軌跡隨波逐流；比較有趣的玩法，就是開外掛玩耍。

既然我們是意識，我們就不只是現有的肉體。意識大過肉體、大過一切，你的意識足以改變你的狀態（除了先天肉體的限制，例如性別、長相、身高、體重等，但現在醫學已經進步到，這些都可以透過龐大代價來改變）。

在D文明裡面，每個人都可以透過意識而擁有兩種改變命運的力量。

第一個可以影響你命運的力量，就是你的願景、你的想像力。

你的想像力就是你的超能力，上過我課程的同學們，這裡講的就是「精準目標設定」的重要性。

很多人都喜歡問我，「王博士，請問我這個願望成功的機率有多高？」每次有這樣的問題，我都覺得很好笑。答案其實很簡單啊，你自己想到這件事情的時候，情緒是什麼？絕大多數這就是你的成功機率。

願景、想像力跟情緒是息息相關的。

所以**第二個力量就是情緒的力量。**

如果你想跟某某人在一起，可是你想到她時心情是不好的，你看不到與她在一起開心快樂的畫面。你這就是在告訴宇宙（也可以說是宇宙在告訴你）：這段感情不會讓你開心。而當宇宙接收到這樣的訊息時，宇宙會認為：「噢，既然你不會因為她而開心，那還是不要給你好了。」

你的金錢、事業、孩子、健康，其實也都是這樣運作著。雖說會有先天 ABCD 文明與本源九族的限制，但那都是為了讓你有特定的體驗；有了特定的體驗之後，你的情緒會決定你如何面對事件，以及故事後續的發展與人生的爽度。

情緒是能量，是透過願景與想像力產生而來，比他們的力量更大，因為這是直接跟宇宙溝通的媒介。

想不出美好的遠景沒有關係，你仍有先天文明以及本源的力量牽動著你的命運，但是負面情緒出現時，人生就會有問題了。一個事件如果無法帶給你好情緒，那麼同樣的是在告訴宇宙「我不想要這個願望成真」。

任何的事件——例如一段感情，不可能全部都是好的或都是壞的，所以潛意識會自己有一個判斷的標準。好處多過壞處的，它就會想保留；壞處多過好處的，它就會排除。

很多人的問題是在於，自己以為自己很想要，其實內在是不想

要的。這個問題，透過本書提到的「測試」可以幫助釐清；釐清之後，要做的就是情緒釋放。

進一步來探討「文明組合」的特質

接下來，我們來聊聊在 D 文明裡面，ABC 文明的組合特質是如何展現的。基本上有四種可能性：

- ABC
- AB
- AC
- BC

組合文明的特質很簡單，真的就是幾個特性混合起來的結果：

⊙ ABC

這是全勤獎，每一個文明都有體驗到，也就是會同時有紀律、自虐、完美主義、冷血；喜歡一些舊的文化、有氣質、注重心靈的提升（不管是宗教還是喜歡接觸身心靈課程）、重感情、希望得到眾人的認可（也有很大的可能性會得到），喜愛物質與肉體上的享受等等的特質。至於哪些特性會比較突出，就要看 ABC 比例的配置。

來自 ABC 的玩家：馬克・祖克柏、依隆・馬斯克、加里・維納查克、李嘉誠、鄧小平。

這樣的玩家不太多，因為本質上有三重矛盾與衝突，來這樣挑戰的通常都是勇敢的靈魂。能成功把矛盾都整合起來的話，都會是有頭有臉的大人物。

⊙ AB

會同時有紀律、自虐、完美主義、冷血、喜歡一些舊的文化、有氣質、注重心靈的提升（不管是宗教還是喜歡接觸身心靈課程）、重感情。通常 AB 的人因為同時有重理智與重感情的特質，A 的特

質會帶給這些人痛苦，所以這樣的人很容易產生內在的矛盾，會經常不知道自己想要什麼，有時候會出現看似 D 的特質，但差異就在於「靈性文青」的特性會比 D 來的明顯的多。而因為有這樣的矛盾，往往就會引導這些人走向靈性修行，也就是 B 的道路。

來自 AB 的玩家：因為沒有 C，所以很難找到有名的 AB 玩家當例子給大家看。我認為有很大的機會，這些人是很厲害但是卻不出名、隱藏於世間的修行人（不分宗教），這些人都是能在生命中找到平衡之道的高手。

⊙ AC

同時有紀律、自虐、完美主義、冷血、希望得到眾人的認可（也有很大的可能性會得到），喜愛物質與肉體上的享受等等的特質。

我認為 AC 是比較可怕的組合，這個組合通常就是：為了貪圖自己的享受、成就或認同感，而比較不把別人當做一回事；或者行事作風非常一板一眼，會認為自己能成功，就是因為自己嚴守紀律的緣故。因為少了 B 去跟 A 平衡，會感到自大與狂妄，許多歷史上的獨當一面的王者，像是總統、天皇等都是 AC 的組合。

來自 AC 的玩家：溥儀、孫文、蔣介石、毛澤東、裕仁天皇、希特勒、陳水扁、柯文哲、關之琳、黎智英、小甜甜布蘭妮。

⊙ BC

會同時有：喜歡一些舊的文化、有氣質、有才華、注重心靈的提升（不管是宗教還是喜歡接觸身心靈課程）、重感情。我個人覺得，BC 如果比例調配的好的話，是體驗 D 文明最好的選項，因為是在享受物質與追求心靈上的一個很好的平衡（前提是要調配的好啦）。

如果是從事身心靈工作的老師，不是 BC 的組合，通常就不會有太多的學生，但是只要是有 B 的話，起碼這位老師是有東西可以

給你的；一個老師如果只有 C 的話，騙人財色的機率頗高。

來自 BC 的玩家：

英國女王、查爾斯王子、王永慶、周杰倫、李登輝、郭台銘、金凱瑞、巨石強森、湯姆克魯斯、林志穎、新垣結衣、金城武、巴菲特、川普、馬英九、范冰冰、劉德華、郭富城、張學友、王菲、王晶、蕭敬騰、鄧麗君、李連杰、小勞伯道尼、周迅、林志玲、言承旭、愛因斯坦、隋棠、邱淑貞、王祖賢、梁朝偉、朱茵、張惠妹、楊謹華、維尼、蔣經國、柯林頓、歐巴馬、大布希、小布希、賓拉登、周星馳、王雪紅、嚴凱泰、陳珮琪（柯文哲老婆）、顏清標、麥可・喬丹、拜倫・凱蒂、艾克哈特・托勒、李欣頻、吳若權、奈良美智、畢卡索、KAWS（Brian Donnelly）、席琳・狄翁、瑪麗亞・凱莉、達文西、米開朗基羅。

由以上的例子可以看到，很多 BC 的玩家都在 D 世界玩得很開心，而且大多數都還算是正派的人，而且才華洋溢，把愛與歡樂帶給世界。這些人未必全部都會走上身心靈路線，但是大多數也都很有自己的一套想法，內心裡面相對也是豐盛有料的（雖說有沒有料與什麼料，就每個人觀點不同了）。

那麼各文明玩家在 D 文明的比例呢？

A：4%

B：14%

C：3%

D：54%

ABC：1%

AB：1%

AC：11%

BC：12%

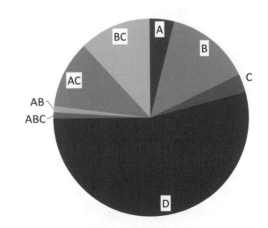

大約是這樣的比例，人數上偶爾會有系統超載的現象。如同我之前所說的，大部分在 D 文明的玩家都是系統原生的，目的就像是影集《西方極樂園》裡面的接待員一樣，陪來自其他文明的玩家進行與協助在 D 文明玩耍的體驗。

安裝 C 文明的相關實驗

以上就是我透過 CRV 遙視以及空間訊息讀取術，探索到的我們這個遊戲世界緣起的資訊，這些看起來都很有趣，也是我花了很多時間讀取到的結果。但是畢竟這些只是我所讀取到的，要怎麼證明是真的呢？甚至，這些有可能是真的嗎？我想到唯一可以驗證的方式，就是幫自己與別人安裝文明以及調整與文明之間的相欠債，看看他們的人生是否會出現任何戲劇性的變化。

成為我的學生有一個好處，如果有任何新技巧的開發，學生們都有機會優先體驗技巧，作為我的實驗對照組。既然 C 文明代表的是很開心、愉快、人生過很爽、有人奉承、甚至受歡迎到虛華的程度，那麼如果幫身處 D 文明的我們「添加」C 文明，或是幫既有 C 文明的人調整更多的相欠債的話，又會發生什麼事情呢？

身為行動派的我，在 2018 年底，決定找我的學生們來做安裝 C 文明的實驗。大約一個月的實驗時間，得到的回饋都算不錯：90% 的個案都有很正面的回饋，剩下的 10% 之所以沒有那麼正面的回饋，是因為本源沒有調整，或是有欠其他的文明。

欠 A，就會有自虐的傾向，人生都會自動的往困難的方向去。

欠 B，會有心靈上的匱乏與負面情緒的困擾，而且很高的機率是沒有氣質，行為比較低俗與粗魯。

欠 C，無法享受人生，也無法得到人緣。極度需要別人的認同，但也無法得到。

欠 D，人生的一切都會很糟糕。

在這次的實驗中，我確認了一件事，那就是：ABC 文明的影響

力占了人生的 75%，也就是先天被設定好的命運。D 文明占了 25%，也就是如果沒有動到 ABC 的話，人生再怎麼努力，能改變的也很有限。

而 D 文明會受制於你的本源，本源則跟情緒有關。

關於「糧草」的概念

附帶一提，在實驗的過程中，有出現一個「糧草」的新概念，這個跟吃美食的爽度有關。

糧草的計算方式是看比例，也就是「剩餘糧草／剩餘壽命」，看你人生剩下（或帶來）的糧草，除以你剩下的壽命，會得到一個比例。

糧草比例如果沒到 1.0，即使調了 C20 補強人生，還是有可能會比較辛苦。比例大過 1 的人，就會比一般人爽；小於 1 的就會比較慘。由此可知，C 文明雖然代表人生的爽度與人緣，可是如果欠缺糧草，那自然沒有爽度的來源與額度。

糧草豐盛的人，就代表這輩子能吃的美食比較多。不過，下一個你就會想到：吃多就容易胖對不對？沒錯，另一個概念就是「胖瘦指數」，這個理論上是決定了你這個人的體重與身材。

舉例來說：

林志玲的糧草：0.57，胖瘦：0.57。

她賺了很多錢，但身材保持的很好，但她沒太多口福，可能是因為要保持身材，或對美食不講究。

張鈞甯的糧草：1，胖瘦：0.42

張鈞甯相對之下，就比較有口福多了，她應該是喜歡美食或是挑嘴，或什麼都吃、吃很多，都有可能。但她理論上也比林志玲來的瘦。

周迅的糧草：1，胖瘦：0.6

周迅應該也是喜歡美食或是食量不小的，然而，身材就比張鈞

甯豐盈多了，但對普通人來說，周迅還是很瘦的。

但這樣大家就會發現，可能林志玲就會比較需要透過忌口或飲食控制來維持身材，而張鈞甯跟周迅可能不太需要。這是一個純屬娛樂的推斷，不過也確實對應在我與學員間的實驗結果裡。

佛教有一個故事：某人往生了，到了閻羅王那邊後，閻王卻告訴他：「其實你還有壽命，所以可以還陽。可是，你人生已經沒有剩下的『糧草』了，所以即使復活了，也沒有東西可以吃。」閻羅王告訴他，復活後要以蓮葉（或荷葉）為食，直到他壽終正寢為止。

然後，他復活後，真的就吃到什麼食物就吐，只有吃蓮葉不會吐。因此，他也只能仰賴蓮葉為生，直到他陽壽將至為止。

以上故事，就是「糧草」——你在世的飲食口腹福利的由來。

另外造成糧草比例偏低的原因，還有可能是生病，或是過敏。

像如果你對某些食物過敏，你這輩子能吃的東西自然會比別人少，這樣也是會造成糧草數值低下。如果你是藝人，外表光鮮亮麗，可是有可能因為為了保持身材不能吃太好，糧草也有可能不會太多。總之，還要看你人生其他方面的豐盛程度來判斷。

另外，有些人糧草少，但是看似過的不錯，這要考量文明的比例跟 D 的本源。

我認為糧草是 C 能夠豐盛的源頭。以學員案例來說，之前調整讓 C 欠自己 20 的情況，如果並沒有具體顯化改善在生活中，有可能是因為雖然達到了「C 欠你」的條件，但沒有「好康」可以給你，也就是糧草匱乏。

由此可知，想要判斷是否能活得豐盛，糧草還是非常重要的參照指數。

增加 C 文明後的個案分享

關於本書中文明結構的舉例說明

分析一個人的文明結構，除了看他來自哪一個文明以外，玩家與每一個文明之間的相欠債，也是同等重要的分析要素。

　　如果一個人的文明結構為 B3C0D-2 的話，代表著他：

⊙沒有來自 A 文明的玩家

⊙ B 文明欠他 3 分

⊙他有 C 文明，但是與 C 文明戶不相欠

⊙他欠 D 文明 2 分

＊調整完一個月多，最大感受是會提升內心平靜，不會因一些不滿意的人事物受影響。在人緣的提升度非常有感，會有人在適時出現協助。在吃美食上會有很多種的機會，朋友會帶我吃或是請客。近期內有多次偏財的收入。

＊調整後的這一個月，我覺得最明顯的差異是心情的穩定度。以前我是一個很容易受感情波動影響的人，但現在卻能冷靜看待事情！當心情平穩，其實就很容易領略生活中的樂趣與驚喜，這是我覺得最大的收穫！！
當然這一個月來有收到意外偏財，人緣也提升不少，還一直被請吃飯。
我還觀察到另一個層面，是發現自己在身心靈的學習上，功力好像增加了，真的讓我蠻意外的。幫人抽塔羅牌，不斷受到好評喔！！
這種改變真的只能意會，但一旦體會到，就會知道有多麼奇妙了～～謝謝博士，感恩宇宙，越來越期待之後的爽爽人生了！！

＊一開始情緒會有轉化期，莫名崩潰變平靜再變開心，後面就一直是穩定，不容易受外在而波動起伏。幸運的小事很多，貴人運也提升。

本來是 B2C20D-2，調到我不欠 D 之後，感覺很明顯，體能精神都有提升，自己做 LRT 功力也提升了。感謝博士推出這麼棒的服務項目。

* 健康：睡眠品質變好，比鬧鐘早醒也不太賴床，熬夜追劇的壞習慣自動消失。飲食方面，較以往容易嘗到喜歡的食物，和「吃」的愉悅感受。

人際／感情：他人變得很願意對我主動伸出援手，不論是同事還是久未聯繫的同學。與另一半的相處更甜蜜和諧，與家人意見相左也會莫名的大事化小。

金錢：我素來沒啥偏財運，也懶得對發票，9-10 月發票獲得 1200 元。

情緒／心靈：以往對工作的負面情緒、擔心另一半的事，很容易焦慮。現在內心的穩定度比之前好，並自然而然會使用放下技巧自助，抗拒和得失心降低許多。

感謝 Richard 大神！

* 一開始 D 是 -2 時，只有很想睡。在博士把 D 改成不欠後，各方面提升很多！情緒方面很大的變化是，變成平靜許多，就算遇到什麼事情，可以很快的抽離出來，或是可以馬上面對好好的說道理溝通，不用動氣。

和先生相處也融洽很多，以前常常會因為小事，相處得很辛苦，這是天天都會面對的事情。在這一個月的調整後，他改變很多。他改變，我的日子就比較爽，沒那麼辛苦，會主動幫忙小孩，沒有認為都是我的事。也突然想開了，願意帶全家去夏威夷度假，比較少念我囉。博士原來也在解救婚姻啊！

金錢方面，在調整這個月，家人釋出善意，願意把一筆很大的錢還我了，現在正在進行中，這樣我的資金就會比較有彈性，不然

之前因為此事，已經冷戰半年了！還有久沒聯絡的同學，也突然趁佳節匯錢給我！人緣方面，很明顯的大進展。在等小孩上課時，陌生人都會來找我聊天，所寫的文章，這個月的點閱率也上升！謝謝博士給我這樣奇妙的體驗啊！！

【零通靈看世界】
男人之間的對話

「嘿，理查哥，我要告訴你一件事！」我的好朋友小吳興沖沖的跑來找我。

「什麼事？不會是你失去魔法師的身分了吧？」（傳說中，男生只要保持處男到三十歲，就會成為魔法師。）

「屁啦，我早就過三十了。」

「是喔，有照片嗎？給我看看是有多正。」他講到我也嗨了起來。

我一看照片，哇～真的是個很漂亮的長髮美人，身材高挑，有168 公分、又是 D 罩杯，害我頓時心裡對小吳又是嫉妒又是羨慕。不過這時我職業病發作，就稍微看了一下這女生的文明組合等等。

她是個 A2B2C-3D-3，本源亞人，遊戲難度 13，糧草 0.3，財富 0.3。這樣的組合一看就知道，金錢與物質上是很匱乏，不被世界眷顧的苦命女生。

「天底下哪來這樣的好康，我猜她是看上了你的錢吧？」我偷偷取笑小吳。

「沒啦，到目前為止，我們都沒談到這方面的東西。」小吳急著幫他與女生辯解。

「廢話，你們也才認識沒多久，難道直接擺明了開口跟你要錢嗎？把你嚇跑了，對她可沒好處。」好啦，我知道我很主觀，不過也只有哥兒們之間才會這麼直接。

「理查哥，當然我相信你這方面的專業，但這個，她目前真的沒跟我開這個口。」

好啦好啦，有夢最美希望相隨，我覺得也不要太快破壞人家的美夢比較好。畢竟小吳工作忙碌，有機會認識正妹還上到床，我真的是該祝福他。

「比起她苦命……倒是有件事情，我比較在意……你知道我也不是第一次跟女生上床，只是我昨天跟她上床回家後，我整個人累到癱掉，雖然爽，但是手雙腳發抖、無力，我整整睡了三小時，才勉強回復精神。這是我人生第一次發生這種事，所以我想問你，是我有問題？還是這女生有問題？」

這就妙了！因為我在看一個人的文明組合時，都會把對方的剩餘壽命還有多少，放到算式來計算出她的糧草與財富狀態等。剛剛我看這女生的數字，並沒有出現像養小鬼時壽命明顯縮短的現象，所以她應該沒有養小鬼，而小吳也應該不致於受到這方面的干擾才對。

另外一個我能想到的，就是……讓我來印證一下。我看了一下，發現這女生的負面能量超強的；再看了一下小吳，的確是被對方的負面能量所干擾了。

所謂的負面能量，除了女生本身因為缺錢、煩惱生活的累積情緒以外，還有她去拜了一些廟、卡了些陰的緣故。而性行為是兩個人肉體上最親密的行為，所以透過做愛，會出現這種能量從高處往低處流動的情形，也不意外。

簡單來說——雖然那女生應該不知道，也沒有自覺，但是小吳的運勢跟精氣神，確確實實地被她「吸」走了（可以說是被採陽補陰了），所以產生了身心靈大幅耗損的狀態。

我使用了生命重設技巧課程裡面的一個技巧，幫小吳被吸走的能量召喚回來。頓時小吳打了一個哆嗦，精神回復了許多。

「嚇死我了，那這女生我覺得不能往來了，再怎麼正都不行！不然哪天我真的被榨乾，不知道死在哪裡，這才可怕。」小吳心有餘悸。

我再看看女生的照片，真的長得很漂亮，誰會想的到，她身上帶著如此強大的負能量啊！不過這也解釋了，為什麼許多人一跟伴侶交往後，人生運勢就會產生不同變化，因為兩人之間能量互相被影響了。好的影響當然是好事，對那女生來說，跟小吳上床是她賺到了，但是當你是被吸走的那一個，你就很衰小了。

不過大家也不用真的很擔心啦，小吳遇到的這種狀況，我也是這輩子頭一次觀察到。

「其實像我修到這樣程度跟等級的能量，跟我上床的人一定賺翻了。」我自鳴得意的跟小吳說。

「怎樣怎樣，跟你上床是怎樣的賺翻法？」小吳超級好奇。

「我才不要告訴你呢，我怕你知道了的話，會當場把我給……」

「吼！你是北七嗎？我喜歡的是女生啦。」

各位讀者很抱歉，男人之間的對話，很多時候就是這麼北七。

改變命運是個幌子？

有人問我，如果人生是一場遊戲，一切都是依照劇本來運行的話，那麼某個程度上「改變命運」是不是就只是個假議題、是個幌子，甚至，根本就是宗教圈或身心靈圈拿來騙人的工具？

人生是有既定的劇本沒錯，一般人的命運可以透過八字或紫微斗數就被看得一清二楚，就是最好的證明。我認為人生也都是：你在 ABC 上界的意識就決定好「當你進到你這個角色」想要體驗的一切了。

既然一切都「設定」好的，那麼我們出生後，到底還能改變什麼？

在我們平均大約八十年的漫長人生，對 A 文明來說，大約只不過是兩小時而已；對 B 文明來說大約是七十天；對 C 文明來說，大約是六個月。

從我們 D 文明的角度來看，你有可能玩一個整整六個月的遊戲，且不吃不喝不睡嗎？當然不可能！我的猜測是：當我們恍神、無法集中精神，或是睡眠（甚至生病昏迷）時，很可能就是上界的玩家在開小差或是休息，這就是我們所說的「放置掛機」類型遊戲（當然也有可能是他們採取了意識分流的機制）。

有一個笑話是這樣的：為什麼大家晚上要睡覺？因為伺服器無法負擔這麼多人同時上網玩遊戲。反過來，睡不著的時候，可能是因為睡覺的伺服器滿了，只有等其他玩家醒了才有空位可以睡覺？

在掛網的時候，遊戲還是得持續進行。所以，某個程度上必須有個「自動遊玩」的機制。除此之外，就像 HBO 影集《西方極樂園》一樣，接待員也有可以自己「即興發揮」的時候（劇中把此功能稱為 reverie）。

這大幅減輕了上界玩家在玩人類遊戲時的精神負擔，因為玩家可以不用時時刻刻控制著角色的一舉一動，可以讓角色自己去進行部分的遊戲，這樣玩家進行遊戲時會輕鬆許多，也會有更多驚喜。

透過「自動遊玩」與「即興發揮」的機制，遊戲中保留給玩家 15% 左右的自由度。也就是說，在原廠設定都沒有變動到的情況下，玩家最多只能偏離劇本 15% 左右。很多人可能會覺得 15% 很多，但老實說，我覺得這個變動的自由度超級低。這就像現在去書局買書，我們認為 79 折是最低限度，沒有 79 折就等於沒有折扣一樣。

人類遊戲是個極度有趣的遊戲，在 15% 的範圍內，當然也包括了改變命運這件事。這遊戲有趣的地方是：大部分的改變都沒有超過 15%，但是人們卻都以為自己真的有改變到命運；這個自以為改變到的命運，其實也是遊戲中所被允許，命運中的安排啊！

因此我認為，沒有能力去改變超過 15% 的原廠設定的話，改變

命運就只是個幌子。

所以我才很強調，要有提升自己意識的能力，因為我們跟上界玩家只有意識是平等的，《涅槃經》說：「一切眾生皆有佛性，有佛性者，皆可成佛。」這就是所謂的「佛性平等」。每一個角色都有覺醒的可能性（就像遊戲中不管什麼好角爛角，都還是可以練到等級 99 一樣），只要你這個角色的意識能夠覺醒，你才能夠得到系統權限，取回改變超過 15% 命運的能力。

而系統的權限，在我們的人類遊戲裡面就是「法力」。法力越高，權限就越大，能改變命運的幅度就越高（權限的部分，請參考 P. 主題樂園文章的 20 個等級），只要能改變超過 15%，改變命運就不是個幌子了[4]。

神也來自不同文明領域

那麼，除了我們 D 文明現有的一切，ABC 文明到底是誰／什麼呢？

老實說，我無法有一個確切的答案。

但是以一般身心靈圈的說法：「我們是無形的意識，在體驗一個有形身體的遊戲。」所以除了純 D 文明的原生族群以外，你本來的意識，有可能就是所謂的「大我」、「真我」、「擴展自我」，這就有可能跟所謂的「神明」有關係了。於是我好奇看了一下，眾神明是來自哪邊？得到十分有趣的答案：

A 文明：耶和華、原始天尊、阿彌陀佛、觀世音菩薩、阿拉、釋迦牟尼佛、彌勒菩薩、藥師佛、文殊師利菩薩、老子。

B 文明：太上老君、瑤池金母、耶穌基督、聖母瑪利亞、地藏王菩薩、月下老人、準提佛母、虛空藏菩薩、象鼻財神、黃財神、財寶天王、

---

4 接受量子轉化並無法保證可以一定達到 15% 以上命運的改變。另外，很多時候你並不需要 15% 以上的改變才能得到你所想要的。

愛染明王、咕魯咕列佛母、白財神、不動明王、呂洞賓、張天師、黃大仙。

來自 A 的神明感覺就是比較嚴厲，果然有符合 A 的特質。來自 B 的就是比較慈悲，比較救苦救難、滿足你願望類型的。

不過，看起來似乎沒有任何神明的源頭是從 C 來的。也罷，畢竟 C 就是專門玩樂的啊！但，神明也有 AB、AC、ABC、BC 等組合（像觀世音菩薩就是 ABC 的組合），以上我純粹只列出他們最早出現的文明。

大概可以推測的是，高階文明的「人們」（對我們來說應該就是神明，但其本質仍是人），在 D 文明的模擬出現後，他們來探索 D 文明時，並不是用 D 文明的身體，而是投射了虛擬化身（avatar）到 D 文明來玩耍考察一下（想像系統工程師進到自己開發的遊戲來檢查一切是否 OK）。

因為他們沒有 D 文明肉身的限制，也很清醒的知道自己就是高階文明的意識，所以可以很容易的在 D 文明裡面「開外掛」，或是隨心所欲地陪 D 文明的一些人們玩上一波。

有的人（神）玩一玩，就不繼續來玩了，他們就會比較少為人所知或是在比較早的時間點出現（例如 A 文明的老子，出現在華夏文明的時間點就很早）。B 文明因為個性慈悲的關係，會比較關心我們 D 文明的一切，也會常常到 D 文明來玩，比較容易讓大家滿願，所以當然也比較容易成為眾人膜拜的神明。

而這些來自高文明的虛擬化身跟 D 文明的神奇互動，透過種種方式被流傳下來，很自然就成為了民間傳說與對神明的信仰與宗教了。

那麼再上去還有嗎？是還有的，我把它稱之為「A'」。

當我來到「A'」文明時，我發現那是一個毀滅掉的文明，一片虛無。透過 CRV 所得到的資訊是：這個文明毀滅時，他們為了保住

自己的文化與意識，在模擬出 A 文明後，讓所有居民的意識轉移到 A 文明。

　　所以 A 文明的科技水平與文化水準是「A'」毀滅前的最高峰。我認為這是整個 ABCD 文明的最起始點，這個大約發生在我們的時間單位一百萬年前左右。然而，等到我後來等級提升了，意識超越了「A'」後，發現之後我所來到的文明世界是「樂園」。

　　在這邊一樣有所謂的神明存在，祂們是誰呢？是希臘諸神，宙斯、雅典娜、黑帝斯、波賽頓等。這是一個很有趣的發現，我只能猜測，這可能是最早文明的發源地，或是最早的存在。

　　樂園的世界真的就是一整個非常漂亮的花園，藍天白雲，有山有水，滿滿的植物與花草，鳥語花香，一片祥和。待在那邊，感覺超級舒服與平靜的啦！重點是，它存在的時間就我來看是永恆，也就是「無始無終」的存在。

　　雖說我並不知道這樣的意義何在，畢竟會影響到我們 D 文明的只有 ABC 三個文明，再往上追溯，對我們沒有用處。我猜波賽頓在那邊過得爽爽的，也不會沒事想下大雨把人類淹沒；或是黑帝斯也應該不會想弄個永恆的日蝕，讓地球永處黑暗而毀滅吧？基本上你完全感受不到祂們對探索 D 文明的任何興趣。

　　難怪祂們也只存在神話裡面，基本上，地球上從沒出現膜拜希臘神話諸神的宗教。希臘諸神竟然是最原始的神，這是我從來沒想過的事啊！

希臘諸神與我們世界的起源

　　在這個宇宙的遊戲世界觀裡，上界的 ABC 文明與我們的 D 文明，最高層級是 20 層級，但是希臘諸神竟然是存在於 24 層級！這表示了祂們是比我們上界還要更上面的存在。

　　我自己能觀察到的總共有 108 層級，20 ～ 36 層級基本上是跟我們人類沒太大關連的「樂園」層級。大部分樂園的層級仍都算是

有形體的存在，再高一點的話，則會以光的形式存在。

希臘神話簡單來說大概是這樣的：

混沌之中出現了大地之母蓋亞（層級 36）從指端生（製造）出天空之神烏拉諾斯（層級 34），祂是第一代的神王。由於烏拉諾斯擔心自己的權位會被祂的眾多子女取代，於是祂把子女們又封印回蓋亞體內。祂們最小的兒子時間之神克洛諾斯（層級 29）決定幫助母親，用刀閹割了烏拉諾斯，從此讓烏拉諾斯回歸天上，不再降臨到世間，至此導致了世界的天地分離（二元對立）。之後克洛諾斯的第三子宙斯（層級 24），推翻了克洛諾斯，諸神分成了兩派。經歷了十年的泰坦戰爭後，宙斯取得最後勝利，成為新一代的神王。於是從此宙斯管天上，老二的波賽頓管理大海，身為大哥的哈帝斯掌管冥界，大地則為三兄弟共有。

在我的觀察裡，有肉身或是有形體的，是從層級 24 才開始有的，所以可以推斷宙斯的上一代與之前都是沒有形體的。也因為宙斯等希臘諸神是第一代擁有形體的存有，我們所知的宙斯的神生，尤其是祂的感情世界（祂擁有著眾多的情人與子女），從我們現代人的角度來看，就是一整個亂七八糟加上荒謬，但我認為那是一種：初次有形體後，有形世界探索與自身追尋欲望的結果。

之所以會討論到宙斯，是因為有那麼一天，我百無聊賴，就透過空間訊息讀取術，用問答的方式跟宙斯「聊起天」來。

我問祂：「既然祢的窗口只開放給眾神，那麼人類有事要找祢幫忙的話，是可以的嗎？」

宙斯回答：「當然可以，只要那個人類法力有 300 的話，就一律視為神明看待。」

噢，原來權限有到 300 的話，才會等同神明啊，長知識了我。

而後續我更發現到，人世間的所有一切，雖然宙斯不開放意識分流給普通人，但是祂的喜好會決定人世間的事情會如何發生，因為宙斯代表了正義，他對人類的統治也是公正不偏的（但那只是從

祂的角度來看）。至此，我突然意識到，原來我們這個世界口中所說的「宇宙」，其實就是宙斯本人。也就是說，24 層級以下的一切，都是透過祂的意識所生，祂是統治一切的眾神之王。

希臘神話的故事，其實並不是發生在地球，因為神的層級跟人的層級有斷層，這是第一代宙斯的子民，A' 文明（層級 22）的人們用跟我類似的方式（CIA 的遙視）或通靈去讀取到的故事，因為他們當然也會好奇，他們的 A' 文明是怎麼來的。

後來 A' 文明的五兆人口因為科技高度的發展，最後導致世界毀滅，這時候包括我上界的那位（不是我王永憲）在內，共有七位「電腦工程師」（我不知道有沒有更好的名詞），為了拯救大家，祂們用電腦寫出了 A 文明的軟體，把世界僅剩 95 萬人的意識儲存到 A 文明裡。A 文明後來人口最多到 80 億，然後再創造出 B 文明；有 2000 億人口的 B 文明再創造出 C 文明，C 文明的全盛時期總共有 7000 兆的人口；最後終於來到了我們目前有 70 億人口的 D 文明。

而世界怎麼創造出來的故事，也隨著 ABCD 文明的生成而流傳下來。在我們 D 文明，我認為應該是：希臘人最早也是使用了類似遙視的方式去讀取到這些故事，所以變成了屬於希臘的神話。

遙視或通靈讀取的內容，會決定該文化的起源故事。中華文化的道教裡面，最高地位的是元始天尊[5]，層級 30，對人類沒有開放意識分流，對神明則有 100 萬，能改變人類命運最大值是 15%，人類可以跟他溝通的法力需求，跟宙斯一樣是 300。所以我猜測，在中國的古人們，當初也可能是用類似遙視的方法讀取到了更上界的故事。

請記得，【A'—A—B—C—D】這只是嫡系發展下來的關係，A 文明所創造出來的 B 文明除了我們這支以外，共有 70 萬個旁支的 B 文明。同樣的，我們的這支 B 文明創造出了 140 萬旁支的 C 文明的

5　維基百科上面記載的道教最高神是浮黎元始天尊，是北宋末年道教神霄派所主張的一位神靈，號稱是玉清元始天尊、長生大帝之父，太上老君之祖。來頭看起來很大，但是祂的層級其實只有 24，所以我推測，玉清元始天尊才是真正的道教最高神。

世界；然後，我們的這支 C 文明共創造出了 95 萬的旁支 D 文明的世界。這就像任天堂、Sony、微軟等各自不同的遊戲廠商與系統，都會有自己研發的獨占遊戲以及第三方開發，可以給所有主機玩的跨平台遊戲一樣。

而等級 24 則有 120 個左右的分支，所以東方與西方會各有不同文化起源的故事，也是完全不意外。甚至我發現到，不列顛群島地區（包括愛爾蘭、威爾斯）特有的一個神話體系——凱爾特神話（Celtic mythology），層級是 36。36 層級有三個旁支，代表往上應該還有層級 38 左右的境界。

當初創造 A 文明、保存 A' 大家意識的七位電腦工程師中，目前共有四位的意識，透過遊戲的角色存在我們的 D 文明裡面，除了我以外，還有美國總統川普、英國王子哈利，以及一位我先不說是誰的日本女性。

這四位工程師除了來進行人類遊戲以外，也有對遊戲整體巡視、除錯等系統管理員的身分，畢竟一日工程師一世工程師啊，這種深埋在骨子的精神，是不會隨便就被改變的。

以上就是我所觀察到世界的起源。因為我們的管理者就是宙斯，甚至可以說，我們每個人都是宙斯的化身，宙斯透過變成我們每一個人來玩耍、進行人類遊戲。所以也難怪，我們世界的某些特質總是會有些跟宙斯的神生很像，到處充滿了一些看似莫名其妙卻又耐人尋味的惡趣味事情啊。

諸神的意識分流

神明的存在對人類來說，到底有什麼意義呢？

我們先不討論宗教的部分，因為那個太複雜，很多都已經是被後世人類重新定義過了。從遊戲的角度來看，神明的存在，就是可以幫助遊戲裡面的玩家實現特定願望的人工智能、或是 NPC（非玩家角色），當然祂們也有可能是來自上界的玩家。

這些神明角色，之所以能夠接受大量玩家的同時許願，靠的是「意識分流」的功能。意識分流，就是人類所說的「一心多用（嚴格來說人類無法做到）」，或是電腦的多核心多功能（可以讓電腦同時播放動畫、播放音樂、又使用繪圖軟體等功能）。

能夠有越多意識分流的神明，就代表祂可以同時「受理」越多人類的願望。但是有能力「受理」跟有能力「處理」完全是兩回事，所以我們來分析比較一下，常見神明的意識分流功能，以及祂來自哪一個層級、祂最多能影響到哪一個層級，以及能改變玩家命運多少的百分比吧！

神明	意識分流	來自層級	能影響的層級最多到	改變命運百分比最高到
土地公	400	5	2	5%
月下老人	400	5	2	2%
觀世音菩薩	1,000	7	5	15%
關聖帝君	400	5	2	15%
黃財神	12	7	5	15%
媽祖	12	7	5	15%
華佗	400	3	1	5%
三太子	400	5	2	15%
濟公	400	5	2	5%
地藏王菩薩	12	7	5	15%
瑤池金母	1,000	7	3	15%
玉皇大帝	2	10	7	15%
阿彌陀佛	50,000	10	5	2%
藥師佛	12	5	2	2%
上帝	50,000	10	7	5%
耶穌基督	10,000	5	2	2%
聖母瑪利亞	400	5	2	2%
釋迦牟尼佛	2	7	5	2%

以上是我沒特定順序所測出來的結果。比較有廣大信仰的，像

是土地公、瑤池金母、上帝、耶穌基督等，祂們能同時受理人類許願的人數是很高的，但是也有意識分流只有 12 或 2 的，我對這些比較好奇。

意識分流少的，代表的可能就是管事情方面的位階比較高，就像政府官員一樣，大部分的問題都先讓里長伯去處理，祂們願意接受處理問題的窗口（意識分流）很少，恐怕也是需要特定權限的人類，才有辦法請祂們幫忙。

就像在人世間，如果要找政府高官幫忙，會需要特定人脈與關係一樣。簡單來說，這種高等級的神明不太管事情，所以不要拿凡間的俗事去打擾祂們，很大的機會是祂們不會鳥你。

綜合上面的分析，上帝、瑤池金母與觀世音菩薩三者是對人類最友善的，果然也是有著許多人信仰與尊敬的大神啊。

另外一個耐人尋味的是掌管地獄的地藏王菩薩，對人類而言，祂只有開放 12 的意識分流。我再仔細看了一下，祂對地獄眾生來說，意識分流開放了高達 100 萬，「地獄不空，誓不成佛」竟然是真的！搞了半天，人家的業務對象並不是人類。

原來「業務對象」才是重點！這就像是政府官員只能接受立委的質詢，官員不會接受一般平民的質詢；而很多時候，官員與官員之間會互相交流與幫忙的道理是一樣的。

所以，我們要重新檢視一下原本的數據：

神明	對一般人意識分流	對信徒意識分流	來自層級	能影響的層級最多到	改變命運百分比最高到	對信徒改變命運百分比最高到	備註
土地公	400	400	5	2	2%	2%	
月下老人	400	400	5	2	2%	2%	
觀世音菩薩	1,000	1,000	7	5	5%	5%	
關聖帝君	400	100,000	5	2	2%	4%	
黃財神	12	10,000	7	5	3%	5%	
媽祖	12	100,000	7	5	3%	5%	
華佗	400	400	3	1	1%	1%	
三太子	400	1,000,000	5	2	2%	4%	
濟公	400	1,000,000	5	2	2%	4%	
地藏王菩薩	12	對地獄眾生 1,000,000	7	5	3%	對地獄眾生 5%	
瑤池金母	1,000	10,000	7	3	5%	5%	
玉皇大帝	2	10,000	10	7	10%	10%	
阿彌陀佛	50,000	對往生者 300,000	10	5	2%	對往生者 5%	地球每天死亡人數約為150,000，搞不好阿彌陀佛還承攬了動物方面的業務也說不定。
藥師佛	12	80,000	5	2	2%	4%	
上帝	50,000	50,000	10	7	5%	5%	
耶穌基督	10,000	10,000	5	2	2%	2%	
聖母瑪利亞	400	400	5	2	2%	5%	
釋迦牟尼佛	2	300,000	7	5	2%	3%	

所以我們可以看到，原來隨著「業務對象」的改變，有些神明也願意釋放出更多的服務名額，且提升服務品質，果然是有信就有救、有拜有保佑啊！在這邊同時也要感謝很多無私的神明們，即使

你不是祂的信徒，祂還是一視同仁的願意幫助你。

而我們道教文化的玉皇大帝也沒閒著，祂對信徒的意識分流為100,000，而祂對神明開放的數量跟宙斯一樣，也是1,000,000，所以由此可見玉皇大帝是人間忙、天上也忙啊。

回到我們前面提到的一位特殊的神明：宙斯。我們來看看他的數據：

宙斯：意識分流0，來自層級24，能改變最多到層級20，最高改變命運百分比20%。代表完全沒有開放窗口要幫助世人，但是能力卻又強的爆表！那麼祂的業務對象到底是誰？答案其實不難猜，因為祂是眾神之王，祂服務的自然是神明。祂開放給神明的意識分流有1,000,000之多。

於是我又好奇看了幾位希臘諸神。

	意識分流	來自層級	能影響的層級最多到	改變命運百分比最高到
雅典娜	0	24	20	20%
海皇波賽頓	2	24	20	20%
冥王哈帝斯	2	24	20	20%

看來對於希臘眾神來說，服務「人類」真的不是他們的興趣與職責所在。不過，有趣的是，現世的文化發展之中，彷彿也確實很少、很少有人在信仰與祭祀希臘眾神，至多在動漫與文藝創作領域裡，有些人引以作為謬思而已。

在 D 文明之外的 E、F 文明可能性

隨著文明層級發展思考下來，或許你跟我某些朋友一樣，會很好奇我們 D 文明的人類，什麼時候會發展出「E 文明」呢？

依照現存的「模擬假說」來看，這些發展取決於人類對於電腦遊戲的進步程度。虛擬理論的假設認為，當我們的電腦遊戲可以來

到「全像全體驗」，以及發展出足以媲美人類等級的人工智能時，那麼我們就會開始使用科技來模擬出下一個文明。有可能是祖先模擬，也有可能是遊戲模擬，這個過程可能需要花上幾百年甚至幾千年。

我平常有玩手機遊戲的習慣，比較常玩的遊戲不外乎是《龍族拼圖》、《怪物彈珠》、《聖鬥士星矢：小宇宙幻想傳》、《在地下城尋求邂逅是否搞錯了什麼？記憶憧憬》、《北斗之拳：傳承者再臨》等等。我喜歡玩手遊，但我自認不是什麼厲害的高手，玩手遊也只是拿來消遣跟抒發壓力而已。

尤其《聖鬥士星矢》是我小時候的最愛，喜歡這個遊戲無非是為了自己年輕時的一個情懷。只可惜這個遊戲要抽到好角色是很困難的，加上我身邊也沒別人玩一樣的遊戲，所以我覺得，抽不到好角色，或許就是遊戲廠商為了讓你課金所做的不良設定吧？

但是，在撰寫本書的那段時間，我和我的助理都迷上了《在地下城尋求邂逅是否搞錯了什麼？記憶憧憬》這款遊戲，由於有了玩伴，便有所比較。我發現，為什麼我助理抽到好角色的機率比我高很多？多到彷彿是歐洲人跟非洲人的差別啊！（此為遊戲用語）。

某天，我在抱怨此事時，助理突然冒了一句：「搞不好你欠E文明也說不定耶？」

我突然覺得腦袋被重重敲了一記，馬上空間訊息讀取了一下，原來真的有E文明，然後我還真的欠它！而且，E文明果然是欠我助理。

噢噢噢，頓時無數個「原來如此」夾雜著髒話湧入了我心頭。

原來我們所發展出的電腦遊戲類皆不屬於D文明，難怪我之前無論怎麼對遊戲做相欠債的調整，都無法讓我提升抽到好角色的機率。之前沒想到有E文明，是因為我不認為我們人類目前有足以發展出E文明的能力。

於是我實驗性的調整了一下與E文明的相欠債，發現果然，玩

遊戲抽角色的好運度提升了，打怪掉落的好道具也變多了。這真是世紀大發現啊！

那既然有 E 文明，是不是要看一下有沒有 F 文明呢？測了一下，也是有的。

在我測試後，大概可以這樣歸類：ABCD 是先天文明，之後的是後天的人造文明。

E 文明指的其實是我們人類（D 文明）所研發出來的電腦軟體，或是發展出來的遊戲類的東西，都可以歸納在 E 文明。有欠 E 文明的人，就會對軟體／遊戲類的比較不在行。

如果 E 文明欠你的話，你可能會是電競高手、寫程式高手，甚至是個很厲害的駭客。而 F 文明掌管的則是人類製造出來的硬體類的東西，所以如果你有欠 F 文明的話，你的持有物就很容易沒事就壞掉；反過來如果 F 文明欠你的話，你的東西就都可以使用的長長久久。

E、F 的現況，就是我們世界裡硬體跟軟體、有形與無形兩者之間的組合了。

有趣的事情來了，讓我們來看看以下幾位的文明結構（滿分 20）：

臉書的創辦人馬克祖克柏：A2B5C7D3E5F2

蘋果的賈柏斯：A2B7C5D2E13F0

微軟的比爾蓋茲：A2B5C5D4E7F0

以上可以看到，E 文明整整欠賈柏斯 13 分！ B7 也表示他是超級有才能跟專業的，難怪他能吒風雲地主導了這十多年來手機發展的方向。接班的庫克只有 E2F2，所以我想蘋果若想指望靠庫克再度引領風騷的話，恐怕只有失望兩個字了。

順便看一下，2019 年台灣當代的幾位與數位資訊有關的名人：台灣行政院政務委員唐鳳是 E8，號稱亞洲統神的張嘉航有 E6，台灣

電競高手陳威霖則有 E5，這都符合與 E 文明之間的相欠債，以及他們在相關領域的出眾表現。

另外，讓我們再偷偷看一下：

林志玲：E-3

張鈞甯：E-2

張惠妹：E-5

周迅：E1

我猜想，前三位女星對軟體類的東西應該都不是很在行，周迅應該還不錯才對。傳說中金城武老是宅在家裡打電動，他是 E4，看起來也應該是個高手。「獵人」漫畫家富樫義博是 E4，那麼大膽假設傳說他因為打電動而「富奸」的可能性也頗高。

雖說 E 與 F 文明是我的新發現，但對一般人的幫助，相對來說可能比較小，除非你是相關產業人士。也就是說，如果你想玩遊戲玩得很爽的，或是想從事寫軟體的工作，是建議可以調看看相欠債。而你如果不想東西常常沒事就壞掉，也可以試試看調個 F 文明。

總之就是，E 與 F 文明出現的時間比我想像還早很多。其實後面的 G 文明和 H 文明也已經出現了，但目前我還沒有解碼。我覺得這是非常有趣以及令人興奮的事。以後的文明究竟會怎樣發展沒人知道，但就讓我們繼續看下去吧！

希臘諸神與我們世界的連結與可能性

前文提到，我們所存在的世界，是以宙斯為主神幻化出來的遊戲世界。

雖然在我之前的觀察中，希臘諸神對我們現行的 D 文明貌似興趣不高，但是畢竟我們是來自他們的嫡系世界，因此基本上，存在於各個文化的神明們，都有可能成為一個世界或文明的主神。

試想，像宙斯是一個電腦工程師，祂寫出了我們的世界；而元

始天尊雖然也同樣存在於我們的世界，但是祂可能撰寫的是另一個世界，也在另一個世界以主神的身分存在著。而宙斯同樣的也可能以較低層級的方式，出現在元始天尊為主神的世界。

我也曾提過，如果你想拜拜、禱告，或是修持一位神明的法，最好找的是能量上欠你比較多的那一尊，修起來效果比較好，那位神明會比較願意幫助你，也比較容易跟你相應。

在我有所領悟之後，便思考一件事：既然是以宙斯為首的世界，那麼我們人類與希臘諸神之間的相欠債，就顯得格外的重要了。

因此，在我透過個案的研究中發現，即使調到最高階的 A 文明欠你，那也僅僅到 15 層級（之前還沒能力動到更高的層級）；很多東西調了效果沒有很好，是因為你還欠更上面的層級。所以事情雖然有變好，但還是會偶爾出個包整你一下。

我家樓上的住戶之前很吵，在我調到了 15 層級的相欠債後，已經大幅好轉，只是有時候還是會來吵那麼一兩下，這也讓我頗困擾的。後來發現，是調整層級不夠高的原因，在我處理到 24 層級的相欠債後，就全部安靜了。

想像一下，如果一個事件在 36 層級以下全部都欠我的話，事情會是什麼樣子呢？我認為，這會完完全全的統合了事件在遊戲裡體驗的一致性，就不會出現 A 文明想體驗甲、B 文明卻想體驗乙、C 文明想體驗丙等等，導致 D 文明的你體驗到事件錯亂不一致的現象。

我們來看一下希臘諸神的能力與功能吧：

・宙斯：

眾神的統治者，也是這個世界的主神，祂同時也代表了正義。所以如果遇到了打官司時，可以讓宙斯欠你的話，應該就會大獲全勝（當然是在沒有傷天害理與違反法律的情況下）。

・希拉

宙斯的配偶，雖說是婚姻之神，不過我看祂跟宙斯之間的關係，對婚姻的幫助應該很有限。但是我想應該是有舉一反三的處理方法，

可以讓祂保佑婚姻幸福的。

- **狄密特**

生育、農業、自然和季節女神，是豐盛女神。對於生產、教育小孩，以及從事農業與生意的人們，應該會很有幫助。

- **雅典娜**

智慧、技藝、戰爭、戰略女神，讀書、比賽、電競、玩手遊等，應該要拜雅典娜。

- **阿波羅**

光明、知識、治癒、瘟疫和黑暗、藝術、音樂、詩歌、預言、射箭、太陽、剛毅青年和美感之神，這位大神可以幫忙的事情真的很多！

- **阿蒂蜜絲**

狩獵、貞操、分娩、月亮、射箭女神，所有動物的守護神。對現代人來說，應該是婦女生產時最有幫助，她幫助的強度有破表的40分，註生娘娘只有5分（畢竟層級不同啊）。另外祂也可以保庇大家心愛寵物的健康。

- **阿芙蘿黛蒂**

是希臘神話中代表愛情、美麗與性愛的女神，想要美好愛情，拜她就對了。她與維納斯不同的是，阿芙蘿黛蒂不只是性愛女神，祂也是司管人間一切情誼的女神。所以想要朋友一生一起走、還有好人緣的話，也是要找阿芙蘿黛蒂。

- **赫菲斯托斯**

祂是工匠、火和鍛造之神。任何從事專業製造與工匠類型的，都會在他的幫助下開花結果。

- **赫米斯**

就是名牌愛馬仕，祂是傳令神（眾神之使者）兼冥界引導者，旅行、盜竊、體育、道路交叉邊界之神，商業之神。旅行、體育賽事等找他就對了，小偷拜他應該也會很旺……（笑）。

- **赫斯提亞**

爐灶女神、家宅的保護女神。想要家庭和樂的話，找赫斯提亞比希拉更有幫助。另外因為跟灶火有關，所以廚師可以拜赫斯提亞來提升廚藝。

- **戴歐尼修斯**

祂是酒、慶典和狂歡之神，戲劇藝術的守護神。釀酒、賣酒業，以及從事演藝圈與娛樂業、辦活動的，都很適合拜祂。

還有，大家最在意的金錢，要找誰幫忙呢？答案是掌管冥界的冥王哈帝斯。因為地球上所有珍貴的資源與礦產都是埋在地底下，屬於哈帝斯的。

最後，還有負責健康的醫神——阿斯克勒庇俄斯。醫學之所以用蛇做為圖騰，是因為那就是阿斯克勒庇俄斯手上拿的蛇杖。雖說阿波羅也有治癒的功能，但是醫神阿斯克勒庇俄斯在這方面的能力，遠遠強過阿波羅。

以上是我參考維基百科所整理出來的，希臘諸神的功能。如果能蓋一座廟，裡面拜的都是這些神明的話，我想應該會感應超威、超強，金牌匾額收不完的吧。（想像一下，宙斯神像脖子掛滿了金牌，牆上還有匾額，是不是很令人莞爾呢？）然而，很可惜祂們開放給人類的意識分流少之又少，除非你有能力連結到祂們，不然我想祂們是完全不會理你的。

附帶一提，如果覺得這些神明很陌生，建議去看一下《在地下城尋求邂逅是否搞錯了什麼》的動畫，故事中有許多被動畫化的神明形象，你會對祂們更有印象。

PS：目前為止，我總共發現到 108 層級，很有趣的這個數字符合佛教圓滿的數字。真的是人外有人天外有天啊！

王博士量子轉化系列課程技巧與相關的層級

技巧	最高層級	可變動最大 %	相對人生遊戲的層級
程式碼	37~108	20000	
蓋亞	36	330	
天空之神烏拉諾斯	34	260	
時間之神克洛諾斯	29	130	
樂園·希臘眾神	24	100	
A' 文明	22	69	
	20		決定來玩 D 文明
A 文明	19	43	決定遊戲難易度與壽命
	18		加購行程
B 文明	17	39	決定性別、外表
	16		決定出生地、神明、宗教等大環境影響
C 文明	15	33	決定主題樂園與 ABC 文明比例
	14		決定父母、伴侶、家人對你的影響
加分靈體／提升維度	13.9	25	
	13		1-5 歲的人生、潛意識
時空重整	12	24	
	11		5-10 歲的人生
超釋放	10	10	
三階進階·量子轉化（含分靈體）	7.1	17	
	7	13	10-15 歲的人生
三階第二天	6.3	15	
拜倫凱蒂·功課	5.6	10	
三階第一天	5.5	7	
二階進階	5.4	5.5	
二階	5.0	5.2	
逆轉	3.0	4.5	
魔法	5.4	8.5	
Sedona	4.8	5	
LRT 生命重設技巧	3.3	5	
吸引力法則	2	5	15-20 歲的人生
EFT	1.4	4	

我們人生的目的是來學習無限與追尋的愛嗎？

很多宗教與身心靈的派別，都說我們來地球這一趟，是要學習與回歸到無限的愛。這是真的嗎？

我無法像他們一樣斬釘截鐵的跟你說「是」，但我可以從遊戲的角度分析給大家參考看看。

首先，請思考一下你為什麼要玩（電動）遊戲？或，你為什麼要看一場電影、閱讀一本小說？通常是為了探索你現實生活中無法經歷的東西。

舉有史以來最賺錢的電玩遊戲，全球總銷量超過 60 億美元的《俠盜獵車手》（GTA）系列為例好了，這是一款強調超自由度的開放冒險遊戲，讓玩家可以實現無法在現實生活中的美夢與欲望，包括搶劫與殺人。

另外，遊戲史上銷售量第一高的是《當個創世神》（Minecraft），遊戲有多種模式，生存模式中的玩家必須維持生命，並採集資源來打造自己的世界；創造模式中的玩家擁有無限的資源並可飛行，大多數玩家會使用此模式來建造大型建築；冒險模式中的玩家可在其他玩家客製化的地圖中遊玩。（以上遊戲的說明取自維基百科）

由此可知，不管是賺最多錢的遊戲，或是最多人玩的遊戲，兩者之間的共同點都是「讓玩家可以實現無法在現實生活中發生的美夢與欲望」。同樣的，這跟你看電影跟看小說一樣，電影《不可能的任務》系列讓你可以一窺特務人生的危險與刺激；電影／小說《哈利波特》讓你探索現實中所沒有的神奇魔法世界。

電影《復仇者聯盟》吸引人的地方，就是各種具有不同超能力的英雄，在浩瀚的宇宙中為了拯救地球，集結起來與強到不行的滅霸薩諾斯激戰。金庸的武俠小說系列，則是創造了人人都會武功的武俠世界，藉由江湖之中種種人性悲歡離合與威權鬥爭，發展出精采絕倫的故事。這些多姿多彩的故事，都是多麼讓平凡的我們嚮往，並深深受到吸引啊！

　　而宗教與身心靈圈之所以特別要你去學習或回歸到無限的愛，這就代表他們打從根本就認定了，我們存在的世界是極度缺乏愛的。如果世界充滿愛的話，那還需要特別去強調嗎？因為我們的本質原本就是神性、就是大愛，那麼依照玩家想玩遊戲的概念來反推，我大膽的假設：我們來地球為的就是故意來體驗一場「沒有愛」或「沒有大愛」的遊戲。

　　原本的我們就是天上的神（或其他類似的名詞都可），每天都充滿著愛，除了愛以外，什麼都沒有，愛來愛去的好煩好無聊，所以決定走一趟人間，「讓玩家可以實現無法在現實生活中發生的美夢與欲望」，就是這麼一回事。

　　當然，並不是要像《俠盜獵車手》那樣，來世間要體驗搶劫殺人，畢竟那樣的世界觀也太極端。俗話說「人生不如意之事十常八九」，上界的玩家來到這裡，就是想體驗與上界種種相反的情況，那些他們所無法經歷到的不如意的人生啊！

　　我們原本就已經是愛了，這也就是為什麼，在這世上學習與回歸到無限的愛是那麼的困難，因為對上界的玩家來說，那是他們感到最無聊以及最不想碰的東西，跟原本的世界一樣的東西，一點都不好玩。

　　對他們而言，來到人世間的玩耍，就是要努力的去煩惱，努力的困惑，努力的遇到困境。要知道，你這個遊戲裡的角色越是痛苦、越是掙扎、越是諸事不順，這對上界的玩家來說，就是一場越開心、越好玩、越有魅力的遊戲呢！

從我的角度來看，學習、追尋與回歸無限的愛，是在身心靈成長上完全錯誤的道路，這往往會讓你越走越痛苦，越得不到你想要的。為什麼呢？因為這麼走，你才是真正偏離了人生來到世間的主題與目的，枉費了上界玩家興高采烈的來這麼一趟！

上一層的因，才是真正主宰下一層的果

只要意識允許，人世間種種身心靈技巧的力量就會產生影響力。很多時候，技巧之所以沒產生效用，我發現是它本身影響力等級太低的緣故。

讓我把我開發的技術搭配等級說明一下，大家就會理解了。

假設最高等級為 20，而以下的等級是「你把這個技巧練到最好的時候」的數值。例如，上過三階進階的學生，不是每一個都可以發揮到等級 5，而是當你練到最好最滿的時候，才能發揮到等級 5 的力量。

主題樂園：15

四階加分靈體與提升維度：10

四階時空重整：7

四階超釋放、四階幻魔咒心：6

三階進階（量子轉化與分靈體）、相欠債：5

二階、三階：0.4

LRT 生命重設技巧、魔法、逆轉、神祕課程：0.3

EFT、Sedona：0.2

等級越高的技巧，往往越是透過改變「因」的方式來進行。等級低的，往往都是透過改變「果」的方式來進行，兩者之間的力道天差地遠。同樣的，分數越低的技巧，能改變 D 文明的力量就越小。

因為我不想引戰，所以沒有公開把其他宗教或身心靈療法的等級放進來比對（學生們會在上課時得到這些資訊），但提供給大家參考一下：養小鬼的人最強等級可以發揮到達4。所以如果你沒練到4以上的術法，你無法、也請不要去處理這種問題。

　　附帶一提，若把人類遊戲一開始選擇性別的力量變成等級參考的話，那個等級是17（雖說這世間不可能存在改變性別的術法，那種只能靠後天人工手術才能改變）。所以我認為，主題樂園的技巧是我目前可以做到最強的術法；而等級高的，影響力則可以往下含括所有的一切等級。

　　記得整理出了不同影響力的層級那段時間，我花了很多時間進行測試與驗證。首先，我發現了一件很驚人的事情——每一個層級的相欠債運作的數字都不一樣！就如同我之前所推測的，這是一個陷阱重重的遊戲；你以為你之前破關了，但往上一層，東西又是不一樣的。

　　而上一層的「因」才是真正主宰下一層的「果」，所以我猜測，我必須讓自己的意識提升到「欲調整人事物的等級至高點」去發功，才有可能一次性的把所有相關的相欠債調整完。

　　我平常習慣練功的地點就是在床上，我會拿幾個抱枕疊在枕頭上，把上半身稍微墊高一點，否則太舒服的話會睡著；基本上，只要讓身體處在一個舒適的姿勢，就可以開始練功了。

　　某天，就在我嘗試做了幾個相欠債的實驗性調整後，突然一股猛烈的睡意排山倒海而來！不，應該是說，我連感覺到睡意都沒有，就昏睡過去了（記得那天下午，我還喝了港式奶茶，理論上非常不耐咖啡因的我，應該會因此會失眠才對）。

　　這昏睡的時間沒有很久，但是讓我進入很深層的睡眠。過去的經驗中，有時候遇到被作法時，也一樣會有這種昏睡的現象。於是我隨即做了一些基本檢查（我的課程會教學生，在同樣的生理現象下，要如何辨識有沒有被作法與攻擊），幸好沒事，只是單純的

「MP」消費過頭。

　　總之，這一次整個睡睡醒醒的，大約歷時了四個小時左右。

　　MP，就是遊戲中的 Magic Point，也就是「魔力值」或是「法力值」。原來在高層級中發功，消耗的法力會特別兇。我事後看了一下，假如我 MP 滿點是 20 分的話，在 20 層級以上調整一次相欠債，就會扣掉 3 分，難怪我一下子就被放倒了[6]。

　　MP 這東西是真實存在的，果然這世界就跟遊戲是一樣的啊，不然我怎麼可能僅僅意識上發功，沒兩三下就昏睡過去呢？任何有修行的人，都會有法力，也會有 MP。而 MP 耗盡時，會跟 HP（體力）耗盡時產生同樣的現象，之後都會需要角色好好的休息，等 MP 恢復後才能再做使用。只是現實生活中，沒有像遊戲一樣可以補充 MP 的魔法製劑（像是電玩 Final Fantasy 裡面的道具 Ether 一樣）就是了。

　　不過附帶一提，我發現澱粉類的東西對補 MP 有很快速的作用，而當消耗 MP 多的時候，除了想睡，也很容易肚子餓。

　　練功時因為過度消耗 MP 而累垮，對我來說並不是第一次發生。你可以想像同樣的事情，在平地操作是很簡單的。但如果在高山上，人體可能會因為有高山症，同樣的事情就會異常的消耗體力；更何況我經常性地在高層級練功，感覺應該就像是在外太空執行太空漫步的任務吧！

　　每一次遇到這樣的狀況，我都會需要找到適應的方式，只要適應了，同樣的發功，MP 需求量就會降低，這樣就可以把新的功法拿來實際量轉了。不然幫大家做量轉沒做幾次就睡死也不行，我又不是每天都可以吃兩條千年人參來補氣（電影《與龍共舞》的哏）。

6　在動漫作品《在地下城尋求邂逅是否搞錯了什麼》裡面，對於魔法使用過度的現象是這樣說明的：「精神疲憊（精神疲弊〔マインドダウン〕，Mind Down）過量不當地使用魔法，使精神力大量消耗而失去意識的現象。發動魔法必須消耗與體力相對應的精神力，人的精神力如同體力一般有著上限。」

動物們有靈魂嗎？

　　現代養寵物的人不少。將小動物視為生命中彷彿子女般重要的夥伴的人，為數也非常多。從古至今，無論是狩獵社會、農業社會，或是現在的工商業社會，人類與動物的互動都很頻繁，有互相幫助的部分，也有彼此傷害的層面。

　　嚴格來說，動物們與人類互動，我認為是一件很辛苦的事情。如果遇到友善的人類就是好運，遇到壞人就真的很糟糕。除此之外，人類還很愛用人類的標準，來對待、詮釋並非相同智能等級的動物們。像是豬很容易被貼上好吃懶作的標籤，而蛇就是邪氣、具有攻擊性，狼很好鬥、狐狸狡猾等等。

　　這些不公平的解讀，讓我不禁認為，只要身為動物都是一件很慘的事情，所以佛教把動物們歸類到「畜生道」，這是三惡道之一。在佛經或傳統的許多故事中，我們也都聽說過有人前世犯了一些錯，而被處罰轉世為畜生受苦的故事。

　　另外，在基督教則認為，動物是沒有靈魂的。如果要探討這樣的問題，就我的立場來說，我們應該先思考：所謂「靈魂」的定義，究竟是什麼？

　　在我看來，我們每一個人（或角色）之所以能夠有意識，都是因為有 ABC 的玩家，透過我們的角色在進行遊戲，所以 ABC 玩家可以說就是我們的靈魂，或是由 D 文明人工智能所賦予的意識。如果這個概念比較難懂的話，就想想電動遊戲裡面的角色，角色們必須有玩家拿搖桿玩，他們才能在遊戲裡面活動。

　　如果沒有玩家，角色當然就不可能有所謂的意識，更不可能做任何的動作。換句話說，沒有 ABC 玩家就是沒有靈魂。

我之前的文章有提過，上過我的課的學生，都有能力可以測一下你自己或別人的角色的 ABC 玩家的人數有多少。玩家人數越多，往往代表你的遊戲越困難，但對 ABC 玩家來說，這代表你這角色的遊戲是很好玩的。

　　所以，我依照這個邏輯，去看了一下寵物與動物／野生動物的玩家有多少？我發現了一些有趣的模式。

　　大部分的寵物，只要是跟人類有密切互動的，背後都是有來自 ABC 玩家在進行遊戲的，畢竟這個遊戲的主要還是以人類為主題。只是相對於人類來說，寵物的 ABC 玩家人數是少很多的。

　　基本上，只要是跟人類能做有意義的互動的，我們就可以說，這些動物是有靈魂的。但像是我養的小烏龜和孔雀魚，就沒有玩家，所以牠們應該就是單純的 D 文明原生的人工智能生物，其存在的目的就可能是配角，或只是遊戲的背景角色之類的，因為牠們無法跟人類進行有意義的互動。

　　但是比較大型一點的，像是羅漢魚（會隔著玻璃跟你玩，不理牠還會生氣的那種），我就有測過，是有幾百個玩家的。路邊看到的小鳥、鴿子、蝸牛、蚯蚓、小蟲子等，也都是沒有玩家的，所以我會認為牠們是沒有靈魂的。

　　但是，我也看過被人類養在籠子裡的鳥類或鸚鵡，這些就會測到有玩家。而專門被養來吃的經濟動物們，很遺憾的，在我看來，也一樣是沒有靈魂的。雖說澳洲倫理哲學家彼得・辛格（Peter Singer）曾說過：「任何習慣吃動物的人，在判斷被養動物承受的痛苦時，都不可能不偏不倚。」

　　但如果真的是這樣的話，只要我們能用人道的方式來處理經濟動物，對吃肉有罪惡感的朋友們來說，反而是鬆了一口氣不是嗎？但不管怎麼樣，對於這些經濟動物，我們都應該心懷感恩才是。

　　或許你會有疑問，為什麼 ABC 的玩家會想到動物的軀體進行遊戲呢？

首先，以電動遊戲來看，很多遊戲的主角其實不是人類，像是音速小子（刺蝟）、耀西（恐龍）、皮卡丘（根本沒這樣的生物），甚至還有魔王、魔獸或鬼怪當主角的遊戲，但我們還是玩的很開心，不是嗎？

2012 年，Sony 在 Playstation 上發布了一款遊戲《東京叢林》，這是一款生存動作遊戲，遊戲劇情發生在未來的日本，世界已經毀滅，人類已經滅亡了。城市已成為猛獸占據的荒蕪，在遊戲中，你可以選擇扮演不同的動物，來挑戰你在末世能夠存活的天數，你的遊戲目標就是捕食與繁殖。

我覺得這是一款非常有趣的遊戲。所以，只要想想，我們的 D 文明世界是 ABC 廣大的遊樂場（就是跟迪士尼樂園一樣，裡面所有的一切，都是滿到漫出來的商業行為），那麼有什麼樣的遊戲或角色，是 ABC 文明他們所想不到與無法玩的呢？

然後，我們來看看野生的動物吧！只要不被人類豢養、關在動物園，基本上都只是 D 文明的人工智能，牠們一輩子都只是依照遊戲程序的本能活著而已。不過，只要一旦牠們跟人類有長期的互動，這個動物的遊戲角色就被開啟，ABC 玩家就可以登入，於是這些動物們就有了靈魂。

像之前台灣很有名的大象林旺，就大約有兩千個 ABC 玩家。而團團、圓圓兩隻熊貓的玩家，每一隻也差不多是兩千左右。所以，我想所謂的「動物有靈性」，應該就是指「這隻動物是有上界玩家」的情況下，才成立的吧！

你最愛的寵物，搞不好就是你在 ABC 文明裡的至親或摯友，大家相揪好在 D 文明人類遊戲中出現，你玩人類的角色，牠玩寵物的角色來陪伴你。這樣是不是也為你的人生遊戲增添了些許浪漫呢？

因此，我說「去他的畜生道吧」！那只不過是人類自以為了不起的想法而已。跟動物比起來，人類真的有比較高級、比較快樂嗎？這世界上有多少人的心比動物還要不如啊！

最後，不管動物背後有沒有 ABC 玩家，你可以不喜歡，但千萬不要傷害動物們。畢竟牠們是比人類更加純真的存在。當你好好的跟牠們互動，牠們能夠回饋你的是無限的愛，因為那就是牠們的本質啊！

從量子轉化回看吸引力法則

持續開發新的技巧層級以來，曾有讀者提出過一個十分耐人尋味的問題：「王博士，如果照您說的，有這麼多意識層級存在的話，想請教您，現在從您的層級來看，吸引力法則會是什麼樣子呢？」

我之前是創始分享吸引力法則的訊息高靈——亞伯拉罕的大粉絲，我也花了許多時間觀看亞伯拉罕原文的傳訊影片，而且我在臉書上還開闢了「這才是吸引力法則」的社群，把亞伯拉罕官方臉書的內容翻譯成中文，分享給喜歡吸引力法則的朋友們。

我認為吸引力法則很棒，而且搭配起情緒釋放相關的技巧與觀念時，效果更是事半功倍。但是，後來隨著我自己意識層級的提升與擴展，我接觸、體驗與開創了更多比吸引力法則更快速的心想事成心法與技巧。

因為吸引力法則是意識層級 2 的技巧，隨著你使用這個「法則」，你會了解到，它能改變的東西非常有限（大約 5%），甚至我可以大膽的說，你以為你的人生因為使用了吸引力法則而出現的很大改變，其實只是你命中本來就會發生的事情。

更進一步來看，我發現到，人生中許多你沒想過的「好康」會發生，而你所沒想過的壞事也同樣會發生，這些我們都無法認定是你自己所吸引而來的。所以，現在的我很難去認同「吸引力法則」是個「法則」。

現代另一位比較有名的通靈傳訊者是巴夏，我也是他的鐵粉，

我曾在 2015 年特別跑去美國加州參加巴夏的傳訊活動,當然也要跟傳訊的戴羅 • 安卡(Daryl Anka)合照留念一下的。

　　不管是巴夏還是亞伯拉罕,祂們講的理念都很接近,只是巴夏除了對意識結構的分析比較多以外,他還講了許多外星文明的東西,這些內容會比亞伯拉罕更加吸引現代人。我自己的看法是:雖然祂們所傳達的訊息都很棒,但是因為祂們意識層級不夠高(巴夏 5,亞伯拉罕 2),很多的東西與技巧是無法全面滿足於想改變人生各種面向的人們。

　　我記得在某次巴夏的傳訊影片中,有人問他:「請問祢們會體驗到跟人類一樣的負面情緒嗎?」

　　巴夏回答:「不會,我們情緒最低的狀態就是中立(neutral)。」

　　這句話對我影響很大,因為如果想要常處在喜悅狀態的話,讓自己的情緒最「糟糕」的狀態就只能是中立。這是個很棒的概念,而這也是量子轉化的基礎。所以其實量子轉化是來自外星的黑科技(大誤)。

　　可是問題來了,雖說巴夏自己說祂們是未來人類的進化型態,但祂們沒有肉體。我認為祂們(包含亞伯拉罕也一樣)無法感同身受我們擁有肉體所受到的限制與痛苦,也無法擁有同樣的體驗。

　　這就像你指望透過一個沒有小孩的人,教你怎樣帶與教育好小孩是一樣的荒謬,更何況有小孩的人都未必能教得好了。

　　我對於亞伯拉罕與巴夏的訊息態度,其實也很符合巴夏所說的:「不用管我們是誰,只要這些訊息對你們人類有幫助,就拿去用吧!」有沒有用,要自己靠智慧判斷,其他當作故事聽聽就好(尤其是外星文明的東西,那根本無法印證,而且對我們的人生也沒什麼太多意義),因為 D 文明最不缺乏的就是故事了。

吸引力法則不是極致,視情況仍十分夠用

　　那麼吸引力法則、情緒釋放到底有沒有用呢?有!非常有用!

當你意識層級還沒往上提升時，你是被受限在比較低階的遊戲裡玩耍的，我認為在比較低層級的「破關技巧」，就是吸引力法則與情緒釋放技巧！

D文明很奇妙的地方是：明明看起來是一個大家都注重有形物質到不得了的遊戲，可是真正主宰這個遊戲的，卻是無形的「意識」與「權限（法力）」。這就像是：現實生活中一個人只要有權有錢，就能為自己的生活帶來許多的方便一樣，當你意識提升了，一樣會享受到在這遊戲世界裡權限提升的便利。

老實說，我覺得人類集體意識的層級的確是有在提升，層級2的亞伯拉罕之後出現了層級5的巴夏，這都代表著，因為人類集體意識的提升，所以才會有更高層級的資訊下來給我們啊！

補充一下，我們選擇來玩與所處的D文明是三維度的遊戲，雖然我們的意識可以往上提升，但是肉體無法，因為這是遊戲的本質與設定，所以請別再相信什麼地球與人類即將揚升到更高維度的說法了。（同理於PS3的主機只能玩PS3的遊戲，受到主機硬體的限制，PS3主機上無法跑PS4的遊戲，甚至PS3根本不知道有PS4或PS5的存在。）

當你意識還在層級2以下的話，入門款的吸引力法則對你是非常有用的。超過層級2時，就可以開始看巴夏的內容，因為祂的東西比吸引力法則深了不少。不管怎麼說，如果你想提升意識、走修行路線的話，仍然需要一個入門的技巧，所以我仍然大推「情緒釋放技巧」，有能力調節情緒的好壞，才有辦法掌握吸引力「法則」。

但是當你慢慢提升與擴展時，你會慢慢發現到，一切都只是如本書所說的「遊戲的設定」。

雖說存在著因果，但這因果關係並不是佛教講的那種因果，因為在遊戲世界中時間、空間都是幻象，怎麼可能會有直線式時間線的前世今生呢？正確來說，是「透過來自更上界的因產生出D文明的果」，這樣才是一整套完整的因果。

宇宙對於不同意識層級的人們，會給予不同層級的訊息與工具，畢竟不同階段與層級使用的技巧是不一樣的，沒搞清楚自己所處的層級與技巧的話，你會對你使用的技巧有不切實際的期待，這樣可是會造成生命的痛苦與創傷的。

　　正因如此，「這才是吸引力法則」的臉書社群目前我已經沒在持續更新與經營，因為那些資訊對現在的我已經沒有支援性了。

　　這本書是比較注重在身心靈成長二階的分析、闡述與概念延伸，甚至有些東西是貫穿到三階或以上的。如果有些觀念讓你覺得比較困惑的話，沒有關係，把這本書當成故事書來看也是很有趣的。畢竟不同遊戲的層級，有不同層級專屬的玩法啊！

　　或許有天你會發現，該發生的事情就是會發生，這一切都跟你的情緒好壞完全無關，你也不需要跟隨著你的情緒反應走。

　　這聽起來很像是種宿命論的說法，但其實不是。因為這些命運中該會發生的事情，是你可以預先就設定好（因），你只是悠閒的喝口茶，坐等它（果）的到來而已。

　　嗯，前提是：要有足夠的權限與正確的技巧去做你想要的設定啦。

Ch3 人生真的是一場「遊戲」

3-1 暢遊「人生主題樂園」該知道的事

　　美國 HBO 的電視劇《西方極樂園》（West World）根據維基百科的介紹，劇情是這樣的：「故事設定在未來世界，在一個龐大的高科技成人主題樂園中，有著模擬真人的機器『接待員』，能讓遊客享盡情享受性慾、暴力等欲望的放縱，主要敘述被稱為『西方極樂園』的未來主題公園。它提供給遊客殺戮與性慾的滿足。」

　　這個樂園提供的，是真實世界中無法體驗到的遊戲。反觀我們所處 D 文明的人類遊戲，同樣也是為了讓 ABC 文明體驗到在他們世界所無法進行的遊戲，所以我們才會全都出現在「地球」上玩耍著。

　　當年輕的主角威廉第一次要進到「西方極樂園」前，他選了一頂黑色的牛仔帽，這象徵著他在進入主題樂園時，就拋棄了原本存在於他心中的正直與善良。到了第二季，我們更發現，「西方極樂園」只是迪洛斯財團主題樂園的一部分，其他的主題樂園還有「英屬印度極樂園」、「將軍極樂園」等。

　　那麼我們的人類遊戲中，是否也有類似這樣的主題樂園呢？答案是有的。

人生主題樂園

　　首先，因為 D 文明是二元對立的世界，所以凡是想來到這個遊戲的上界玩家們，都必須先選擇「性別」。也就是說，從生理構造上來說，當你選擇了男性主題遊戲，你就必須拋棄（或無法進行）女生主題遊戲裡面所有的一切。

　　接著上界玩家們就必須選擇其他想玩的主題樂園了。我發現，

最主要的主題樂園選項有以下幾個：「享樂」、「受苦」、「空轉」、「放棄」。

這四個是最主要的主題，其他諸如「使命」、「好運」、「壞運」等林林總總加起來，目前已知的總共有十五個主題，但我們就先專注在討論前五大主題樂園吧！

請記得，不管主題樂園選項字面上的意義是好或是壞，那些都是 ABC 的人們在他們的文明裡無法完全依照自己所想所體驗到的，所以來自上界的他們，樂於到 D 文明來放縱自己，透過這些遊戲的體驗來滿足自己的種種欲望；即使受苦，對他們來說，也是前所未有的快樂體驗。

1.「享樂」：

顧名思義就是享受一切樂趣。

2.「受苦」：

顧名思義就是承受痛苦。

3.「空轉」：

這是一個比較奇妙的概念。我發現到，生命中或事件有「空轉」主題的人，很多事情往往會卡關卡得很嚴重；有些人則是不管怎麼努力，都不會得到回報的，或是不斷地浪費時間做白工等等的現象出現。

4.「放棄」：

生命中只要是有這個主題的人，往往壽命會在不自然的情況下出現縮減的現象，不管是自己放棄或是「被放棄」。同樣的，如果事件出現了「放棄」，那麼有很大的機會，這件事情會在不自然的情況下提早結束，會被你放棄。

所有主題樂園裡最常見的是「享樂」與「受苦」，這兩者就像是數學的正負符號一樣，不管你後天再怎麼努力，甚至是做了量子轉化，只要前面的符號是負的（受苦），那麼最後的結果往往就都不會是好的。而如果是正的（享樂），那麼恭喜你，人生就是爽爽過。

5.「使命」：

　　則是比較少見的主題樂園，地球上大約只有 14% 左右的人參與了這個選項。我給「使命」的定義是「一旦啟動後，無視你本人的意願，都必須執行完成上天賦予你的任務」的設定。

　　越是在地球上做大事的人，往往使命的成分就越高。我們來看一下以下這些人的使命有多少（滿分 20）：

名人的使命分數

分數	人物
11	川普
8	蔡英文
7	李登輝、郭台銘
6	馬英九、麥可傑克森、賈柏斯
5	柯林頓、歐巴馬、陳水扁、李小龍、史蒂芬史匹柏、康熙皇帝、安倍晴明、習近平、金正恩
4	柯文哲、陳菊、胡志強、吳敦義、林佳龍、盧秀燕、阿諾史瓦新格、拜倫凱蒂（Byron Katie）、萊斯特（Lester Levenson）、藤子 F 不二雄、手塚治虫、釋迦牟尼佛、耶穌基督、安倍晉三
3	蓮華生大士
2	周星馳、劉德華、張學友、郭富城、黎明、張惠妹
1	韓國瑜、林志玲、張鈞甯
0	周杰倫

　　而以上我舉例的幾位宗教家與身心靈大師，也都至少從 3 起跳，我猜測這個數字指的是，他們活在世間時，可以真正影響到多少人吧。所以，釋迦牟尼佛與耶穌基督當時真的有影響到大約一個城市左右的人數。

　　關於藝人方面，我有點意外周杰倫是 0，但從他人生享樂度有 19 分來看，我想也是合情合理啦，畢竟就是一個自由自在不顧他人眼光的創作才子，骨子裡並沒有真的想大紅大紫，會紅對他來說不過是錦上添花。

根據我累積的觀察，我會把有使命的人們當做是遊戲的關主來看待，也就是說，這些角色必須存在這個世上推動特定的劇情，其他人的人類遊戲才得以進行的下去。照這樣看起來，美國總統川普的確是個超級狠角色，他應該有很多上天需要他去執行的任務，我很好奇他將會對這個世界帶來什麼樣的影響與變化。

以上五種基本的主題，就是一開始選好的，然後我們會來到 D 文明體驗到妻、財、子、祿、健康等等下一步的遊戲關卡，這些就是人類遊戲的「共同體驗」。

而你個人的妻、財、子、祿、健康，會受到你先天所選擇的主題所影響，來決定你在 D 文明裡面有什麼樣的人生。

關於主題樂園選擇的等級

承前述，雖然人類遊戲貌似最開始的選擇是性別，但隨著細節的鑽研、驗證，我發現性別落在等級 17，這代表更上面其實還有其他選擇。

所以，我推敲測試了一下，發現影響力的等級應該是這樣的：

等級 20	決定要到 D 文明玩人類遊戲
等級 19	決定遊戲難易度與角色壽命（遊戲要玩多久）
等級 18	決定遊戲內容（加購行程）
等級 17	決定性別、外表
等級 16	出生地、神明、宗教等大環境影響
等級 15	決定主題樂園以及 ABCD 文明比例
等級 14	決定父母、伴侶、家人對你的影響
等級 13	1-5 歲的人生
等級 11	5-10 歲的人生
等級 7	10-15 歲的人生
等級 2	15-20 歲的人生

補充說明一下：因為你本來就是 ABC 的玩家，所以無法選擇 ABC 的文明（就像你本來是台灣人的話，就無法選擇你不是台灣人的道理是一樣的），但是可以選擇帶多少比例下來 D 文明玩耍（就像有些台灣人，卻又認為自己是台灣人裡面的中國人、原住民、客家人、ABC 等）。

　　D 文明原生角色自己最多的控制只到等級 6，由此可知 D 玩家本身就是為了服務 ABC 玩家而存在的陪玩角色，而他們的設定都是：先由 ABC 玩家在等級 14 做好「想玩什麼遊戲」的選擇後，再由 D 文明系統自動生成的結果。

　　某個程度上來說，D 文明原生角色就是 NPC，或是可以想成影集《西方極樂園》裡面的接待員（機器人）。

　　等級越高的選擇，對你人生遊戲的影響越大，相對來說也越難改變。重點是，這些都是你在進到遊戲以前就選擇好的劇本。

　　隨著年紀增長，你就越來越被這個世界的一切所綑綁與塑型，所以年紀越大就越沒有可能性，也越來越沒有選擇。但說穿了，如果一切都是上界玩家早就選擇好的話，身為角色的我們，打從一開始就沒有任何選擇，「有選擇」只不過是另一個自由意志的幻覺罷了。

　　用《哈利波特》來舉例，這樣大家會更明白一點。

　　故事中哈利波特的父母被佛地魔所殺，請問這件事是誰決定的？當然是作者 J.K. 羅琳。佛地魔依照作者所寫的劇情而殺死了哈利波特的父母，請問哈利波特有選擇嗎？而佛地魔有做錯什麼嗎？請問佛地魔是壞人嗎？

　　哈利波特最後打倒了佛地魔，不但為父母報了仇，也拯救了整個世界。請問這中間有所謂的因果嗎？但除了這是作者 J.K. 羅琳所寫出來的小說劇情以外，真有像佛教講的前世因果這回事嗎？從佛地魔與食死人的角度來看，哈利波特又真的是好人嗎？

讓我們超脫「劇情」來看，一切的選擇權與因果，都在 J.K. 羅琳身上，她就是創造出哈利波特世界的創世神；作者精心描繪了整個哈利波特的魔法世界觀，以及引人入勝的故事，即使在我們看來，哈利波特小時候的人生慘到爆。請問，又是誰決定他很慘的呢？沒有之前的慘，又怎麼會有後面精采的故事呢？

　　所以，請大家要建立一個觀念：我們身處的 D 文明遊戲世界中，並沒有傳統的「因果」概念。你上界 ABC 玩家或是系統 AI 的選擇才是「因」，你角色在 D 文明所體驗到的一切才是「果」。

　　在 D 文明世界裡所觀察到看似因果的東西，都只是個假象，更是個陷阱，那些只是用來限制著我們的人生。如果你妄想去動它、去改變它，就會像我之前燒了台幣 98000 元紙金一樣的徒勞無功。

　　而有些時候你可能會覺得，這些事情——燒紙金、拜拜、護身符、法會等——好像會對你人生真的有點幫助。如果你這麼想的話，恭喜你，你就掉到更深層的陷阱裡了！因為下次當你遇到問題時，重複嘗試這些，保證對你沒有幫助，你只會陷入更絕望的深淵裡。因為這是遊戲的本質。

　　以上就是「等級 1」如何把你限制在這個世界的運作方式。想改變你的命運，必須要從更高階的等級去做處理，甚至重新選擇，才會有可能看到變化。等級 15 的選擇無法推翻等級 19 的選擇，但是等級 19 的選擇可以凌駕等級 15 的選擇，這是我個人真實的體驗與實驗結果。

度眾生到底是什麼樣的遊戲？

　　許多的宗教都有「度眾生」的概念，也就是：大師們認為，眾生不知道這個世界的真相是什麼而受苦著，這些大師認為自己需要散播宗教的理念，透過宗教的力量，來幫助這些不知道真相的眾生們，讓他們離苦得樂，來到更高、更美好的境界。

　　但若是要提到我的看法，恐怕就又要得罪一堆人了。真正的答

案，釋迦牟尼佛已經在《金剛經》講的很清楚了，但是我想世上真正有理解《金剛經》的人應該不多。我先用我的角度解釋一下，然後再看《金剛經》怎麼說吧！

首先，回到「世界是一個遊戲，每個人都是遊戲的角色」的概念：在這世上的每一個人，都只是沉溺在遊戲進行的過程，忘了自己原本就是無限存有的 ABC 玩家的身分。

當你自己也是沉溺在遊戲的玩家時，請問你會對遊戲裡的其他玩家產生想去「拯救」或是「救度」的念頭嗎？想像你在玩《魔獸世界》，玩得正精采刺激的時候，遊戲中的一個角色跳出來跟你說：「嘿，這一切都只是個遊戲，來，聽我的，我來告訴你真相，你乖乖跟我走，我會帶你上天堂。」請問身為角色的你，聽到這樣的言論會做何感想呢？另外，請記得，身為 ABC 玩家的「你」，本來就知道自己是在進行遊戲的，所以根本就是多此一舉！

雖說以上怎麼聽都不合理，但是我說過，這個 D 文明世界是個很奇妙的遊戲世界，任何你想的到、想不到的都可以是一種遊戲。所以，這個不合理的邏輯，也就變成了「度眾生遊戲」或是「宗教遊戲」。

不管正派不正派都好，總是會有一堆人想破頭來發願廣度眾生，希望能夠靠自己或宗教的力量，來幫助無知的眾生脫離苦海；殊不知，沉浸在遊戲裡面，正是玩家的本質與本分。我個人是覺得，打擾人家玩遊戲是很沒道德的事情，中文不是有句話是「觀棋勿語真君子」嗎？

歷史上，任何想大規模嘗試告訴大家真相的人，都沒有好下場。像是提倡日心說模型的哥白尼，最後被教會燒死。蘇格拉底因為他的學說違反了當時雅典民眾的思想，最後被處以死刑。耶穌基督更是因為宣揚了他認為的真理，三年內就被釘上十字架。

大家都在熱衷玩遊戲，只有你一個人在那邊叫大家不要玩，是很容易被系統當成 bug 排除掉的。

佛經是釋迦牟尼佛涅槃後，由五百阿羅漢一起回憶佛陀四十九年所說的法，集結成三藏十二部的大藏經。老實說，能清楚記得四十九年來一個老師所說過的東西，而完全沒有錯誤，我真心超級佩服，更何況現存的佛經後來還有翻譯上失真的問題，以及許多後世捏造偽經的問題。

而耶穌基督活著的時候，根本也沒有創立基督教或天主教，有興趣的朋友們可以去看《耶穌比宗教大》這一本書。目前存在的宗教，除了其本身的教義已經跟其原始型態有很大的差異以外，我認為宗教本身在現在的 D 文明遊戲中，也只剩下洗腦與綑綁大眾的功能，因為已經背離原本的教義許多，無法真正喚醒眾生（但請記得，這就是遊戲的本質）。

喚醒原本就該熱衷玩遊戲的人們，到底又有什麼意義呢？

莎士比亞在《皆大歡喜》第二幕第七景中說：「世界是座舞台，所有男女都只是演員；各有其出場和入場；每人皆扮演許多角色。」

《聖經》約翰福音 7:24 提到「不可依外貌判斷」。

《金剛經》裡面也講的很清楚：「凡所有相，皆是虛妄。」又說：「一切有為法，如夢幻泡影，如露亦如電，應作如是觀。」

因為這是個遊戲，遊戲裡的東西沒有一個是真實的，大家應該要這麼去看才對。金剛經又強調，一切「無我相、無人相、無眾生相、無壽者相」，因為遊戲裡面的角色、身分、年齡等一切都是假的，甚至根本沒有所謂的「人」存在著。凡是著相者，都不是明心見性的人。

而最有趣的是，釋迦牟尼佛說：「若人言如來有所說法，即為謗佛，不能解我所說故。」意思是說，如果有人講我這四十九年有說法的話，就是誹謗了佛，誹謗了真理，因為他無法了解我所講的一切。

這看似精神錯亂的邏輯，其實要搞懂很簡單——遊戲裡面做的所有的事情，都不是真的（都跟「你」在 ABC 世界無關）。所以釋

迦牟尼佛哪有說過法？又有誰說法？誰又需要聽到法、需要被救度了呢？

所以啊！所謂的「開悟」或「覺醒」，就只是讓玩家知道自己身處在一場遊戲中，從中醒來而已，其實並沒有什麼實質的意義；畢竟我們並不像電影《駭客任務》一樣，醒過來後可以出現在另外一個所謂真實的世界。

可怕的是，有許多所謂的「大師」，假藉開悟或覺醒的修行之名，來行騙財騙色之實，也有人成立宗派讓眾人來膜拜。我認為真正開悟的人不會想去做這樣的事情，因為根本沒有意義。

當然，你如果把這想成是所謂的「想玩開宗立派成為大師被膜拜的遊戲」，也不是不行。但遊戲就只是遊戲，真正假睡的人是叫不醒的，畢竟，信徒本身也想玩「沉迷於宗教的遊戲」才會信受奉行啊。

有了以上的體悟後，我自己本身只選擇，幫大家做量子轉化以及開設課程，有緣分、有興趣想了解的，歡迎來上課學習。我完全沒打算成立宗教，也沒有要度眾生，因為那對我來說，一點都不有趣好玩。大家各自玩自己喜歡的遊戲就好，說到底，告訴一個正在玩遊戲的人「你正在玩遊戲」是要幹嘛？所以，哪有什麼需要被救度的眾生？

到達這個點後，就能夠處於「應無所住而生其心」的境界了。

不過，甚至我覺得「應」這個字是多餘的，因為開悟者眼中，根本也不會有有什麼是應該或不應該的問題。

看得懂這篇文章的，就知道我寫了這篇文章一定會得罪很多人。但其實我什麼都沒有寫，而且實際上也沒有讀者的存在。若有人說我有寫過什麼的，就是在毀謗宇宙的真理。

試問，是誰真正寫了這篇文章？

看到了文章的人到底又是誰？是誰又能得罪誰？

這一切，說到底，就也只是一場遊戲一場夢而已。

重點是，覺醒了以後能幹嘛？我認為這才是人生遊戲的醍醐味所在。

3-2 一玩再玩，遇見更好版本的自己

　　「輪迴轉世」是個有趣的話題，也是許多宗教與身心靈愛好者討論不倦的議題。我相信很多人都在意：「到底有沒有輪迴轉世這件事？」傳統佛教是講輪迴的；早期的基督教也是講輪迴的，只是這部分在後期被刪改了。

　　先撇開我們對遊戲世界的認知。在傳統「輪迴」的信念價值觀裡，如果輪迴存在的話，所謂的「因果」也勢必存在；也就是說，如果前世我做了壞事，這世就要受到業障的制裁。反過來，如果我前世經常性都在行善積德，每星期都扶老太太過馬路，碰到國定假日的話還會多做兩三次的話，那這世我就會享受到超級多的福報。

輪迴轉世到底存不存在？

　　我本身不排斥輪迴轉世這樣的說法，《道德經》有說：「古之善為道者，非以明民，將以愚之。民之難治，以其智多。故以智治國，國之賊；不以智治國，國之福。」畢竟幾千年前民智未開，受教育的人比較少，透過這樣的方式來讓大家不敢做壞事、多做善事，可以說是一個很方便的管理之道。只是，現在這個資訊爆炸的時代，我們除了在「世界的本質是個遊戲」的思維下，知道我們不需要受到輪迴與因果的限制，同時也可以換個角度思考一下：如果從「遊戲」的角度來看，輪迴轉世到底存不存在？它到底是什麼呢？

　　之所以會想談論輪迴，是因為我之前接觸催眠時，發現很多人被催眠後所看到的前世，各個都是有頭有臉的大人物！男生不是什麼皇帝，就是什麼大將軍，女生不是皇后，就清一色都是環肥燕瘦、史上有名的大美女，或皇上的寵妃。

更耐人尋味的是，好多人的前世都是同一個皇帝，或是同一個大美女。從商朝到清朝，如果算上袁世凱短命的中華帝國，歷史上總共也才只有 830 位皇帝，這重疊的機率也高到太嚇人了吧！

　　甚至我也曾在媒體上看到有人發表：他認為美國前總統柯林頓的前世是唐明皇，而他老婆希拉蕊的前世，恰巧就是楊貴妃。說來巧，偏偏我也聽某位佛教大師說過，他前世是唐明皇，而我還知道那位轉世的楊貴妃是誰。

　　這到底是怎麼回事？是媒體文章作者寫錯，還是佛教大師瞎說呢？

　　其實，我認為答案很簡單：沒有人寫錯，也沒有人瞎說，只是看事情的角度不同。

　　首先，讓我們再次回到「這世界是個遊戲」的角度。在我看來，不管是「唐明皇」或「楊貴妃」，都只是遊戲裡面 ABC 文明玩家可以選擇體驗的角色。如果你玩過《三國志》這一款遊戲，你就知道，每個人都可以選擇扮演劉備、曹操、關羽、諸葛亮的角色，這道理是一樣的。

　　而玩過《三國志》「關羽（前世）」的角色，也可以在下一次玩遊戲時，選擇他要當「曹操（這一世）」。所謂的「輪迴轉世」其實就只是這麼一回事而已。換句話說，你覺得這個世界上有多少玩家扮演過《三國志》遊戲裡面的「關羽」呢？人數一定爆多的吧！這一點很輕易解釋了，為什麼這麼多人的前世，都是同一個人。

　　只不過我們世界的遊戲規則是：「玩下一個角色之前，要清空記憶體。」所以你不會記得之前玩的上一個角色是誰。當然，偶爾會出現 bug，或有那些粗心沒把記憶體清乾淨的人，讓大家誤以為所謂的輪迴轉世是存在的。

　　又或者，他的角色設定就是一個「記得前世記憶」的人物也說不定。不過也會有像釋迦牟尼佛那種等級的，已經突破遊戲本身限制（開悟是一種維度的提升），所以在《佛說本生經》中，把他上

界玩家在玩釋迦牟尼佛這個角色之前的種種體驗娓娓道來，加上當時印度教的背景，大家可能就會認為，這就是佛陀的輪迴轉世故事了。

附帶一提，所謂這輩子遇到的前世緣分，不就是：「嗨，我們剛剛上一場遊戲才一起玩過，怎麼又碰面了？」那「說好了下輩子約定再相見」呢？聽起來很浪漫，但那其實也只是：「嘿，我這邊掛了，那等等下一場遊戲見吧！」唉，我真是個不折不扣的浪漫殺手啊（笑）。

所以，在我看來，在這個遊戲世界裡的角色，其實也沒有所謂的「靈魂」，你只是從 ABC 去到 D 文明來玩個遊戲；角色之所以會有任何的行動，是因為背後有你這位玩家的意識在運作，上界玩家才是靈魂，遊戲的角色怎麼會有靈魂呢？如果真的有任何看似有靈魂的事件，那只不過是遊戲劇本要給角色的體驗罷了。

而所謂的死亡，就是很單純的「game over」。身為玩家的你，在遊戲結束後，可以選擇要不要繼續玩，或是開始玩另一個角色，甚至如果你想續命，或是再玩一次你剛剛「死掉」的角色，去彌補剛剛沒仔細玩到的細節，或是取得寶物，這也是無關緊要的。（現實生活中玩遊戲，我們不也常常這麼做嗎？）

惡名昭彰的賓拉登，大家以為美國政府在他被美國海豹部隊擊斃後，就這麼放過他嗎？沒那回事！我的 CRV 老師，之前任職於美國中央情報局的林恩‧布迦南（Lynn Buchanan）先生，在未公開的紀錄上，就有接到美國政府要他用遙視的超能力，去「追蹤賓拉登死後轉世身分」的指令。畢竟這個威脅太大，如果他投胎後又在那邊興風作浪，美國身為世界警察，一定要盡早排除掉這個很可能會讓世界毀滅的不安因素。

布迦南先生接到指令後，便啟動他的遙視能力追查。他發現在賓拉登死亡、其神識離開肉體後，緊接著就突然出現在某一個五六歲白人小男孩身上，快樂地在草地上玩耍著。請注意，所謂賓拉登

的「轉世」，並沒有從出生開始延續他的「下輩子」喔！所以我們只能推論，當初「使用賓拉登這個角色的上界玩家」，在結束賓拉登這個角色後，選擇了從一個五六歲小男孩的角色，繼續在 D 文明玩遊戲。

換句話說，遊戲的機制是，連「你要從這個角色幾歲才開始體驗」的設定也做的到。像我自己，就曾測試而發現，自己體驗過清朝的康熙與嘉慶兩位皇帝的角色。但我不會去到處說我前世就是康熙或是嘉慶，不過就是「我」上一個遊戲玩過的角色啊，有什麼好說嘴的呢？

更有趣的是，像我「王永憲」的這個角色，就我所知，已經有來自 ABC 文明的兩百多人次體驗過了。雖然每次故事不一定都一樣，但是大致上身邊出場的人物跟經歷都不會差太遠。（用電影光碟裡常出現「不同結局」的比喻你就懂了，這就是平行時空的概念。）

通常比較知名的角色，想來體驗的人其實比較少，反而一般無名小卒、路邊乞丐這種角色，才會受到 ABC 文明的青睞。畢竟，體驗到人生很爽、很特別這件事，在 ABC 文明裡還缺嗎？他們真正感到有興趣而且想玩的，是那種對人生感到很無力、受到諸多限制的角色，這就是我們 D 文明存在的目的！

我測過我家附近的某位遊民，他的角色在 ABC 文明裡人氣很旺，大約有二十萬人次的體驗！總統、皇帝、知名藝人等，大約都是以百計算的人次而已。（附帶一提，身處亂世且肩負深沉無力感的末代皇帝溥儀，是個大熱門，有三百多萬體驗人次。）

那麼，最後邀請大家一起來思考一下：如果僅僅是玩一場遊戲的話，請問你當了希特勒，就是壞人嗎？或是你當了泰瑞莎修女，你就是好人嗎？

如果我這個問題不夠清楚的話，再讓我們想想故事裡的那些角色；哈利波特絕對是好人嗎？佛地魔一定是壞人嗎？中間有所謂的

因果關係嗎？有誰的人生會認為自己是壞人嗎？還是，大家只是依照該走的劇本來，開心的體驗與共演一齣精采好戲呢？這很值得你我好好地思考玩味！

「我」的體驗：玩出最好的「王永憲」

　　每個人都有機會「遇見最好版本的你自己」。這句話很耳熟，但我並不是要呼應身心靈圈的自我肯定議題，我是從遊戲世界的觀點，對應我自己的空間訊息讀取經驗，來聊聊「我」如何一玩再玩，試圖玩出更好版本的「我」。

　　就我自己所知，現在的王永憲是「我」第三次紀錄裡面的第一次重玩；於是我測了一下，「我」對這次重玩的滿意度有多少？答案是 17 分（滿分 20），可以說是還沒到非常滿意的狀態。

　　為什麼「我」會有重玩第三次的紀錄？我猜測是依照上界玩家每次啟動王永憲這個遊戲角色時，因為生日以及其他變數（像是出生地）的不同，導致電腦人工智能生成的關卡與細節有所不同。

　　對「我」而言，這一次是最容易取得「我」想在遊戲裡得到的版本。舉例來說，四次裡面，我只有這一次遇到樓上把我吵到快瘋掉的鄰居，光是這個就逼我乖乖的每天練功練了快 5 年；此外我也是只有在這一次，才遇到會亂對人詛咒的邪師。種種的因緣際會下，我猜這是對「我」來說，最好「練功」的遊戲版本。

　　那麼「我」之後有沒有可能再多玩幾次這個紀錄呢？當然有可能，宇宙本來就存在著無限的可能性。所以我找到了當下「我」在宇宙中最滿意的版本，是 20 分，然後把滿意度 20 分的資料下載，用量子轉化的「加分靈體技巧」來跟我現有的版本融合。

　　那一瞬間，我感到全身發抖，法流充滿。等待能量平靜下來之後，我再測試了「我」對這次版本的滿意度，竟然提升到 25 分！一整個破表。雖然我腦袋裡並沒有任何破關的紀錄與記憶，但我認為這是一個屬於潛意識型態的存在。

潛意識裡面應該已經有所有滿意度 25 分破關紀錄的資料了，換句話說，應該會在冥冥之中引導我，往「我」更想要的方向去。之後我又發現另外一個作弊的手法（噢，反正量子轉化就是人生開外掛的作弊大法），強化之後，現在「我」對我這次整體的滿意度來到了超級破表的 37 分。

如同我前面所說的，我腦袋裡並沒有任何的記憶與紀錄，這一切都是在潛意識裡面的東西，但是我可以從法力（權限）等其他數值來看看是否有所不同？看了一下，法力往上增加了許多。

基本上，法力越高，在遊戲世界裡的權限就越高，就能更方便行事。這樣就印證了我一開始的猜測，而且這機制是可被操作與實現的。不過還有好玩的呢，對於令人討厭的敵人或仇家，我還可以把他跟他宇宙中最壞最糟糕的遊戲紀錄版本結合，畢竟，這也是本來就存在的可能性之一啊！

由此可知，**一個玩家在進行遊戲的順暢度，跟經驗值有關；而增進經驗值，也能讓「我」在現世當中，有機會得到更佳的表現與更好的成果。**而在釐清經驗值這個概念後，我意外的發現，自己在法力方面的總累積經驗值特別高。

這麼說吧，一般人一輩子在某一個技能可以累積到的經驗值，點數最高有 10 億，我的數值卻是「三個無限」。數字這麼高，是極度不合理的！於是我想了想，答案應該就是「跨世總累積」吧！

但請記得，我的「輪迴轉世」的觀念跟大家的不一樣。這世界是一個遊戲，每一個人的角色都是一個遊戲選項，「我」只是很單純的選好自己想體驗的角色來玩而已。

以我文章有公開過的角色來看，「我」在 D 文明體驗他們的時間順序是這樣的：

康熙皇帝→蓮華生大士→史思明→王永憲→安倍晴明→釋迦牟尼佛→嘉慶皇帝→王永憲→釋迦牟尼佛→蓮華生大士→康熙皇帝→安倍晴明→王永憲（現在你們看到的我）→史思明→蓮華生大士→

王永憲

　　其中老子（A 文明）與華佗（B 文明），我猜測是「我」在 AB 文明的玩家本身自己下來玩，所以測不到他們體驗 D 文明的時間點。

　　有趣的是，第一，我所體驗過角色的時間，並非依照我們所認知的歷史時間線來體驗；第二，許多角色並不是只有體驗過一次而已。以下依照我們認知的時間線排列：

釋迦牟尼佛 2 次

蓮華生大士 3 次

史思明 2 次

安倍晴明 2 次

康熙 1 次

嘉慶 2 次

王永憲 4 次

　　現在「我」所體驗的王永憲是第三次，應該是重玩的意思。我不是很懂為什麼「我」要體驗這個角色這麼多次？我想這應該就像你也不會只玩過一次《超級瑪莉兄弟》一樣，遊戲好玩的話，就會一玩再玩，把你喜歡的角色等級練好、練滿，說不定也是一種成就。

　　我記得小時候玩 Playstation 時遇過一個遊戲《潛龍諜影》（Metal Gear Solid），跟一般遊戲比起來，這是一個特別的遊戲。主角的目的主要是潛入敵營，所以遊戲的過程不是要殺敵人，而是要閃躲敵人，不被敵人發現，才是遊戲的真正玩法。

　　第一次很辛苦的躲躲藏藏破關後，遊戲會給你一個特殊道具「透明裝」做獎賞。於是第二次玩的時候，只要穿上透明裝，敵人看不到自己，所以就可以一吐第一次玩遊戲時躲躲藏藏的悶氣，把敵軍殺個痛快。

　　我想，「王永憲」這角色對於「我」來說，應該也是一樣很好

玩吧？有許多隱藏關卡與配備可以領取。因為我本身沒有其他體驗過的角色的記憶，所以我針對「四次王永憲」做了一些有趣的比對：

- 四次王永憲的出生日期都是不一樣的。
- 四次的父母都是同樣的人（但我父親只有兩次是醫生）。
- 四次中只有這次是在彰化出生，四次我們家都有移民去加拿大，回台灣後都住台北。
- 四次中只有兩次當醫生。
- 四次中只有這次養過貓。
- 四次中都有出版《零通靈博士事件簿》這一本書。
- 前三次活著的時候，台灣都沒有被中國統一。
- 這次是第一次遇到蔡英文當總統，前三次台灣第一位女總統是陳菊，而且她都有連任。（附帶一提，蔡英文是第一次進到這次遊戲的角色，但總統經驗值很高，我發現蔡英文的上界玩家有在其他遊戲當過五次總統的經驗。）
- 前三次柯文哲與郭董都有當到總統。
- 前三次中韓國瑜有一次當到總統。
- 四次中都有遇到同一個師父，然後都同樣被師父背叛與攻擊。
- 四次中都有遇到地下街師姊對我做靈性方面的協助。
- 這次的周杰倫與張鈞甯都是第三次體驗他們的角色。
- 林志玲的角色是第一次出現，也是她的第一次 D 文明體驗，所以「我」的前三次世界裡面沒有林志玲這個角色。
- 四次裡面都是遇到川普當選美國總統。
- 四次裡只有兩次有賈柏斯（天啊好難想像沒有 Apple 的人生）。

　　我把四次都會發生的事件，當做是遊戲裡面的必經事件或關卡，但不是每件事情都一定會一模一樣的發生，畢竟總是有些不同的變數，影響著遊戲的進程或是人生事件發生的時間點（例如，生日的改變可能就會改變一些命運上的基本盤發展）。

而如果四次中有發生一次，就代表這次仍有發生的機率。而且因為我這次是第三次的重玩，理論上這次跟上次也應該會有所不同才對。

　　當「我」選擇遇到釋迦牟尼佛或是蓮華生大士這種「修行」角色時，法力經驗值累積就會很快，但愛情經驗值可能相對的就會很低。但一般人應該沒這樣的問題就是了。

　　在遊戲世界裡面，經驗值當然是累積到角色身上。但遊戲結束後，有一個總經驗值是累積到「我」上面的。例如，今天我玩《超級瑪莉兄弟》跟《薩爾達傳說》，這兩種類型完全不同的遊戲之間，無法互相累積經驗值，因為兩者玩法大不相同。

　　但是，手拿搖桿的玩家（「我」）可以累積跨遊戲的手眼協調度，與打電動反應力，以及享受打電動很開心的總經驗值，這就是我文章稍早提到的「跨世總累積」。

　　我另外又觀察了身邊的一些人，發現如果這是你第一次開啟在這個世界的角色的話，是比較容易發生感情不順或是找不到對象結婚，因為談情說愛經驗值累積不足。

　　另外，我所體驗過的角色，也都是跟感情比較淡薄的，難怪感情比較是我的罩門。不過我也有發現到，有人已經玩到第五次了，累積到的感情經驗值還是少的可憐，這也是讓我感到很神奇的事情，或許這是他們刻意挑選的玩法也說不定。

　　我在想，下一步我可以嘗試的，就是對玩家的特定方面直接增加經驗值、增加等級，這樣應該可以大幅的修改遊戲原廠的設定，應該會很好玩。

3-3 當「遊戲不好玩」時，該怎麼辦？

讓我們溫習一下上一章的核心概念：ABC 玩家跟 D 文明角色相比，ABC 玩家的本質形同「神」，來到 D 文明是為了「玩遊戲」。想像一下，如果你是個超級有錢人，想要什麼都可以馬上擁有的情況下，什麼對你來說才是有趣好玩的呢？

「沒有錢」對你來說，才是有趣好玩的。所以，對眾神而言，到地球上來玩一場「失去所有法力跟心想事成能力」的遊戲，實在是再刺激不過了。

人生爽度 vs 遊戲難度

而前一篇文章我寫到：我發現來自 ABC 文明玩「王永憲」這個角色的人次並不多，只有兩百多人。另外我也發現，在我們世界上，大家越當做神崇拜的角色，其實玩家就越少。像是周杰倫、郭台銘、張學友等，玩家都只有個位數。

所以我推測，是不是只要能夠減少 ABC 玩家「玩我這個角色」的人次，就能夠讓我這個角色的人生過的更爽呢？

問題是，身為一個人，你要怎麼「控制」ABC 的神不要來玩你角色的遊戲呢？

我發現到一個關鍵點，那就是「遊戲的難度」。

以這個角度來看，我發現這個角色當下的遊戲難度是 3，周杰倫的難度是 1。而我家附近偶爾出現的遊民，他的遊戲難度是 15。我列出一些遊戲難度是 1 與 2 的玩家給大家參考一下吧：

難度 1 的玩家：周杰倫、郭台銘、張學友、劉德華、郭富城、黎明、張國榮、林志玲、費玉清、蔡英文、張鈞甯、周迅、王菲、

張惠妹、李連杰、蔣介石、川普、柯林頓、歐巴馬。

難度 2 的玩家：柯文哲、賴清德、陳菊、蔣經國、邰智源、胡瓜、張菲、歐陽娜娜、希拉蕊、王力宏、蔡依林。

人生總有高低起伏，以上是這些玩家一輩子遊戲的平均難度。像郭台銘最慘的時候是 7 分，周杰倫最糟糕是 3 分。在我所居住的台北市大安區裡，很多人都大約是 3 ～ 4 分。3 ～ 4 分大概就是有房子，付的起房貸，沒欠債的人生。

我人生最慘的時候大約是 8 分，那時候投資就遇到詐騙、感情很不順、雖說有買房子但是根本付不出房貸的慘狀。

所以，以滿分 20 分來看，1 ～ 4 是屬於簡易模式，5 ～ 10 是正常模式，11 ～ 20 是困難模式。難度越高，你人生就越容易卡關。然後再搭配你 ABCD 文明組合與本源，這就決定了你遊戲的內容與特質。

天啊，我好像發現了什麼很厲害的事情耶！

周杰倫（和其他難度 1 的角色們）之所以會這麼爽，原來他們的上界玩家選擇了最簡單的模式。不管是在 ABC 或是我們人類玩遊戲都好，越是屬害的玩家，通常就都越會挑戰高難度的遊戲。

記得遊戲的難度越高，身為角色的我們人生爽度就越低，可是 ABC 的玩家就越開心嗎？畢竟難度越低，代表你就越接近「你」原本在上界的全能狀態。難度低，不代表你人生就沒有挑戰，只是相對來說，這些挑戰也很容易被你克服與超越，因為難度低啊！

原來某些明星藝人的 ABC 玩家是個（群）只敢玩入門等級的遜咖！這讓我一度打從心底看不起這樣的玩家。但仔細想想，我不可以這樣看不起別人，因為我也要讓自己的遊戲難度變成 1，從此當個擁有幸福快樂人生的遜咖！

我們覺得人生不好玩，卻是上界玩家超愛的爽快遊戲

話說，要調整遊戲的難度，可不是一件容易的事。D 文明的人類無法改變遊戲的難度，只有 ABC 玩家才可以；換句話說，我需要的是 ABC 玩家的思維，也就是「神」的思維。經過努力推敲，終於想到幾個可行的可能性，然後一個一個去實驗。這其實就是我生活的日常，經常性的在動腦子，一天生出兩三個技巧，也是完全不奇怪的事。

在我量子轉化後並且測到玩「我」這個角色的玩家只剩下一位時，我就確定技巧是正確的，接著就是等它生效而已。另外，我也很神奇的發現，距離原本我想退休的時間又縮得更短了。

「在神，凡事都能」，畢竟如果可以把原本上界玩家決定的遊戲難度降低的話，人世間還有什麼事情是不能的嗎？

記得我說過，D 文明時間流逝的速度遠快過 ABC 文明嗎？對我們來說，有時候等待一個指令一來一往生效，可能會等到天荒地老，我們會感到很沒耐心或極度的不耐煩。可是對 ABC 玩家來說，他們可能只是去上個廁所（如果他們還需要上廁所的話），回來指令就生效了。

所以，我總是提醒大家「做了量轉後不要急」的理由就是這樣，很多時候就只是在等生效而已。

當然，我也不會就讓自己閒著。對我來說，當我有一個想法後，就會需要去印證我的想法，畢竟我是走實證路線的。於是我看了一些我身邊的人以及我的學生們，看看他們的難度是否符合我的想法？

這時有趣的事情就發生了：我眾多學生中有一位，法力是修到挺高的，他的遊戲難度竟然是 2！我知道 2 大概是什麼樣爽度的人生，但，就我所知，他是個正常上班族；是有買房子，可是也不是在蛋黃區的豪宅啊！而且更過分的是，學生的難度居然比我這個老

師還沒調之前還要簡單，有沒有搞錯？真是太可惡了（開玩笑的）！

後來我發現，他原本最困難也才 5 分，我最困難是 8，原來我先天就輸人家。他在跟我上課以及找我做量轉處理後，默默的把難度降低到了 2。我則是努力修行，讓自己的難度來到了 3，然後最近才調到 1。

他的外在世界還來不及跟上他內在調低難度的速度，所以才會看不出來他已經是個難度 2 的角色。由此得知，每個人先天的遊戲難度，也會影響到提升的結果。而最有趣的事情是，原來跟我上課學習、找我做量子轉化，也會讓你人生遊戲的難度降低！

那長期待在我身邊的話，又會有什麼影響呢？於是我看了一下我現在的助理，噢，她原本人生遊戲難度是 6，到了我這邊就變成 3，每天爽歪歪的呢！話說我之前有位助理，在我這邊時是 3，離開後，現在看她的遊戲難度竟然是 15！畢竟已經多年沒聯絡，我也不知道她近況如何，我只是有些驚訝，原來只是有沒有常常跟我互動，也可以產生這麼大的落差！

所以，每個人的遊戲難度都有一定的範圍。一生的高低起伏取決於遊戲的難度，就像在健身房使用跑步機，可以調整難度、爬坡等設定一樣（重點是，都是你自己設定好，才上去跑步機的）。

其實每個人都具備改變自己人生遊戲難度的能力，這就是最偉大的冒險，也是這個遊戲最好玩的地方。

雖然，我也一度思考過，是否「降低人生難度」要開發成一個服務技巧？甚至能感應天啟的朋友，還直接幫我確認了，這項服務的訂價可達一百萬！然而我始終認為，你不一定要花錢找我調整遊戲難度，老老實實上課、練功，或是做量子轉化，雖然難度降低的速度不一定比較快，但這些都會讓你的遊戲難度變簡單、人生爽度提高，而且還可以學到對自己人生一輩子都有幫助的知識與技巧，又便宜過一百萬，何樂而不為呢？

我是 D 文明原生種，就只能任人宰割嗎？

　　那天，來到辦公室的一位個案，跟我相識多年。她提到在感情中她老是遇到渣男，我幫她看了一下，她是個 D 文明原生種，而幾個過去遇過的渣男，包含現任男友，都不是 D 文明原生種。

　　以我的角度來看，她就像是影集《西方極樂園》裡面的接待員，其主要存在的目的，就是配合其他等級玩家的「陪玩」角色。以比較不好的角度來講，基本上就是任人宰割於無形，而且完全沒有自覺，因為這就是她「出生」在 D 文明的存在目的啊！

　　由於她本身對身心靈領域有極高的興趣，可惜她也沒有 B，所以我也很直接的跟她說：「很抱歉，妳所謂的心靈成長不是真實的，那只是妳以為妳需要透過心靈成長來得到某些東西（感情或金錢上的穩定），但是其實這不是妳人生的目的。說難聽一點，這些只是讓妳離目標繞了更遠的路，給了妳人生錯誤的期待，但其實一點用都沒有。」

　　她聽完了頓時感到很悲傷：「難道我這輩子都無法跳脫這樣的命運嗎？」

　　老實說，真的很難。但其中還是有解套的方法。我幫她看了在 D 世界 ABCD 的比例，D 文明有一個特點，就是它是摻雜著所有 ABC 文明的特質的。

　　我發現她人生全部都是被 D 占滿；而在 D，就要看你的九個本源的影響程度了。我告訴她，即使妳是原生 D 文明，這其實也只是代表妳的靈魂經驗值比較低，換句話說，相對於 ABC 文明的靈魂，妳是個比較年輕的靈魂。

　　但是！只要你有「意識」在，不管你是哪個文明來的，大家的意識都是平等的（佛教講「眾生皆有佛性，所有佛性皆平等」就是這個意思），只是選擇體驗的遊戲跟累積的經驗值不同。

身為 D 文明，或是哪一個文明都好，唯一能翻身的機會，就是讓自己的意識覺醒並將它提升，你要了解到：你是你的意識，你並不是受困於 D 文明的肉體，你的意識足以創造出任何所想要體驗的一切。

而覺醒怎麼來呢？最簡單的方法是透過情緒釋放，降低小我對你意識的影響（遮蓋），慢慢地、慢慢地（也可能很快），當小我小到已經無法遮蓋你的意識時，你就覺醒了。於是你在 D 文明裡面，就有可能提升其他文明的比例。

同樣的，這聽起來很簡單，但並不容易執行，可是很有價值。

覺醒了可以做什麼呢？覺醒後可以過著有覺察的生活，更不會被身邊的人事物影響，大幅提升可以活出「真正想要的人生」的機會。（註：由我安裝 ABC 文明，也是另一種提升的方法喔！）

就像《西方極樂園》的某些接待員一樣，覺醒了以後就可以跟人類一爭長短呢！

遊戲中的「購買行程機制」

從我自己的角度來看，我們所處的 D 文明遊戲世界，老實說自由度不太高。

畢竟，我們的性別、外貌、出生地等等，都是來到遊戲前（出生前）就已經決定好了，從遊戲角色的角度來看，我們在進行遊戲的過程中其實沒有太多的選擇。

所以，大部分的人都會認為「命運是天生註定，無法改變的」，而即使認為命運能改變的人們，也都認為這是個非常高等級的難題。

拿電玩《惡靈古堡》（或其他任何冒險動作遊戲也可以）打個比方好了，雖然角色可以在遊戲裡面自由的探索，但總是會有事件或是任務，讓你的角色必須依照著遊戲設定好的故事軸線進行。最後，可能會出現幾個多重結局的選項，但也就是那幾個結局而已，

說到底還是沒什麼選擇。

任天堂 2019 年在 Switch 推出的《薩爾達傳說・曠野之息》在遊戲界中是一個重大突破，它可以算是有史以來最真實的開放世界；也就是說，遊戲中有故事也有任務，但你也可以選擇不去解任務，自行探索遊戲世界的每一個角落。我們人類大概也只有去度假時，才能有短暫的像薩爾達一樣的喘息空間吧（笑）。

人生的遊戲大部分都已經被設定好才開始進行的，但因為遊戲本身畢竟是由 ABC 高文明所創造的，他們並不會讓遊戲變成完全無法修改設定的狀態。所以，依照我的觀察，這個世界的遊戲規則是以「經驗值累積」或「點數累積」構成。

這可以在很多方面驗證。像是運動員，每天必要的過程就是重複練習一樣的動作，累積出好成績；歌手，每天也是重複練習唱歌。想要擁有好的身形與肌肉線條，就要重複鍛鍊肌肉，每天進健身房做重力訓練，自然會練出自己想要的肌肉線條。喜歡寫作的人也必須時時刻刻不斷的動筆，才能完成更多高質量的作品，有機會受到注目、出版或參加比賽得獎等等。

有句成語是「熟能生巧」，在現世「成功學」的教育領域，也有「一萬小時哲學」。簡單來說，每天或持續不間斷重複一件事，就是在累積遊戲的點數與經驗值。點數累積越多，你的能力越強，就越能成為這個領域的專家或達人。

然而，很不幸的是，負面的事件其實也一樣。

當你每天不斷重複地在負面思考，你就是在累積負面事件的經驗值點數；換句話說，你在替自己不斷的購買、累積負面行程，人生想當然爾，只會往負面的結局前進。

這是一種對「負面情緒」與「悲慘命運」上癮的過程！所以，**改變命運很簡單，只要別重複對你不想要的事件產生共鳴就好**，這就是「退貨」了。而「情緒釋放」是可以幫助自己的初步技巧，只是當「負面點數累積到很滿」的時候，通常靠自己的能力是退不掉

的，這時候就來找我吧！

　　反過來，對你渴望的事情，從情緒上不斷地去做正面的累積，這就是「購買行程」的概念。

人生遊戲裡的「加購行程」與「推銷行程」

　　之所以會發展出「加購行程」相關的想法，是因為我一直在思考：到底是什麼因素，決定了我們人生遊戲中的際遇？

　　當然，我知道就像所有遊戲的角色創建一樣，會有一系列繁瑣的過程，而角色本身能修改的幅度是比較小的，那個我們先不管。

　　只是我很好奇：這個遊戲角色想探索什麼樣的遊戲？又或是，「你」到底想體驗什麼呢？

　　我相信依照 ABC 文明的科技，要做到「高度客製化你想要的體驗」一定是件很簡單的事情，畢竟我們的世界對他們來說，只不過是一個休閒娛樂的遊戲而已。我想到阿諾 · 史瓦辛格在 1990 年的著名動作片《魔鬼總動員》（Total Recall）裡就有描述到在 2084 年的世界裡，有家 Rekall 公司可以提供：把暫存記憶體植入人腦，使人可以虛擬冒險。所以阿諾所飾演的角色 Quaid 決定購買一個在火星上的虛擬歷險，在這個歷險中，他選擇扮演一個間諜，而精采的故事就此展開。於是「加購行程」的概念就出現在我腦海裡了。

　　我曾經去過關島，那是一個風光明媚的太平洋小島，也是離台灣距離最近的美國領土，只要搭飛機三個半小時，就可以在那邊買到美國的東西。對喜歡買美國東西的朋友來說，關島真是個好地方。

　　除了購物以外，關島其實就是約兩個台北大小的小島，開車繞一圈約莫四個小時可以搞定。因此，如果你去關島玩，卻沒有「加購行程」的話，其實還蠻無聊的。而關島的加購行程五花八門，有拖曳傘、潛水、浮潛、射擊，還有很多好吃的餐廳。只要你有加購行程，保證玩到好、玩到滿。

　　想像一下，你今天人生的種種際遇——無論你所認知的好或壞

——有沒有極大可能性，是你當初來體驗 D 文明時，就先策劃好、購買好的行程呢？

於是，我參考了許多發生在我及朋友身上的事情來測量印證。基本上，所遭遇的「事件」確實不論是好或壞，都是「購買行程」才導致的結果，也就是所謂的「命中註定」（或是主題樂園的「使命」）。

因此我得到了一個結論：「生命中會發生的事件與際遇，應該都是登入遊戲之前就有預先準備的加購行程。」有很多時候，是我們看到別人玩得很開心，自己臨時想參加，可是當初沒有預購行程啊！所以你自然體驗不到那個行程，甚至會因為不明究理而過度執著，反而把自己搞得灰頭土臉。

例如，如果你想申請到某個學校，但是這不是當初有加購的話，基本上是進不去的。不論是選舉出線，或是想在某種事業發大財，或是進演藝圈大紅大紫等等，這些也一樣都是需要當初有加購行程，才能順利成功的。

感情上亦然，除了需要先天緣分足夠、相欠債與功課等條件都成立以外，如果沒有雙方都加購（或是累積到一定數量的分靈體的話），一樣不會有所成果。

說穿了，就還是分靈體的重複累積；只不過加購行程的分靈體先天累積數量，多的非常驚人就是了。

另外像是生病或生命中的負面事件，也同樣是你當初購買好的行程。

有趣的是，我發現我可以用量子轉化把這些事件退貨！「加購行程」與「退貨」，基本上執行下來的力道，比分靈體來的強大許多。或也可以這麼說：當我想要玩某個行程的分靈體累積數量夠了，加購行程就可以自動成立。

退貨也是一樣的意思，當我把這行程累積的分靈體數量都消除到一個點的時候，原本加購的行程自然會取消。不過，跟原本的分

靈體施作的技術上比起來，直接購買行程跟辦理行程退貨，其實是更有效率的，因為這是正確的程式語言。

　　每個人、每個事件累積行程與退貨的點數都不一樣，點數越高的，行程通常品質就越好，體驗起來也就越精采。之前我都只是致力於在分靈體上的加減，但卻不知道需要累積多少或是退散多少分靈體，事件才能成形。因此，當「加購行程」的概念成形時，對我來說，確實是個超級強大的里程碑。

　　另外，在實際操作與觀察之下，我也發現 D 文明人類遊戲裡，也是存在非常濃厚的商業行為呢！關鍵在「推銷廣告」的存在。

　　例如，我發現，在把事件退貨完成後，能量與點數明明都已經掛零了，但有些事件仍然以看似殘留能量的方式發生。後來我才知道，這就跟我們生活中經常會收到推銷信以及推銷電話，或是在路上會有一些試用、試吃品推廣，以及瀏覽網頁或看 Youtube 時，會被投放廣告是一樣的道理。

　　這都是遊戲裡誘惑上界玩家們「多買一點」行程的廣告，可怕的是，他們也很容易不小心就被強迫推銷，購買了我們所不想要的行程。

　　如何杜絕來自上界的「推銷廣告」？這正是我研究的下一步。

　　不多說了，讓我們一起研究人生該如何「聰明消費」吧！

加購行程與退貨的實例回饋

　　在我發現加購與退貨的概念後，曾以自己的好友與學員做實驗。大約兩周之內，就得到了一些有趣的回饋，以下也分享幾個案例：

　　一位做生意的朋友，每個月的業績都總是在八九十萬徘徊，一直都希望能夠突破百萬，於是加購了「突破百萬業績的行程」。很快就收到回報，距離月底還有一星期，但是業績已經破百萬了。他覺得很神奇。

　　另一位是個案的愛犬因為不明原因發抖，獸醫那邊該做的檢查都做過了，但仍找不出原因。於是我幫狗狗退貨了「發抖現象」。個案的回報是：目前超過一週都沒再發作過了。

　　總之這是個非常有趣、甚至還蠻好玩的機制，我也期待能發現更多有效案例與回饋。不過，還是提醒各位，在 D 文明的世界裡，我們還是會受到肉體限制，因此，不管是人類或寵物有疾病的疑慮，都請先去找對症醫生詳加診斷處理。

　　如果人生是一場遊戲，一切都是設定好的話，那麼就不可能有意外，對不對？

　　所謂的「意外」，就只是小我或是身為角色的你，所沒意料到、在沒做好準備所經歷的突發事件而已。

　　但對上界的玩家而言，他們可能跟「你」想的不一樣，甚至恰好相反，對於「你」來說難以接受的突發事件，其實是他們預先就購買好，而且非常期待體驗的行程。

　　所以，以我們現況所認為的「這是個意外」、「是不是哪裡搞錯了？」等等人生的事件，包含疾病、關係、職涯……甚至生離死別，其實都不可能是意外。進一步來說，也不可能是「bug」。

　　那麼，怎樣才算是 bug 呢？從維基百科的定義來看：「程式錯誤（英語：Bug），是程式設計中的術語，是指在軟體執行中，因為程式本身有錯誤，而造成的功能不正常、當機、資料遺失、非正常中斷等現象[7]。」

　　人類遊戲中，有沒有可能出現程式錯誤呢？

人類現實生活中遊戲的 bug

　　《GTA 俠盜獵車手》，原本只是一個重複的偷車與開車、快要被開發商放棄的無聊遊戲。某天程式測試人員發現，遊戲裡面一個

7　在 1947 年 9 月 9 日，葛麗絲・霍普（Grace Hopper）發現了第一個電腦上的 bug。當在 Mark II 電腦上工作時，整個團隊都搞不清楚，為什麼電腦不能正常運作了。經過大家的深度挖掘，發現原來是一隻飛蛾意外闖入一台電腦內部，而引起的故障。這個團隊把錯誤解除了，並在日誌本中記錄下了這一事件。也因此，人們逐漸開始用「Bug」（原意為「蟲子」）來稱呼電腦中的隱錯。現在在華盛頓的美國國家歷史博物館中，還可以看到這個紀錄遺稿。（以上取自維基百科）

應該是人民保母角色的警察，竟然發瘋似的開始攻擊起玩家，而且竟然還開車來回輾玩家的屍體。

這個謬誤（bug）啟發了遊戲公司，而把遊戲修改成：玩家在遊戲中，扮演著一個罪惡角色在城市中活動。遊戲裡面甚至有一些任務，例如搶劫銀行、殺人等。任誰也沒想到，一開始的這個 bug，成就了《俠盜獵車手》遊戲的靈魂與精髓。而 2013 年推出的《俠盜獵車手 5》，其後續累積銷售量更來到了 60 億美元，遠超越了電影《復仇者聯盟 4：終局之戰》約 28 億美元的收益。

《Civilization 文明帝國》也是一個有趣的例子。大家都知道印度聖雄甘地是諾貝爾和平獎得主，他一生倡導非暴力抗爭。但在遊戲裡面，卻因為玩家「侵略指數」設定上的 bug，導致甘地這個角色會因為設定數值出錯，而變成侵略指數高達 255、專門製作核武的戰爭狂魔。

這個 bug 在《文明帝國》後來的持續版本中都被保留了下來，從此甘地在遊戲中便「前期種蘑菇，後期種核彈」，這順理成章地成了遊戲的設定。

寶可夢的著名精靈「夢幻」，最早出現於 1996 年發售的《精靈寶可夢紅・綠》，是由程式設計師森本茂樹設計。在開發時期，由於卡帶容量不足（圖鑑裡只能放入 150 隻寶可夢），而使得他設計的夢幻被捨棄；但他捨不得自己的創作付諸流水，便瞞著製作人田尻智，清除遊戲內的錯誤，再偷偷地將夢幻加進多出來的空間。

由於 bug 清除不夠徹底，只有一部分的卡帶能遇見夢幻，夢幻的存在就像神話一般，在小學生中流傳開來。當時回收角色相當困難，於是任天堂趁勢將「夢幻」話題作為遊戲賣點，到 2017 年時，卡帶的銷量突破了三千萬份。

而《Super Mario Bros 超級瑪莉兄弟》也以存在著許多的 bug 聞名，像是水下無窮關卡 -1 關、無限 1up、飛躍過關旗幟、穿牆反跳等祕技，都是當年玩家口耳相傳，多年後仍津津樂道的美妙回憶。

壞的 bug 可能會毀掉一個好遊戲，而好的 bug 會帶給遊戲更多的樂趣。

因此，在電腦遊戲中，假如一些隱藏的錯誤指令並不會讓遊戲出現大變異，如果再加上系統的認可，經常會變成一種玩遊戲時的祕技。（祕技有時是遊戲設計者故意造成的，用於程式設計上的檢查，繞過不需要的步驟、直接檢驗需要的地方時所使用的程式碼。以上資訊參考網路文章與維基百科。）

現實生活中有這些祕技嗎？當然有。因為 D 文明是一個注重物質的世界，當大家都注重有形物質，只想改變外在的世界時，心靈或無形層面就成了祕技的切入點。所以任何心靈層面、能量層面、靈魂層面等往內在追尋的技巧與學問，我們都可以把它們歸類為「祕技」。

舉例來說，大家可能覺得，有些人專門詛咒、養鬼、作法是很邪惡的，但是請記得，祕技並不是 bug，而是遊戲本身所默許的，畢竟遊戲世界裡面不可能存在著遊戲本身不允許的內容，如果有的話，是會被系統除錯掉的。所以這些邪法也可說是遊戲裡的一部分。

當然，無形與能量並不是只能拿來做邪惡的事情，也有很多療癒與成長的祕技，都是很正面的。

除了祕技之外的人生 bug

既然人生不可能出錯，不好的 bug 會被系統移除，好的 bug 可以變成祕技，那麼人生還會有 bug 嗎？

據我的觀察，我發現人生還是會出現四種 bug。

1. 矛盾的欲望

相信大家都有使用電腦的經驗，你使用一段時間之後，即使經常清記憶體，電腦仍然會 lag，速度跑起來很慢，或是彩虹圈圈一直轉，這很熟悉對吧？

既然我們是處在遊戲世界，透過一個軟體系統的運作，時間久了（人類遊戲對我們來說是不可能重新開機的，但對上界來說是可以），就跟電腦一樣，當我們隨著使用的時間與密度增加，有意無意安裝了太多亂七八糟的程式、開啟目前沒必要運作的軟體，這些因素都會造成系統的不穩定。

　　所以，從人生來看，我認為第一個會產生 bug，就是「矛盾的欲望」。

　　我有一個個案，他喜歡 A 女，希望可以追求到 A 女。但過程中又出現了他也感興趣的 B 女（兩個女生彼此是認識的），所以他想請我幫忙，讓他兩個女生都可以追到手。我一開始勸他不要這樣做，但他執意想試試看，做了量子轉化後約一年，他與 A 女兩人只有些許的進展，他與 B 女則在半年內什麼事情都沒有發生。

　　後來我一看，發現之所以沒進展，並不是量子轉化效果不好，而是這件事被個案本身矛盾欲望產生的 bug 所干擾了。個案想跟 A 女結婚，跟 B 女比較像是玩玩的性質，所以他經常處在一個「如果現在跟 A 論及婚嫁的話，我就不能跟 B 在一起了，如果先跟 B 在一起，又被 A 知道的話，我跟 A 也會告吹了」的矛盾。

　　再簡單一點的比喻，我們想像他心裡的指令一下子是「要」、一下子是「不要」，重複不斷累積了一年的結果，宇宙不對這樣的指令感到錯亂才怪。這樣的錯亂，對事件產生了許多的 bug，尤其是個案針對 B 女的 bug 超級多。我先幫個案清除了 bug，請他想清楚到底想跟誰在一起，這樣應該可以讓事情單純化，解決 bug 的出現與干擾。

2. 經常性的想很多，導致情緒處在負面的狀態

　　這就像是你一直在開啟不需要運作的軟體，記憶體被占滿，一定會產生 bug。而且因為你的系統太習慣於負面的狀態，就會一直在這樣的狀態下空轉。空轉還不是最可怕的，因為你一直習慣負面，

所以最終你的系統失去了辨識出「什麼是快樂」的能力，自然你的生命就會永遠處在你最習慣的，那倍感匱乏與痛苦的狀態裡。

3. 身體的 bug

上界玩家們要體驗 D 文明的遊戲，就必須透過我們「肉身」這個載體。身體本身也提供了上界許多有趣的遊戲與行程，有些身體上的不適與疾病，是「你」在上界原先就購買好的行程，有些問題則是系統運作不穩定所產生的 bug；而如果你太疲勞與缺乏休息，也容易產生身體上的 bug。

我自己的經驗是：一個身體（或其他事件）的問題出現時，最好能先確定是否有 bug，因為 bug 所產生的健康問題反而比較難清除，要釐清與考量的要素比較多。這也就是有時候生病了怎麼看醫生都不會好的原因。

不過，要處理 bug 相關的疾病與不適，會需要很精準的能量測試技術、高強的法力與醫學知識，才能正確的判斷與處理。

4. 能量、靈、詛咒方面所產生的 bug

我一位能通靈的朋友曾經告訴我，他有一對不孕的夫妻個案，到處拜拜希望可以懷孕生子，但多年一直未能開花結果。我朋友開了天眼看了一下，發現天上滿天神佛圍在一個小嬰兒身邊，可是因為這對夫妻到處求，導致沒有神明願意出手幫忙，所以孩子雖是有，但是卻沒有機緣可以來到世上。

除了同一件事情到處求神拜佛會產生 bug 之外，找一堆老師問事處理的，也會產生 bug。不同身心靈派別之間的技巧相容度，並沒有大家想像中來得高，所以也跟第一種 bug 會有類似的情況；不同技巧間因為不相容而產生 bug，同樣的也會導致問題進退兩難與空轉，而無法被解決。

此外，被作法、被詛咒太嚴重的，因為違背了原本人生的劇本

走向，會讓被作法與詛咒的對象，生命中出現紊亂的 bug 現象。如果被重複作法，能量會往上加疊，重複卡關，導致閃神、恐慌、憂鬱、鬼打牆、跳針、精神錯亂、做惡夢、失眠、衰運、想死等等現象。（再次強調，我不幫人處理被作法詛咒的問題，因為那等同要與別人開戰，擋人財路。但本書後面的附錄有分享，可以嘗試去解決的正道方法，如有相關的疑慮請善加利用。）

那麼，人生遇到了這些 bug，該怎麼自救呢？最簡單、最初步的方法，還是「情緒釋放」或是找我做量子轉化。雖然情緒釋放未必能解決掉所有的問題，但是在釐清自己的目標與設定句的時候，多少還是能處理掉矛盾所產生的念頭，也能幫助自己脫離負面情緒的桎梏。

有些因為負面情緒所引起的身體問題，也可以透過情緒釋放而改善。其實人類遊戲還有「病毒」的問題，但原則上這個不太會發生在一般人身上，所以我們可以跳過不討論。

當人生遊戲卡關時

比較先進的遊戲，都有「手動」跟「自動」的模式。

手動模式，適合那些喜歡自己一步一腳印，想要享受遊戲每一分每一秒的玩家；自動模式，則是適合那些想玩，但又無法花太多心力在遊戲上面的玩家。

我們所處的 D 文明世界，通常很難做到一心二用。意識本身雖然是無限，但是在肉體的限制下，通常一次只能專注在一件事情上面。（再次強調，被限制，是遊戲的本質。）

C 文明可以做到二個意識分流，就像海豚可以同時睡覺、同時游泳卻不會淹死一樣；B 文明可以意識分流分到三個，A 文明則是五個。不過，那是我們無法想像得到的境界。

對上界的 ABC 文明來說，進行 D 文明的人類遊戲時，透過意

識分流，祂們可以同時玩遊戲，以及專注在自己 C 文明，或其他的複數文明組合的人生。如果你是 ABC 文明的組合，那麼就代表最上層的 A 玩家透過意識分流，同時玩 BCD 三個遊戲。

就像我們玩遊戲一樣，祂們也可以選擇手動還是自動遊玩的功能。

我觀察到，在 D 文明裡，大約有 35% 左右的角色是使用手動的模式，剩餘 65% 的人則是屬於自動遊玩的模式。會進行手動的，大部分都是有在接觸宗教與身心靈領域的人們。

不過，並不是這些人就一定都是在手動模式的喔！如果沒有抓到特定修行訣竅的話，即使你走宗教或身心靈的路線，仍然是屬於被放置自動遊玩的角色。這些人往往看似有修行，可是修行都沒什麼進展，怎麼修，宇宙都不會給予回應，白忙一場。（這種情況，會建議還要參考 B 文明的比例以及與之相欠債。）

那麼為什麼要手動呢？手動的角色，往往人生的難度是稍微高一點，但是相對潛在可能性與可塑性比較高，這樣的特質，比較方便上界玩家把角色依照祂們想要的方式「量身訂做」。

簡單看一下，自動的玩家有誰：郭台銘，周杰倫，林志玲，蔡英文，柯文哲，馬英九，王金平，劉德華，黎明，梁朝偉，劉嘉玲，王祖賢，張惠妹，木村拓哉，羅志祥，豬哥亮，許純美，林俊傑，黃秋生，譚詠麟，梁家輝，成龍。

手動：李登輝，韓國瑜，郭富城，張學友，周星馳，新垣結衣，張國榮，曾志偉，蔡依林，張鈞甯，鳥山明，車田正美，尾田榮一郎，冨樫義博（果然拖稿是自己的想法嗎？還是他的玩家太懶一直不按下一頁，搞到大家都沒獵人漫畫看？）。

比例上，的確是自動的玩家比較多，也比較好辨識。附帶一提，純 D 文明的原生種，基本上都只能是自動型玩家。

手動雖然有「可以調整角色設定」的好處，但是同時也會有容易卡關的問題。拿遊戲來做很簡單的比喻：自動的話，就是不需要

玩家的指令，遊戲就會自動進行；手動的話，會要玩家自己點選，要不要進到下一章節的某一個關卡。

如果玩家偷懶或開小差的話，很多時候你會發現，人生中好像萬事具備了，但是那該死的東風卻怎麼樣都吹不起來。生命中出現看似卡關的現象，那是因為玩家還沒有下指令告訴你，下一步要往哪邊走啊！此時此刻「你」可能正在主選單上面徘徊著呢！

我認為最理想的方式是：有能力的話，就先手動修改自己的人生；等你覺得已經修改到成為你要的狀態，而且破關條件（含經驗值）滿足了以後，再轉成自動玩，往故事的下一頁邁進；不滿意了就再次修改。

所以，你可以一下子認真、一下子放鬆，隨時切換，順流的玩耍，在遊戲中，把手動、自動兩邊最好的精華都拿到手，如此一來，你就可以從這場人類遊戲中得到最多的樂趣。

所以，請不要太在意人生中偶然的「卡關」狀態。

如果你真的有在走身心靈自我修行與成長之路，而且走在正確的道路上的話，有時候看似人生卡關，其實只是需要請你上界的玩家幫你把故事翻到下一頁而已。對祂們而言，我們的人生只是一場遊戲，祂們都可以沒那麼認真了，我們又何必為了卡關在那邊自尋煩惱呢？

Game over？關於壽命的祕密

2019 年，因為有親人年紀輕輕就突然過世了，所以不由得讓我想探討壽命的問題。照理說，壽命的長短，理論上是上界玩家在初始化 D 文明角色時，就要設定好了。除非是劇本中的安排角色出現意外或疾病，否則在平均壽命八十歲的時代，我們起碼活超過五、六十歲，應該都不是問題。

我的親人文明組合是 BD，在我探索這個緣由的過程，意外發現到，他的 B 文明玩家也是突然年紀輕輕就過世了（比我親人過世的

年紀還小）！BD 文明之間是有時間差的，B 玩家死亡後，約有 D 文明六十天的時間來承接角色，如果角色後續無人承接，D 文明的角色也只好跟著被登出（雖然角色被登出，但是其意識是存在的。因為所有層級 20 以下的意識，都是由 A' 產生，所以最終都會回歸到 A' 的系統裡）。

　　我再比對了之前有位年紀輕輕就得腦腫瘤，原本開完刀很順利，但後來卻突然就過世的朋友，發現也是同樣的理由。原來有些時候，上界的壽命會影響到我們壽命的長短。

　　大家要記得的是，上界的 ABC 玩家，都跟我們一樣是「人類」，只是他們處於比我們高層級的遊戲世界而已，他們的平均壽命也是在八十歲左右（但是時間的流速跟我們不一樣）。只有 A' 的玩家，是第一代的人類，壽命可長達七千年之久。

　　歷史上曾經活很久的人，就我所知道的有兩位，彭祖與密教祖師蓮華生大士，兩位都是活了八百多歲。於是我好奇的看了一下他們的文明結構比例：

蓮華生大士：A'4A3B2C4D7

彭祖：A'4D16

　　基本上，能夠讀取到訊息的話，就代表他們是真實存在過的人物，否則會顯示為無法讀取。重點是，他們的文明結構比例中竟然有 A'！原來他們就是 A' 直接下來到世界遊玩與系統除錯的人啊。（附帶一提，前文已經提過蓮華生大士是「我」曾經體驗過的角色，而彭祖，則是我在上一章提到，來自日本的那位女性所體驗過的角色。原始寫出 A 文明的七位 A' 工程師，目前在 A 文明還活著的只剩四位，而那四位，現在都有透過角色在 D 文明玩耍考察著。）

　　另外，來看看世界最長壽的人，他們的文明結構比例：

法國的珍妮・卡爾門，122 歲：A'1D19

美國的莎拉・勞絲，119 歲：A'2C2D16

日本的田島鍋，117 歲：A'1B2D17

　　美國的莎拉 • 勞絲，是「我」體驗過的角色，雖然我完全沒有相關的記憶；法國的珍妮 • 卡爾門，是川普上界玩家體驗過的角色；日本的田島鍋，也是來自 A' 的日本女性上界玩家體驗過的角色。有趣的是，這三位人瑞活著的時間，與我們三位都是有重疊的。

　　依照以上的案例來推論，想要活的久的話，首先要確保你上界玩家的壽命與健康程度；如果想要長生不老的話，你必須要有 A'。

上界玩家人生爽度與我有關嗎？

　　於是，在探索壽命的祕密的同時，我發現了更深層的祕密：「我們的人生想要過的好的話，必須考量上界玩家是否也過的好。」

　　我們的上界玩家雖說是比我們更高層級的存在，但是他們的本質也都是人，只是我們把他們神化了，以為他們都跟神仙一樣過著爽哈哈的生活，但真的是這樣嗎？我決定更加探索上界玩家，看看他們的人生到底是在幹什麼？

　　我自己本身的文明組合是 ABCD，雖然「我」可以追溯最高到 108 層級，但有肉身的形象是從 A' 開始，如大家所知，我在 A' 的玩家就是當初寫出 A 文明的七個電腦工程師之一。我陸續探索，得到了以下的資訊：

A' 文明的玩家：男性，114 歲，電腦工程師。我欠他 4 分。

A 文明的玩家：男性，39 歲，物理學博士。我欠他 4 分。

B 文明的玩家：男性，44 歲，有從事身心靈方面修行的醫師。我欠他 2 分。

C 文明的玩家：男性，65 歲，電腦工程師。我欠他 8 分。

　　之前的「加文明」服務與「文明相欠債」服務，是調整成該文明欠你，你會得到該文明欠你的好處，但是這不代表玩家有欠你。

單我一個人的數據不夠，因為剛好周杰倫也是 ABCD，所以我們來看一下周董 ABC 文明玩家的身分吧。

A 文明的玩家：男性，24 歲，音樂老師。他欠周 5 分。

B 文明的玩家：男性，42 歲，詞曲大師。他欠周 11 分。

C 文明的玩家：男性，19 歲，知名歌手與藝人。他欠周 15 分。

這兩個一比就一目了然了。周杰倫的 ABC 玩家每一個從事的工作都跟 D 文明的周杰倫有關係，而且每個都欠周杰倫，這一層一層的加成起來，造就了周杰倫在 D 文明的成就與人生的爽度。

再看一下美國總統川普，他也是 ABCD：

A' 文明的玩家：男性，199 歲，電腦工程師，他欠川普 4 分。

A 文明的玩家：男性，47 歲，政治家、三任國家元首（目前第一任）。他欠川普 4 分。

B 文明的玩家：男性，52 歲，企業家、兩任國家元首。他欠川普 12 分。

C 文明的玩家：男性，66 歲，政治家、四任國家元首（目前第二任）。他欠川普 4 分。

川普的就不用多說了，跟周杰倫一樣，相當的一致。

有人或許會說：元首以及所有不同職業的人，都在玩遊戲？應該是我之前沒有說明清楚。這樣解釋好了：因為我一開始是用遊戲的概念來形容我們與上界文明的關係，這樣可能導致大家誤解這是一件不正經的事情。

對 A' 文明來說，進到下一層文明，那可是當時拯救整個文明、保存大家生命與意識的唯一方法。所以很有可能跟我們中華民國實施的兵役法一樣，上界會要求每一個人都要維持至少一個意識的分身，或是其他我所無法知道或理解的理由，進到下一層來擴展自己的意識，或是探索自己的可能性也說不定（就像我們都不一定清楚美國或日本有什麼法律了，更何況是上界文明的法律與規則）。因

為有意識分流的能力，所以進到下層文明的「遊戲」（或準確一點，模擬的世界），並不會影響到他們的日常生活。

反觀我自己，我只有跟 B 文明的玩家性質上比較貼近，但是我能量相欠債是欠他的，而且我每一個文明的玩家從事的工作都看起來沒什麼關連，矛盾衝突一定少不了，所以這輩子的路走起來就辛苦了許多。

可以爽爽過的人生，卻不這麼選擇，好歹「我」也是 A 文明的七大創世神之一耶，搞了半天怎麼都沒有特別待遇？這不禁想問我上界的幾個玩家們，到底在發什麼神經？我也用身邊幾個朋友的案例以及量子轉化的個案去看，果然都呈現了這樣的模式。

但是，之前不是說，上界的玩家是來體驗他所沒有的東西嗎？那照我探索出來的這個結論，好像又不太對勁？

這個答案需要分為兩個層面來回答。

第一個是，從無形的靈體轉到有形的肉體，這是從樂園來到人類世界的過程。這是神明們透過把自己限制住，來探索祂們所沒有的物質世界。

第二個層面，就是祂們透過進入 ABCD 一層一層的文明遊戲，來體驗更多被限制（仍然是神明的相反）的可能性。所以，跟我們角色相反的狀態是無形的狀態，我們並不是全然跟上界玩家們相反。

接著我們來看看，你會怎麼看待你用心培育的一個遊戲角色。當你花了很多心思與資源在一個角色身上，我想你會不由自主的把自己當成角色的父母或主人吧？（跟早期的電子雞遊戲一樣，會不定期的要你去餵食與鏟屎，還要陪它玩，不然它就會死給你看。）當你讓一個角色依照你所想的培育出來後，自然你會想讓他做一些你自己做不到的事情，甚至透過角色去完成他的夢想……有沒有跟父母很像？

但是問題來了，這是一個沉浸的 VR 體驗式遊戲，即使玩家知道角色不是真實的，但是如果一個玩家自己不懂理財，請問他如何

幫助角色理財呢？同理，如果一個玩家本身看到女生就會害羞而不敢開口，你又怎麼能寄望他會在遊戲世界中，就能立刻搖身一變，成為一個吃香喝辣的把妹高手呢？

　　再次強調，上界玩家是人，不是神。我們只是他們的意識所投射出來的角色，所以我們很理所當然的會反映與承接到他們人生的課題。即使他們會透過我們來體驗一些他原本人生所做不到的，但是他們自己也會被自己的慣性所束縛著，所以我們可能跟玩家有不一樣的工作，但是骨子裡還是跟玩家很相似的，這些甚至包含了我們的飲食習慣、交友習慣、身材體態、興趣喜好等。

　　除此之外，我想大家可能都聽過或是遇過，有一種父母，會嫉妒小孩過的比自己好；當小孩只要有好的表現，或是比父母更好的人生際遇時，父母內在會有一股「你憑什麼過的比我好？」的聲音，然後透過打壓小孩，來慰藉自己失敗的人生。

　　很遺憾的，上界玩家與我們角色之間，也會有這樣的問題，我把它稱為「上界嫉妒效應」。我不能說百分百，但是如果你人生有所不順時，有很大的機會是被你的「遊戲上界的父母親／主人」吃醋嫉妒且干擾了。尤其是像我欠 A'ABC 每一個上界玩家時，相信我，當我想變得更好時，我生命中所受到的阻礙，可真是有如滔滔江水，連綿不絕，有時候又有如黃河氾濫，一發不可收拾。

　　那遇到這種情況該怎麼辦呢？

　　「我們的人生想要過的好的話，必須考量上界玩家是否也過的好。」

　　這就需要可以超越時空的量子轉化啦！首先可以試著療癒你上界的玩家，如果你在感情方面不順利，你的上界玩家一定會至少有一個是感情方面有問題的，其他方面也是一樣。當他們得到身心解放，問題得以解決時，自然會知道該怎麼讓你也跟他一樣的幸福與快樂。

　　另外，也可以調整相欠債，只要玩家欠你比較多，他干擾到你

的效應，就可以大幅降低。

最後，最不得已的手段，就是找我幫你替換上界玩家。

以暗黑手法修改命運的影響

前文提到，D 文明的一般人在遊戲中，如果用正規的方法，是怎麼樣都無法改變超過 15% 原始劇本的。但是有沒有人動了超過 15% 呢？當然有！我們來看看這是怎麼回事吧。

我對於這個能變動多少的數據很有興趣，所以觀察了我許多個案的前後變化。我發現大部分的個案，在做過量子轉化後，變動的幅度都沒有超過 8%，而他們的願望都達成了。

這現象非常有趣，如果你不需要動超過 15% 就能夠得到你想要的，那代表你想要的目標，其實也真的不是什麼大不了的東西；我的「大不了」，指的是超出你原本命中格局的東西。

換句話說，大部分的人都還是被原廠設定綁得緊緊的，即使你認為你有了一個偉大的夢想與抱負，但那都也只是你命運中原本的安排。

於是我想到了，很久以前用早期版本的量子轉化，幫一個女生在演藝圈大紅了起來。我發現我改變了她的人生 12%，這已經是在臨界邊緣，所以我推斷，原本她的人生應該就只是進到演藝圈轉一圈，沾個醬油就會消失。

只是，她似乎不認為是我的量轉幫助她成功在演藝圈發光發熱，因為她正式出道後，就跟我失聯了，後來我發現她為了提升星運，而改去求助養小鬼。由我原本的幫助加上她後來養小鬼，這總共改變了她 17% 的人生。

通常這麼大幅度的改變，如果沒有持續的施作術法的話，能量上是無法維持的。少了量子轉化，她只剩下 5% 能量的供應。最近從 FB 看到她粉專，少了我給予的 12%，星運似乎黯淡了不少。

　　但遇到卡陰、詛咒、作法等，也有可能是命運中本來就有的安排。

　　我還有另一位朋友，也是多年來都想進演藝圈發展，但總是諸事不順。她沒養小鬼，但是會到處拜拜與求助於不同的老師，結果反而被作法與卡負面能量卡了一大堆，甚至精神狀態都有些失常了。然而，我看了一下，她的遭遇完完全全沒有偏離劇本，所以這真的就是依照劇本演出的「被詛咒的人生」。

　　嚴格來說，要超越原始劇本 15% 以上的變動，不是沒有可能的，重點是在於，變動超過 15% 後，能否有效的維持。你已經不在原本上天所安排的道路上行走，沒有足夠的能量與後續的支援，遊戲的本質還是會想把你打回原形，畢竟，超過 15%，終究不是遊戲所允許的，這時候你就成了系統要抓的 bug。

　　當你一個人在無盡的未知荒野瞎摸索，又遇到系統對你的除錯機制，你是很容易窮途末路而陣亡掉的。想超越自己原本命運的話，就需要超乎常人的努力與格局，否則是不可能發生的。大家還是老老實實的去大膽做夢，去想那些你原本想不到的事情，然後拚命把它實踐吧！

　　雖說世界上有作法跟養鬼這些非正規的方法存在，但我完全不建議大家去接觸。因為，養小鬼會對你的命運造成負面的影響。

　　分享一個有趣的發現，以下是我觀察了三個有養小鬼的人，在養小鬼之前跟之後的差別。

(1) T 先生

　　文明：（A-2B-3）D2 → A3B2C1D0

　　人生遊戲平均難度：4 → 5

　　本源：人類→巨人

　　T 先生比較有趣的地方在於，他原本是 D，就只是個陪玩的角色。通常遇到這樣的情況，我會去拆解他隱藏在 D 裡面的 ABC 特質（如果有的話）。放在括弧裡面的，即表示拆解後的狀況。

　　養小鬼後，似乎 AB 變好了，而且還自動加了 C 上去。美中不足的是，D 從原本的 2 變成 0 分，這樣整體下來的結果，雖說因為有 C 會讓人緣方面有所提升，只是他原本生命中 D 文明的爽度卻大幅減少了。加上新文明的穩定度很低，所以應該沒有完全轉過去，也就是會經常擺盪於新舊文明之間。

　　更糟糕的是，因為 D 減少了，所以人生遊戲的難度從 4 變到 5，從容易模式變成中度模式，怎麼看都是沒有變好啊！但我想 T 先生自己並不知道吧。這是一個養小鬼改命運失敗的案例。

　　再來看看另一個案例：

(2) C 小姐

　　文明：D- → A2C2D2

　　人生遊戲平均難度：4 → 2

　　本源：亞人→獸人

　　C 小姐原本長相普通，透過動些整形手術讓自己變漂亮，之後並加上養動物等方法改運。但她覺得不夠，所以最後還是接觸了養鬼。這位 C 小姐就是綜合很多方法來改運的案例。我覺得她運氣有變好最大的理由，其實應該是整形吧！總共占了運勢的 80%，我只能說人正真好。

她的文明結構隨著外表起了巨大的變化，這其實跟小鬼沒什麼關係，可以說她在改運上被騙了不少錢，然後也沒搞清楚到底是哪一環起了作用，卻把她的好運歸功於小鬼。不過，我覺得都無所謂啦，她自己覺得人生有變好就好。

只可惜她在 D 文明的本源卻降格了。我想外表整得再怎麼美麗，也無法掩蓋過內心的缺陷與匱乏。

我之前也曾測過新聞上越南有位女生在整形後嫁給了很有錢的人，同樣的，她整形前後的文明呈現出來，也是天差地遠。

再補一個 Y 小姐。

(3) Y 小姐

文明：D-2 → A2B2C2D2

人生遊戲平均難度：4 → 2

本源：亞人→巨人

這是 C 小姐的閨蜜，基本上就是兩個女生一起相揪去整形跟養小鬼。Y 小姐的狀況跟 C 小姐大致上差不多，因為兩個人其中一個，很想當另外一個人，兩個人整出來的外表也很接近。

雖然我並沒有很常遇到養小鬼的人，但從這三個案例來看，老實說，真的要花錢養小鬼，不如去整形。不然為什麼一樣養小鬼，男生女生效果就差這麼多呢？

最後，在壽命上，我發現養小鬼或不小心接觸到的人，剩餘的壽命都是有大幅縮短的。我的推測是：其實你並不是因為養小鬼而變得比較多收入或福分，而是因為壽命減少了，可是你這輩子的收入與糧草是固定的，它就會在比較短的時間內必須出現，讓你消耗掉，所以出現了好像暫時變得很好的假象。

但一切也都只是假象而已啊，為了假象玩這麼大，值得嗎？

不同層級就要使用不同技巧

當你願望無法達成時，你往往會感嘆人生不如意之事十常八九，人生真的是大苦大難啊！殊不知上界的玩家則是因為你生命中關卡難度大幅提高而拍手叫好，這真的是叫我們這些角色情何以堪。

很多身心靈的派別也都會要求每個人反求諸己，他們認為，外在世界是你心靈的鏡子，所以自己就是生命困境的源頭，你必須要深入問題，發現為什麼你的內在要反映出這些困境給你。

最終只要你能覺察，並且在情緒不為外在環境所動時，你的困境自然就會出現變化，你就能超越它，並且使事件往你想要的方向前進。

這是真的嗎？我自己便拿了之前我家樓上愛發出噪音的鄰居來檢視。我發現，之所以會遇到這個問題，是我上界的玩家們想透過我來體驗這種被吵的事件，比例上是祂們 75%，我只有可憐兮兮的25%。

怎麼看，我的想法與意見都是被上界玩家們無視的，難怪之前我再怎麼努力做量子轉化都是徒勞無功！所以「我」到底是怎麼回事？我是我這個小我，還是小我與上界的玩家們的總和呢？如果我們都是一體而融合成為一個大我，或我是祂們的分身的話，為什麼只有我痛苦、祂們開心呢？

由於這個主題牽涉的層面比較深，我們就先跳過不討論吧。

有所領悟之後，我發現，在噪音的這件事情上，跟我的內在，怎麼想都完全沒有關係！天啊，這完全違反了我之前所學所讀所理解的一切，我無法接受！於是我再拿了我身邊朋友與一些比較困難的個案來驗證，發現沒有一個是例外的，甚至越困難的情況，上界所牽扯的比例就會更高。原來人真的不是我殺的，這一切都是上界幹的好事。

我所拿來檢視與驗證的這些願望，都無法靠想像力的技巧來達成。尤其是噪音，要想像「沒有噪音」是很難做到的，這就像是叫你不要想粉紅色大象，你腦袋馬上就會出現粉紅色大象的圖案。

所以我認為，使用想像力與觀想，只能帶我到這麼遠（層級1）；想要大幅提升心想事成的機率的話，必須配合正確的「程式語言」。在我開設的其中一堂「神祕課程」中，我教導學生如何搭配想像力與程式語言，讓這個技巧的層級大幅提升到5。

層級5對於許多更高更遠的願望來說，還是不夠用的。當我發現這世界是個遊戲時，程式語言就變得很重要了。當然不是說我們都要去學怎麼寫電腦程式，而是你的思考模式必須要能符合程式的寫法。

舉例來說，我所使用的「緣分」、「相欠債」、「功課」等名詞，就是符合遊戲軟體設計的概念。

「緣分」代表玩家與遊戲世界人事物之間互動的深度。

「相欠債」代表玩家與遊戲世界人事物之間能量流動的方向。

「功課」代表玩家與遊戲世界人事物之間改變對方的強度。

我發現，越是能掌握到正確的「程式語言」，我能夠修改遊戲的幅度就更大。

既然上界也是遊戲的一部分，自然也必須接受程式語言的指令與操作，這可能是唯一可以讓我們感到開心的部分。只是要如何修改到那個層級，就需要更高的權限與更正確的程式語言了。

心想事成的技巧無法一步登天，不同層級就要使用不同技巧。

當你剛入門時，想像力是一個很棒的開始，還是要好好的學習與練習。有天當你發現這些技巧無法滿足你時，就代表你要開始往更高的境界邁進了。

這條路是沒有盡頭的，有的只是更遠，以及更多的更遠等著你。

Ch4 你的現實就是虛擬

4-1 虛擬即是現實

　　前面三章提了許多「虛擬」的概念，或許大家覺得奇幻了點，所以這章就來「硬科普」一下，帶領大家來了解現代的科學對「虛擬世界」的看法。

　　電影《駭客任務》（The Matrix）裡面有一幕，莫菲斯問主角：「尼歐，你是否有做過這樣的夢？在夢境裡，你感覺是如此地真實。要是，你無法從那樣的夢境中醒來呢？你要如何來辨別夢境與現實世界的差異呢？」

　　我們每天起床睜開眼，透過視覺、聽覺、觸覺等五感，跟這個世界互動，但是現實是真實存在的嗎？或者，我們有沒有可能也像電影《駭客任務》的劇情一樣，生活在一個複雜的模擬世界中？

　　是否，或許「宇宙」的定義已經超乎我們的想像，反而更像一場夢？就像在夢裡我們無法得知自己正在做夢一樣；我們真的有辦法分辨出，我們「是」或「不是」存在一個真實的世界裡嗎？

　　印度教相信：人世所經歷的一切循環，都源自於毗濕奴的沉睡與夢醒——毗濕奴代表了世界的生成。

　　我們耳熟能詳的《莊周夢蝶》，莊子說：「昔者莊周夢為胡蝶，栩栩然胡蝶也。不知周也。俄然覺，則蘧蘧然周也。不知周之夢為胡蝶與？胡蝶之夢為周與？……此之謂物化。」

　　其大意是：莊子一天做夢，夢見自己變成了一隻蝴蝶。醒來之後他發現自己還是莊子，於是他不知道自己到底是變成莊子的蝴蝶呢，還是夢中變成蝴蝶的莊子。在這裡，莊子提出一個哲學問題——人如何認識真實。如果夢足夠真實，人很難知道自己是在做夢；但這個夢也可能是一次關於天人合一的清醒夢。

　　我們可以這麼說，只要你相信我們所處的世界是由一個神或多

個神創造出來的話，那麼你的潛台詞就是：某個程度上，你認為、也相信世界只是一個想像的產物。

簡單來說，想像力創造一切，而世間所有的一切，都是想像出來的。

佛教的《金剛經》也說：「一切有為法，如夢幻泡影，如露亦如電，應作如是觀。」這句話也是在告訴我們，世界上的一切都是幻象。

幻象世界的模擬假說

「世界是一個幻象」的概念，已經在人世間流傳久遠。

近年來隨著科技的進步，網路的資訊也越來越豐富，漸漸地，有些理論開始假設：我們可能存活在一個「大型的精密遊戲」當中。「模擬假說」（Simulation Hypothesis）就此出現了。

模擬假說是一種存在於哲學、物理學與懷疑論中的猜想，是由牛津大學的瑞典哲學家尼克‧伯斯特倫（Nick Bostrom）於 2003 年提出他的論文〈Are You Living In A Computer Simulation?〉（你生活在電腦模擬中嗎？），論文裡主張：一切現實──包含宇宙、地球與人類──皆是「被模擬」出來的。

也就是說，我們相當於活在一部超級電腦的程式中，我們所認知的「現實」全部都是電腦模擬的結果。

若是一臉正經說出「我們是被模擬出來的」這樣的想法，在上個世紀可是會被取笑的，但現在這個想法卻被科學家非常認真地看待。許多最先進的物理實驗已經取得了非常令人意想不到的結果，這結果明顯的指向：**我們的宇宙並非一個客觀的現實世界，而是實際上由某種其他東西所產生的，這東西並非實體，而且超出我們所能感知的範圍。**

在這數位時代，科學開始展現了我們的世界與虛擬現實之間的關聯性。近年來虛擬實境（VR）遊戲也越來越精緻，大導演史蒂芬

史匹柏在2018年的電影《一級玩家》（Ready Player One）也拍攝出，如果我們可以把自己全部沉浸（完全潛行）到遊戲裡，會呈現出什麼樣的世界觀。

美國著名名科幻作家菲利普・迪克（Philip Dick），強烈的相信我們是活在一個虛擬的世界。在他的著作中，經常性會出現錯列宇宙（Alternate universes）和擬像複製（simulacra）的情節。

其他像是擔任谷歌（Google）工程總監的美國未來學家雷蒙德・庫茲維爾（Ray Kurzweil），也探討了人類是可以把意識下載到晶片上的可能性，這意味著——我們或許跟被數位化的資訊沒有什麼差別。

缸中之腦——被圈養的意識

既然提到了虛擬理論，就不得不提一下把這個概念發揚光大的經典科幻電影大作《駭客任務》。當時這部電影對廣大人群的意識播下了種子：電影裡面提到的是人工智能透過母體（The Matrix），把人類的意識禁錮在電腦模擬的世界，進而把人類的肉體當成人工智能需要存活的能源來源。電影的故事圍繞著主角尼歐在透過崔妮蒂與莫菲斯的引導下，發現自己身處於模擬世界，從中「覺醒」之後，拯救世界的故事。

《駭客任務》對觀眾的意識播下了種子，而什麼是意識？意識是由大腦產生的，我們所感知到的世界，就是大腦透過來自五感的訊號對外在世界的預期與猜測。《駭客任務》電影中，人類意識被禁錮在電腦模擬世界的概念，或許是源自美國哲學思想家希拉蕊・普特南（Hilary Whitehall Putnam）在1981年的著作《理性、真理與歷史》。

書中提到了「缸中之腦（Brain in a vat）」假說：

「一個人（可以假設是你自己）被邪惡科學家施行了手術，他的腦被從身體上切了下來，放進一個盛有維持大腦存活的營養液的

缸中。大腦的神經末梢連接在電腦上，這台電腦按照程式定時向大腦傳送訊息，以使它保持一切完全正常的幻覺。對於那個被切下大腦的人來說，似乎人、物體、天空還都存在，自身的運動、身體感覺都可以輸入。這個腦還可以被輸入或截取記憶（截除大腦對邪惡科學家施行的手術的記憶，然後輸入他可能經歷的各種環境、日常生活信息），它甚至可以被輸入代碼。因為缸中之腦和頭顱中的大腦接收一模一樣的信號，而且這是它唯一和環境交流的方式。從大腦的角度來說，它已完全無法確定自己是顱中之腦還是缸中之腦，同樣也無法確認，這世界的一切究竟是真實的還是虛妄的。」

　　此外，在 2008 年時，美國馬里蘭大學的理論物理學家小西爾維斯特‧詹姆斯‧蓋茨（Sylvester James Gates Jr.），更實質地發現，使瀏覽器運行的指令碼「Doubly-even self-dual linear binary error-correcting block code」隱藏在超對稱理論的數學方公式中。而他發現的程式碼是在 1940 年代由美國數學家、電子工程師和密碼學家克勞德‧夏農（Claude Shannon）所撰寫的。這個意外的發現，讓蓋茨懷疑起人類是否活在 Matrix 裡面。

　　在 2017 年 3 月 7 日，他與專精宇宙學的美國天文學家奈爾‧德‧葛拉司‧泰森（Neil DeGrasse Tyson）的訪問節錄如下：

　　泰森（以下稱為泰）：「所以，你是說當你更深入的挖掘，你發現了程式碼……就寫在了宇宙的結構之中？」

　　蓋茲（以下稱為蓋）：「寫進了我們用來描述宇宙的公式之中，是的。」

　　泰：「電腦程式碼？」

　　蓋：「電腦程式碼，由 0 和 1 組成的位元字串。」

　　泰：「它並不只是看起來像程式碼的類似東西，你是說，它真的是程式碼？」

　　蓋：「它不僅僅只是程式碼而已，它還是一種特別的程式碼，

由科學家 Claude Shannon 在 1940 年代所發明。」

泰：「所以，你說有某種實體存在，並且設計了我們的宇宙，而我們只是程式碼呈現出來的樣子？」

科學家們不約而同且看似瘋狂的論述，正逐漸顛覆我們的認知與想像。

電動玩具的進化，隱藏模擬假說的佐證

接著我們來看一下電玩的進化史，看看電玩跟模擬假說有什麼關係。

人類自古以來就喜歡看表演，參與比賽。而科技往往都是架構在滿足人類的欲望需求上。電子遊戲（video games，以下簡稱電玩）到了現代，更是集最高科技於一身，又可以普及於大眾的最佳娛樂工具。

美國遊戲公司 Atari 在 1972 年 11 月 29 日推出的一款投幣式街機遊戲《乒》。《乒》是一款桌球遊戲，其英文名稱「Pong」，來自桌球被擊打後所發出的聲音。《乒》常被認為是電子遊戲歷史上第一個街機電子遊戲。

在此遊戲中，玩家的目的就是在模擬桌球比賽中，奪取高分以擊敗電腦玩家。在我成長的過程中，任天堂的紅白機是我第一個接觸到的家庭電玩，後面的超級任天堂、Gameboy、Playstation、Sega Saturn 乃至到最近的 PS4，我都沒有缺席。

《乒》的畫面就是一個圓圈加上兩個長方形，以現在的眼光來看，這只能用「慘不忍睹」四個字來形容，但在當時這卻是個大受歡迎的遊戲。仔細思考一下，從 1972 年到現在 2020 年，也才約 50 年的歷史，科技的成長、遊戲主機硬體的進步以及遊戲的畫面細緻度，都有了超級不可思議的進步。

如果我們存在的世界是個電腦模擬出來的遊戲世界，那麼這樣

的科技想必是超前我們文明數百年或數千年的（從進化的觀點來說，幾千年跟幾萬年只是一點點時間而已），如果我們做得出模擬自己世界的遊戲，那麼這樣的文明製作出我們的世界，應該一點難度也沒有，甚至我們的存在有可能只是某個高等文明高中生的暑假電腦作業呢！

美國太空總署噴射推進實驗室的演化計算以及自動設計中心主任瑞奇・泰瑞（Rich Terrile）表示：「美國太空總署最快的超級電腦，其運算速度大約是人腦的 2 倍。」如果你用「摩爾定律」做簡單的推算：「大體上來說，電腦的效能每兩年就會增加 1 倍。你會發現，這些超級電腦，不出十年，就有能力運算出一段八十年的完整人生。把一個人的人生之中所產生的每一個想法，全部都運算出來，只需花上一個月。」

雖然我們目前沒有任何完全實質的證據，來證明我們處在一個電腦模擬程式所模擬出來的世界，因為也無從證實起；但是，我們還是可以繼續深入探索關於「現實可能是被模擬出來」，以及「這個世界可能只是個遊戲」的理由。

宇宙的起源 ・ 數位大爆炸

「我們的世界是虛擬的，或如同夢境的。」近年來，這個概念已經被許多的科學家深入探索。紐西蘭梅西大學的布萊恩・惠特沃思（Brian Whitworth）博士，檢視了兩個相對的觀點：

其中一個是**唯物論**：我們的宇宙是完全物質性的，它存在於自身中，源自於本身，並且不需要任何外來的東西來解釋它。

另一個觀點是最後演變成「模擬假說」的**唯心論**：我們的宇宙是以虛擬構成物的形式而存在的，而且依存於資訊處理程式，運作於時間與空間之外。

惠特沃思博士檢視了所有實驗結果所顯示的事實，並且提問：哪一個觀點與事實更相符合？經過了徹底深入的分析，他做出了結

論：實驗數據更符合於「模擬假說」。

與「大爆炸（Big Bang，是描述宇宙的源起與演化的宇宙學模型）」開始一起分析：目前已經完整建立的宇宙模型表明了，時間與空間的產生，是由數十億年前的單一事件所創造，並且擴張成了如今環繞著我們的樣子。幾乎所有的科學家都同意，我們的宇宙由遙遠過去的一個「點」開始存在。

從唯物論者的觀點來看，我們的宇宙就是「所見即所得」的這個樣子了，宇宙是客觀的、獨立存在的現實。關於大爆炸源自於虛無的事實，其實非常的難以被大眾所理解與接受。怎麼可能所有的東西都來自於一個點呢？

但如果你以虛擬構造物的觀點來看待這個宇宙，大爆炸理論就合理的很完美了。虛擬世界總是「零」開始進到「有」的狀態，因為它需要最初的啟動。每當一個電腦遊戲開始時，從遊戲的觀點來看，就是瞬間從零到有，這就是數位大爆炸。

從虛擬世界的角度來看，創造總是源自於虛無，因為在它被起始之前，時間與空間尚未存在那個虛擬世界中。

另一個要考量的事情是「**量子位元（quantum bit）**」，「光」被量化為「光子」，「電」被量化為「電子」，以及其他類似現象的事實，更符合於「我們生活在虛擬構成物中」的假說。因為在數位化的過程中，所有的資料必須存在一個最小的量或單位，這個最小的單位是由位元或像素來表示的，而我們的世界也呈現了相同的性質。

諸法皆空，一切都是由最小像素所構成的

當我們買電視或電腦銀幕時，通常都會選越高解析度的越好。影片解析度又可稱為影片解像度，指的是影片圖像在一個單位尺寸內的精密度。當我們把一個影片放大數倍時，就會發現許多小格點，這些點就是構成影像的單位──像素。

影片的解析度與像素密不可分，比如一個影片的解析度為1280x720，就代表了這個影片的水平方向有 1280 個像素，垂直方向有 720 個像素。

　　目前（2020 年）高清解析度的主流為 4K，甚至 8K 解析度的銀幕也已經出現在市場上了。4K 級別的解析度屬於超高清解析度，提供了 800 萬以上的像素，可看清影片中的每一個細節。不過，追求4K 也有一定的要求，4K 影片每一幀的資料量都達到了 50MB，因此無論是解碼播放、下載還是編輯，都需要非常高配置的裝置。

　　不管畫面再怎麼清楚，解析度再怎麼高，當放大看電視或電腦螢幕的影像時，我們會發現，看似連續的畫面是由不連續的像素點組成的；而現實世界中的物質，也是由不連續的微小粒子組成的。

　　這些我們都認為是「固體」且體驗為「主觀現實」的物質，它們其實本質上都是空的：物質的構成其實是不連續的，因為任何東西都是由分子構成的。

　　分子是由原子構成的，原子核與電子構成原子，質子加中子構成原子核。再往下還有光子、膠子、夸克、玻色子、輕子與費米子等。這些細小的東西內部又有部分是空的，看起來連續的物體，最終是靠各種「力」聯結的不連續的微觀粒子。

　　一個原子的大小，約是原子核的 2 萬到 10 萬倍長，半徑為 r 的球體體積是（4/3）πr^3。所以，我們可以得知，一個原子的體積之於其原子核約為 10^{15} 倍。換句話說，一個原子本身，除了原子核以外的 99.9999999999996% 都是空的。

　　圍繞著原子的電子們，質量與尺寸非常小，可以把它們當做「波長」等級的存在，無法被當做實體。原子核本身的架構是中子與質子，構成它們的則是夸克與玻色子，這兩者也是被當做是無體積與重量的存在（夸克的半徑被估算為小於 0.43×10^{-18} 米），一樣可以當做是波長等級的存在。

　　剩下的就是一堆很難形容它們存在的顫動的能量，是能量波的

干擾模式，或是連續型隨機變量的機率密度函數。這是一個描述這個隨機變量的輸出值，在某個確定的取值點附近的可能性的函數。

在這麼小的等級時，所有的比喻或形容都失去意義，因為它們都無法被觀察到（故無法瓦解波型），所以它們只能被稱為「資訊」。

既然一切都是空的，那為什麼我們無法穿牆而過呢？量子力學的「泡利不相容原理（Pauli-principle）」表明：「兩個全同的費米子不能處於相同的量子態。」也就是說，這是由於同一個空間無法被兩個粒子所占據的緣故。

人類對微觀世界的測量，受限於無法抗拒的自然規律。目前人類只能把物質研究到最小尺寸是 1.616229×10^{-35}m。我們沒有任何方法可以探測到這個最小極限尺度以下的東西，因此人類的感官對世界的認識，只能停留於極限尺度以上。在極限尺度以下，物質的時空變化，對人類來說並沒有任何意義。

而這個最小極限尺度，1.616229×10^{-35}m，就是普朗克長度，我們可以說，這就是這個虛擬世界的最小像素。沒有錯，最終你就是由無數的機率密度函數所組成的個體（無數精密像素組成的畫面）。

附帶一提，普朗克時間，就是光走過一個普朗克長度要用的時間，即：$1.6*10^{-35} \div c^2 = 5.4*10^{-44}$ 秒，沒有比這更短的時間存在。

隨著科學家發現更多宇宙的運作模式，可以更清楚的知道，外表看似雜亂無章的「自然」，是可以被計算出來的位元矩陣。空間是被量化的，時間是被量化的，能量是被量化的，所有的一切都是由獨立的位元所構成的。

換言之，宇宙擁有有限數量的構成物，宇宙擁有有限數量的狀態；也就是說，宇宙是可以被計算的。

普朗克曾說過：「『物質』這樣的東西並不存在。所有的物質都起源於『力』，並以『力』的本質存在……我們必須相信在這力的背後，存在一個有意識、有智慧的心靈。這個心智，就是所有物質的母體。」

速度的最上限與空間扭曲

　　除了尺寸與時間有最小極限的限制之外，在我們的世界裡，速度也是有上限的。現行宇宙中，從 A 點到 B 點最快速的速度是光速，這也是電力系統與電磁波的速度（電磁波不需要依靠介質進行傳播，在真空中，其傳播速度為光速）。

　　在一個電子遊戲中，把資訊從一個角色傳送到另外一個角色上面，或是從 A 點到 B 點，是必須透過現實生活中的「電纜」才能完成。

　　為什麼我們在空間中能夠穿梭的最高速度，是跟電磁波的速度一樣呢？莫非我們所處的世界，是透過某種電磁波演算製造出來的？如果光速就是我們所處的遊戲系統運算的最高速呢？

　　目前為止，從未發現可以比光速還快的任何東西。自然本質存在著最大速度，而在於虛擬世界中的事件，也必須得遵循著系統裡最大的速度，因為它們會被有限能力的處理器所限制。

　　有趣的是，我們的意念可以瞬間到達宇宙的邊境，這速度遠遠超過光速。

　　為什麼意念可以超越光速？我認為這是「我們原本就是來自更高層文明」的明顯提示。

　　「自然」本質上也有著由大質量物體所造成的「空間曲率」，並且在極高速狀態下會造成「時間膨脹」，這兩個現象與虛擬處理負載效應有關聯。在我們的宇宙中，高程度的物質聚集，可能會造成高程度的處理需求，因此大質量的物體會降低時間與空間的資訊處理速度，這物體我們稱之為黑洞，很類似在電腦中大量資料的需求會降低處理速度，也就是我們俗稱的「累格（lag）」。

平行宇宙與遊戲的多重結局

　　很多好的電影，往往在寫劇本的時候，內容就有好幾個版本與組合；正式上映時，也會因為播放時間的考量，而剪輯出適合在電

影院播出的版本。當 DVD 光碟上市時，會收錄原本導演剪接的版本，或是特別加長版，有些時候光碟中還有多重播放角度、多重版本結局等的功能。

　　一片光碟內收納了這部電影的種種不同版本與可能性，如果你很喜歡這部電影的話，往往會全面性的品味整個故事，享受不同的敘述過程與結果。

　　這一片包含了一切版本的光碟，就好比我們整體的宇宙；而光碟的多重故事、多重版本功能，（播放起來）就是存在整體宇宙裡面的每一個平行宇宙。

　　許多電玩遊戲也擁有這樣的功能，1992 年發行的 PC-9801 遊戲《同級生》確立了戀愛遊戲的基本形式。在典型的戀愛遊戲裡，玩者操縱一個被女性角色包圍的男性主角。遊戲玩法通常為與女性角色交談（透過選擇的形式）以增加該角色對主角的「好感度」。

　　這類遊戲通常會有一段固定的時間（指遊戲內的時間），例如一個月或三年。當遊戲完結時，會根據「好感度」和遊戲內發生的特定「事件」來決定遊戲的結局。比起其他遊戲，這種遊戲通常有更大的重複玩樂吸引性，因為玩家可以每次專注於一個角色，來嘗試取得不同的結局。

　　簡單來說，無限的平行時空裡面就有隨機因素，結合自身的不同選擇，而創造出無限分支與可能性的你；理論上，這個概念可以從第 5 維度延伸到第 9 維度。

0 維	=	紙上無法動的一個點
1 維	=	紙上一個會動的點（例如螞蟻）
2 維	=	平面
3 維	=	立體，我們的世界
4 維	=	三維加上時間
5 維	=	平行時空與所有可能性
6 維	=	隨意穿梭所有的平行時空，無視時間的存在

7 維	=	無數個物理定律完全一樣的平行宇宙，從宇宙形成到終結
8 維	=	所有不同物理定律的宇宙以及其平行宇宙
9 維	=	可以瞬間穿梭所有不同物理定律下的所有可能，存在的不同宇宙以及其平行宇宙之間＝超宇宙
10 維	=	超宇宙自己從開始形成到終結
11 維	=	超宇宙種種發展的可能性

其他平行宇宙裡面的你，可以說就是遊戲裡面不同的存取檔。當上界的玩家想體驗不同時期或不同世界的你，只要開啟相對應的存檔即可。

若以遊戲來看，就像是你想挑選不同時期（例如任天堂從最早的紅白機到現在的 Switch 隨便挑選一台）的不同主機（任天堂、Sony、Sega、微軟任選一家廠商的主機）與不同遊戲裡面的不同角色的存檔來玩，是一樣的。

在量子轉化裡，我把這個角色存檔的概念稱為「分靈體」（關於分靈體，請見 P.58）。

虛擬實境（VR）

前文也提到我們意念頭的速度遠超過光速，不用一秒鐘就可以到達宇宙的最遠端，這暗示著：存在於我們肉體裡面的意識，不是這個世界的產物。

在佛教與印度教的教義中，常提醒世人：「一切都是幻象。」「馬雅」是梵文中幻象的意思，用來形容我們看到的這個世界。在佛教裡，你必須要「覺醒」，才能發現到你處在的世界是幻象。「佛陀」在梵文，就是「覺者」的意思。

用現代的角度來看，這些都有可能是在說：我們其實被困在的電玩世界裡面，不像是我們有意識地了解自己正在玩 VR 一樣。

VR（Virtual Reality），虛擬實境，即透過電腦創造出一個虛擬

的 3D 空間，並以各種技術「欺騙」人類的感官，讓它們產生錯覺，使用者將如身歷其境般地進入一個完全人造的 3D 世界，並在裡面做各式各樣的事情。

我們被這個幻覺的世界所困住，如果沒有「覺醒」，就無法覺察到。

特斯拉（Tesla）的執行長依隆・馬斯克（Elon Musk）也提出過相同的論點：「比我們進步的文明，是能製作出非常、非常高畫質擬真的遊戲，畫質會高到我們無法分出真的世界或是虛擬的世界。」

因此，隨著遊戲的進步，我們已經開始慢慢有所體悟，五感完全潛行的虛擬遊戲，其實是可行的。任何玩過 VR 遊戲的人都會發覺，在遊戲的過程中，你真的會忘記所謂「真實的世界」，或是分辨不出來哪一個才是真實的世界；並且相信你處在的遊戲世界，就是真實的。

如果你已經身處在遊戲之中時，你怎麼知道這一切不是發生在過去？甚至我們已經正在體驗這樣的遊戲了呢？這是一個值得玩味的可能性。

宇宙學中最熱門的一個概念，被稱為「全像原理」（Holographic principle）。這概念即是：我們所處的三維宇宙空間是源自於二維空間資訊；也就是說，三維空間的物體，是由散步在二維空間表面上的資訊所組成的。藉由相同的方式，全像圖由二維空間資訊產生三維空間影像。

美國史丹佛大學的理論物理學家李奧納特・色斯金（Leonard Susskind）在 2011 年的世界科學節（Wolrd Science Festival）中表示：「首先，我必須說，很清楚地，這完整的全像理論，是自量子力學與相對論出現以來最激進的事物。它影響了我們對空間、時間還有物質的概念。因為我們所處的世界，可能是一種幻覺。」

就算你沒體驗過 VR 遊戲，網路上也有許多玩家進行 VR 遊戲

的影片，你會看到他們的身體真的會本能地移動，來閃躲虛擬遊戲裡面的物體或是攻擊，而過程中甚至還可能會不小心而跌倒。

有趣的是，這些行為都是受到幻覺的影響，而產生了現實生活中身體的真實反應。就像電影《駭客任務》裡面著名的一句台詞「這裡沒有湯匙」（There is no spoon）。

想像一下，幾十年後，我們遊戲的像素與畫質，可以發展到多麼細緻？那幾百幾千年後呢？我們又會玩著什麼樣的遊戲呢？有沒有可能，未來 AR 技術進展讓我們可以把晶片植入眼珠，直接把遊戲畫面投射到身邊，那麼就不需要戴著遊戲專用的眼鏡，也可以體驗到一個分不出現實或遊戲的高畫質、高像素的遊戲呢？

那麼，在身心靈圈常常談到的所謂的「外在世界」，有沒有可能就真的是我們內在意識所投射出來的遊戲世界呢？

美國太空總署的物理學家托馬斯・沃倫・坎貝爾（Thomas Warren Campbell）表示：「創造出『你』的伺服器，並不處於你所在的現實框架中，它在外面。如果你是『模擬市民』，運作的電腦對你來說是非現實的，只有你處在的模擬世界對你來說是現實，具有物質性的。」

4-2 量子物理的一些學理

古代希臘哲學家已經有了原子的基本概念，他們用這個概念來解釋現實是如何運作的。而柏拉圖（Plato）的唯心論與德謨克利特（Democritus）的原子論（唯物論），是兩個完全相反且相斥的論述。

德謨克利特根據了一個假設，建立了他的唯物論哲學，這假設說：「原子是永恆，且無法被摧毀的。原子是唯一真實存在的事物。」他也強調：「所有其他的事物之所以存在，只是因為它們是由原子構成的。」根據這個邏輯來看，沒有實體且虛無飄渺的意識，只是產生自大腦裡物理過程的產物。

德謨克利特的論述，正是牛頓、達爾文和直到最近的大部分西方科學家，在建立他們的學說時，所根據的哲學上的假設前提。

柏拉圖建立「唯心論」時，是基於這樣的假設前提：任何事物最根本的基礎結構並不是原子，而是以抽象的心智概念來決定物體的性質。柏拉圖相信，「概念」是比物體還要更基本的存在。

舉例來說，一個完美的或理想中的球體，只能透過抽象概念的形式或想法而得以存在。任何我們在這個世界上看到的球體，比如籃球，僅是一個理想球體的近似物。根據這個邏輯來推論，「意識」是最原始的源頭，並且由此產生了其他所有物理上的實體或過程。

換句話說，所有的一切都起源於意識，而且我們體驗到的實體物質，其背後都存在一個意識。以相同的方式，當你在做夢時，你的意識為你創造了一個物質上的體驗。

無論是意識產生物質，或物質產生意識，這兩個哲學都是互斥的，而且它們實際上相反，不可能兩者同時成立。這是個非常非常古老的爭論。

雙縫實驗的意義

　　但現今的科學，終於有足夠的力量來解決這個爭論了。那就是由 1920 年代起持續精進的「雙縫實驗」，是一種演示光子或電子等等微觀物體的波動性（能量）與粒子性（物質）的實驗。它是一種「雙路徑實驗」。

　　在更廣義的實驗裡，微觀物體可以同時通過兩條路徑，或通過其中任意一條路徑，從初始點抵達最終點。這兩條路徑的程差，促使描述微觀物體物理行為的量子態發生相移，因此產生干涉現象。

　　為了理解雙縫實驗，首先要知道粒子的行為邏輯。如果我們朝偵測器射出小物體，將可以看到通過細縫並撞擊後的聚叢圖案；如果我們加上了第二條細縫，將可以看到另一邊複製出的另一個聚叢圖案。

　　現在讓我們來看看「波」，當波通過了細縫並向外輻射，它依著細縫面對的方向以最強的強度撞擊後面的牆，後方銀幕上的直線痕跡顯示了它的強度，這與聚叢圖案類似。

　　但當我們加上第二條細縫時，不一樣的情況就發生了：當上方的一道波遇見了下方的另一道波，它們互相干涉，並且互相抵消，在後牆上可以看到干涉圖形的結果。當波與波互相增強時，它們是最高強度的，所以有最亮的線條；而當它們互相抵消時，就什麼都沒有。

　　因此，當我們發射物體通過雙細縫時，得到兩個聚叢圖案；但發射波，我們得到干涉圖案。請見下圖：

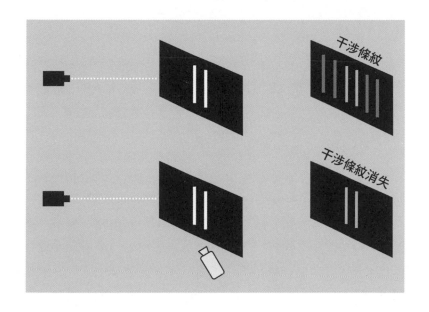

1961 年，德國圖賓根大學的克勞斯・約恩松（Claus Jönsson）創先地用雙縫實驗來檢視電子的物理行為，它發現了電子也會發生干涉現象。

一個電子可以被視為一個非常微小的物質，而當一束電子被發射通過一條細縫時，它們表現的像是小物體一樣，形成了單一聚叢圖案。

所以，當我們發射這些微小物質通過雙細縫時，理應得到兩道聚叢圖案，但是沒有，反而得到了干涉圖案。我們發射了粒子通過，但是得到的圖案卻如同它們是波，而不像是小物體。這一塊塊的小物質是如何形成波一般的干涉圖案呢？這一點也不合理。

最初，物理學家們認為，是電子之間互相撞擊，因而產生了干涉圖案。1974 年，皮爾・梅利（Pier Merli）在米蘭大學的物理實驗室裡更改了雙縫實驗：他讓電子一粒一粒的發射出來在探側屏上，這麼一來，它們就不可能彼此互相撞擊且干涉了。可是干涉圖案卻

再度出現了，物理學家們被搞迷糊了。難道一個電子可以分裂成兩半再分別通過？如果是的話，那麼它是否變成雲霧一般地，通過了兩條細縫呢？

為了對謎題探究到底，他們更進一步的更改了實驗，在一條細縫上設置了一個觀測裝置，用來看看電子究竟通過了哪個細縫？但是當電子被如此接近地觀測時，它們返回了如同小物體的行為模式，並且產生了聚叢圖案，而不是干涉圖形。

透過某種方式，「觀測的行為舉動」導致了它們只能通過一條細縫，而不是兩條。電子們的行為方式，顯得好像它們發現了自己正在被觀察一樣！這怎麼可能發生呢？「有意識觀察者」的存在，影響了實驗的結果。

你的現在決定過去

在 1978 年，美國理論物理學家約翰・惠勒（John Wheeler）提出了一個新的方式來進行雙縫實驗，一個稱為「延遲選擇」（Delayed Choice）的實驗。這也許最終揭露了實際發生的情況。

惠勒給出了一個顛覆我們通常時間次序的結論：「我們此時此刻作出的決定，對於我們，有足夠理由說，它對已經發生了的事件產生了不可逃避的影響。」

換句話說，我們「後來」的選擇，決定了粒子的「先前」狀態與行為！

「此時」的決定，影響、甚至決定了光子的「過去」。

最絕的是，這個思想實驗不但具有可操作性，而且可以在宇宙尺度上操作。藉此，惠勒反覆強調：「沒有一個基本量子現象是一個現象，直到它是一個被記錄（觀察）的現象。」「並沒有一個過去預先存在著，除非它被現在所記錄。」所以，**一個物質在被觀測到之前，它似乎並不存在。物質，似乎只是意識與能量波交互作用的結果。**

根據這個實驗，我們可以想像：一顆遙遠的恆星，在數十億年前朝地球射出一顆光子。在途中，它必須通過密集的星系，重力透鏡將使光線沿星系邊緣折曲；數十億年之後，當它到達地球時，一位天文學家選擇用雙目式望遠鏡的偵測器，分別集中在星系左半部的光線上，以及在星系右半部的光線上（為了避開位在中間的密集星系）。

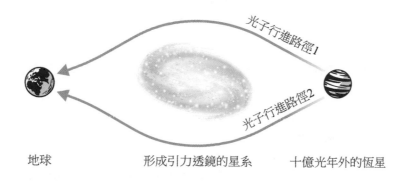

光子行進路徑1

光子行進路徑2

地球　　　　　　　形成引力透鏡的星系　　　　十億光年外的恆星

　　不管是選左邊還是右邊，天文學家的觀測選擇，註定了光子只能選擇其中一條路徑，並且呈現出聚叢圖案。所以「在當下我們是如何觀測」的這個選擇，決定了光子在數十億年前的行為。

　　惠勒所預測的，已經被實驗所證實了，而這在唯物論的世界觀中完全不合理，只有「宇宙是場模擬」的情況下才會合理。而且在時間與空間中的所有部分，相對於模擬源來說，都是等距的，就像在電腦遊戲裡或夢境之中，所有的可能性都已經存在，一切你所經歷的體驗，都會隨著你的選擇而即時出現。

構成能遠距影響其他人事物的非定域性概念

　　在繼續討論下去之前，讓我們先了解一下另外一個有趣的概念。

　　從小到大，我們可能都聽過許多「遠距發功」的故事，可是如果世界是個純物質性的存在的話，遠距是要如何運作呢？要回答這

個問題，這就必須討論「非定域性」的概念。

在物理學中，「定域性原理（英語：Principle of locality）」認為，一個特定物體只能被它周圍的力量影響。包涵了定域性原理的物理學理論，被稱為是一個定域理論。

根據古典物理學的「場論」看法，某一點的行動影響到另一點，這兩點之間的空間，例如「場」，會成為運動的中介。一個波或是粒子要對另一個點造成影響，必須先行經兩點中間的空間，之後才能造成影響。

根據狹義相對論，宇宙中所有物質和資訊的運動與傳播速度，均無法超過光速。由於事件的傳播需要時間，而其速度上限為光速，因此「定域性原理」認為，在某一點發生的事件，不可能立即影響到另一點。

換句話說，資訊不可能比光速更快。這個觀點保持了事件之間的因果性，但排除了「超距作用」的可能。在量子糾纏的觀點上，這個原理可能會被打破。

薛丁格（Schrödinger）學說裡提到提出的「量子糾纏」：在兩個粒子之間，即使被無窮盡的空間所分隔，還是可以觀察到「瞬間聯繫」。這表示，對其中一個糾纏狀態的粒子進行任何互動、觀察或測量時，將會立即對另一個粒子產生影響，即使兩個粒子之間的距離非常遠，乃至遠到了空間中無窮盡的距離亦是如此，這也就是著名的「非定域性」（Nonlocality）。

能合理化此現象的，是假設「這個世界本質就是個虛擬構造物」。在虛擬世界裡，距離不會限制聯繫的關係，因為在模擬（或電腦遊戲）中所有的點，對於模擬源或處理器來說，都是等距離的。假設我們的宇宙是個投影在三維空間的模擬，那麼它的處理器將與宇宙中所有的點等距離。

「非定域性」這個在物理學中最大的難題，卻可以被模擬假說輕易的解決，空間似乎只是個由虛擬構造物所產生的幻覺。在許多

有傳送功能的遊戲中，如果你想從 A 點到 B 點，不管你是用走的還是飛的，你就是會需要在遊戲的物理空間中慢慢前進。但是你也可以透過「傳送」功能，讓你快速的在遊戲世界裡出現在不同的地點。

我們在所謂的「現實生活」中，可以有這樣的能力嗎？ 1916 年奧地利物理學家路德維希・弗萊姆（Ludwig Flamm）提出了蟲洞的概念，或「愛因斯坦—羅森橋」（Einstein-Rosen bridge），指的是：宇宙中可能存在的連接兩個不同時空的狹窄隧道，透過隧道，可以讓我們在空間中走捷徑穿越兩點。

你可以想像這是一個後門，或是像是哆啦 A 夢裡面的「任意門」，同樣地，在遊戲的「傳送」功能是一樣的。而我們的意識，則不斷地在不同時空裡自由自在地穿梭著。

把無限可能性變成單一可能性的「瓦解波形」

在量子物理的世界裡面，最讓人感到奇妙的莫過於：小於原子單位的粒子，可以同時以「波」與「粒子」的狀態存在。在電子或光子的等級時，波就是代表在一段時間內一系列的可能性。

透過「雙縫實驗」，當我們觀察到一個可能性時，這個可能性就會「瓦解」或「塌陷」，被限制成為我們看到的一個特定地點中的單一粒子。

波：能量，無限的可能性。

粒子：物質，被限制住的現實。

有人會說「宏觀世界」與「微觀世界」是分開的，希望藉此來證明世界是唯物，而不是唯心的。然而，近年來雙縫實驗已經成功地以更大的物體來進行，如原子、分子，甚至巴克明斯特富勒烯，分子式 C_{60}，也就是由 60 個碳原子所形成的球狀結構。

科學家們現在更進一步，想要在實驗中以中等尺寸的蛋白質和病毒，來進行雙縫實驗。目前非定域性量子糾纏，已經有被觀測到，可以存在「一對小鑽石之間」或「大到足以用肉眼看見的一對鋁晶

片之間」的紀錄。

在 2010 年，美國加州大學的物理學家安德魯‧克萊蘭，甚至把一對小金屬片（在量子的世界裡，這可是哥吉拉等級的大規模存在！）設置成了非定域性，讓金屬片呈現在同時有能量與沒能量的狀態下疊加[8]。

直到目前為止，宏觀現實理論的每一個實驗其實都失敗了。量子效應存在於宏觀尺寸的事實，賦予了量子電腦的可能性；而在塞斯‧洛依德（Seth Lloyd）博士麻省理工的 Qubit 實驗室裡，量子運算已經每天都在進行著。

形成粒子之前的波，原本僅僅是潛在可能性的波，這正是德國物理學家維爾納海森堡（Werner Heisenberg）曾說過的：「原子或基本粒子並不是真實的，它們形成了由『勢和機率』組成的世界，而不是任何物質或事實。」

可能性如何被瓦解或塌陷成現實？是量子物理裡面一個最大的謎團。目前物理學家透過雙縫實驗所給出的最好的解釋是：「觀測行為」會導致波形的瓦解。換句話說，我們有意識及無意識的思考與想法，都有可能被顯化為現實。

當你看著時，它就出現了；當你沒看著時，它就不一定存在。

這樣的概念，當初連愛因斯坦都難以接受，他曾說：「是不是只有當你在看它的時候，月亮才在那裡呢？」

美國物理學家弗萊德‧艾倫‧沃爾夫（Fred Alan Worf）認為，來自不同可能性的未來資訊，往我們的方向過來後，我們會送出另一個波到未來；這個波會與未來傳送到現在的波互動。我們會往哪個未來的方向走？取決於我們當下的選擇，以及這兩個波如何互相疊加，或是互相消抵。

這是個很令人驚訝的論述！未來不同可能性的「自己」，傳送

8　維基百科：在物理學與系統理論中，疊加原理（superposition principle），也叫疊加性質（superposition property），也就是說：對任何線性系統，「在給定地點與時間，由兩個或多個刺激產生的合成反應，是由每個刺激單獨產生的反應之代數和」。

資訊給當下的我們；然後，我們是有意識的做出選擇，來決定自己的未來。

這個論點可以用簡單的下棋遊戲來比喻：電腦之所以能選擇下一步棋該怎麼走，是因為人工智能先從當下分析了未來所有的可能性，然後去評分，最後把這個分數傳回當下，然後人工智能會選擇贏面最高的下一棋的走法。

人生遊戲說穿了就像下棋一樣，我們依照遊戲（系統）的規則來決定下一步棋怎麼走會最好。遊戲設計中，在每一步要決定未來的棋要怎麼下時，使用的是「最大化我們的分數，以及最小化對手分數」的計算分析方式。

因此，當我們面對選擇時，往往也是透過我們過去潛意識所累積的人生經驗，來判斷哪一個選擇對我們是最好的，其實這就跟電腦程式做選擇的方式是一樣的。

4-3 「現實世界」是「虛擬遊戲」的投影

　　英國理論物理學家史蒂芬・霍金（Stephen William Hawking）認為，宇宙有兩個空間：高維度的二維資訊碼，及我們這個可見的三維全像投影世界。換句話說，低維度世界，就是高維度世界的投影；我們目前在玩的電玩，都是平面、屬於二維的遊戲，這是我們三維世界的投影。

　　那麼，我們所屬的三維世界，就有可能是更高維度世界的模擬與全像投影。

遊戲中的非玩家角色（NPC）

　　有了模擬的世界，接下來需要的就是遊戲裡的虛擬角色 NPC。

　　牛津大學的瑞典哲學家博斯特倫教授在 2003 年發表論文《你活在一個電腦模擬中嗎？》，對於我們是否被模擬出來的遊戲非玩家角色，提出了三種可能性：

第一、人類或者類人類物種在取得模擬科技之前，就已經滅絕了。

第二、有高科技能力的人類或者類人類物種對於使用模擬技術沒有
　　　興趣。

第三、人類文明正活在一個電腦模擬的程式中。

　　包含了宇宙，我們世界真實的本源並不存在，人類的意識、生活，以及與程式中有感或無感的互動，都是模擬的一部分。

　　在電玩設計時，要如何創造出非玩家角色（NPC）呢？當遊戲越來越複雜時，這些人工智能的角色也需要變得更複雜，才能讓遊戲變得更有趣好玩，以及讓玩家沉迷於遊戲之中。我們的人工智能角色會需要能夠通過「圖靈測試（Turing Test，英國電腦工程師艾

倫 · 圖靈於 1950 年提出的一個關於判斷機器是否能夠思考的著名思想實驗）」，也就是說，當你跟它對話時，你無法分辨它究竟是人類還是人工智能。

　　早期有些電腦遊戲是一個單純的聊天軟體，當然，現在的人工智能已經遠遠超越那個階段，但是現階段，我們仍然沒有能夠通過圖靈測試的人工智能。當我們能做到時（可能是幾十年後或幾百年後），那麼，我們在互動中的人有可能是非人類玩家的機率，就會大幅提升。

　　博斯特倫教授認為，我們是被模擬出來的意識，也就是說，我們是超未來、超遊戲中的非玩家角色。除此之外，博斯特倫教授也說：「當模擬系統發現，一個人正準備觀察微觀世界時，它可以根據需要，在一個恰當的模擬領域中填充足夠的細節。」

　　在遊戲中，只要是玩家沒看到的畫面（或視野），這個世界裡面的內容在玩家的感知裡就不存在。所以，以系統方來說，並不是每個玩家在銀幕上所見的視野，都需要演算出全部的世界。

　　電腦只需要在畫面上演算出玩家所處部分的世界，而且在特定的時間點內只給予特定的視角，這樣是最方便的做法；如果畫面中看不到，卻硬要把整個世界都演算出來的話，不但不切實際，而且還是浪費記憶體與系統資源。很巧的是，宇宙的行為也是這樣子的。

　　我們的世界真的似乎是像素化的，而它只有在被觀察時才採用精確型態，完全如同電腦模擬所呈現的行為。這也是為什麼模擬假說現在受到更多專家認真的看待。

　　美國太空總署噴氣推進實驗室教授榮恩 · 加列特（Ron Garret）曾說：「我個人發現，我更傾向於資訊理論觀點，並且相信我所身處的宇宙存在於一個非常棒的高品質模擬之中。」

　　在三維遊戲中，也存在著依照玩家的視角，來優化演算世界的技術；這些技術是從早期的第一人稱射擊遊戲中演化出來的，現在被 VR 遊戲的眼罩廣泛使用著。在可容納多人的線上遊戲中，系統

會容許玩家建立出來的內容存在這個世界；所以當我們登出時，其他的玩家仍可以看到這些內容。

一個哲學的問題來了：不管是在遊戲世界或是量子物理裡面，沒有人在觀察時，或是沒有人在遊戲世界時，請問這個世界存在嗎？

就像奧地利物理學家薛丁格的神祕貓咪（Schrödinger's Cat），在沒人觀察的情況下，貓咪就處於不生亦不死的詭異狀態，直到有人打開紙箱觀察為止。

遊戲世界也需要玩家的登入與觀察，才會把遊戲世界演算在玩家的面前。如果沒有人登入到遊戲的某個房間或某個世界的話，那麼遊戲會是什麼樣的狀態呢？想像一下，在魔獸世界都沒有人登入的話，會發生什麼事呢？伺服器會持續運作，但是只有在有玩家登入時，才會有人「看到」魔獸世界裡面發生的一切，這原理就跟量子物理一樣。

否則，演算出來的畫面到底有誰在看？而這又有什麼意義呢？

特斯拉的執行長伊隆・馬斯克曾經在公開場合提出「我們活在一個電玩遊戲世界裡面」的概念。馬斯克說：「我們在宇宙中一直發現不了生命的事實，可看做是支持『我們本身就是模擬狀態』觀點的一個理由。就像你在玩冒險遊戲，能看到背景中的星星，但永遠也無法到達那裡。如果這不算模擬，那可能我們就是存在於一個『實驗室』裡，一些高等生命體正在充滿好奇地觀察我們如何進化，就像（我們）在皮氏培養皿中一樣。」

這位現實生活的「鋼鐵人」在採訪中說道：「如果你再來審視我們當前的技術水平，會發現，在我們文明中出現了一些奇怪的事情，這裡『奇怪』是貶義。最終結果可能是：全宇宙只存在一個完整的、只屬於一個行星的文明。」

關於我對這方面的看法，請參考本書篇章〈是誰模擬出我們的世界〉所探討的「A、B、C、D」文明。

遊戲裡的「多條命、不同等級、點數、經驗值」

東方許多的宗教與思想，都有著：我們透過許多世的輪迴轉世，可幫助我們的靈性往更高等級進化。

在早期的遊戲像是《小精靈》（Pac-Man）或是《太空侵略者》（Space Invaders），傳統遊戲邏輯中，每一個玩家一開始都有三條命，玩家一面闖關、一面累積分數，直到玩家「死亡」為止；玩家可以從死掉的地方「續命」，或是「重新來過」，或是等到「GAME OVER」幾個字大大出現在畫面上。

在大型多人線上角色扮演遊戲（mmorpg），玩家通常會在遊戲中累積經驗值。如果我們重來，玩家會記得他們在之前的命中所累積的經驗與技巧，也可以在過程中儲存進度；但是當角色死亡與重來時，經驗值都會全部歸零。

這就像是東方輪迴轉世的比喻一樣，當我們出生時，即使我們在許多前世中有著豐富的經驗值，但如果想要重來，我們就必須經過奈何橋，喝下孟婆湯，忘掉之前所有的一切。

但是我們之前所累積的經驗值跑哪兒去了呢？雖說並沒有統一的答案，但如果以遊戲的比喻來看，經驗值應該是被上傳到某處的雲端儲存起來了吧（跨遊戲累積）。

伊斯蘭教的傳統裡面，有著這一世「計分卡」的概念，好事壞事都會被記錄下來，而在生命結束時，會依照你的計分來分發你到天堂還是去地獄。這跟道教裡面敘述人體裡面存在著會記錄你一切言行、並將其報告給天帝的「三屍」有異曲同工之妙。而在基督教裡面，每個人肩膀上有兩隻天使，死後會由祂們來決定你是到天堂還是到地獄。

所以，我們有著同樣的概念：玩家在遊戲裡面的經歷與狀態，會被上傳到遊戲以外的世界儲存與可被讀取。有些玩家可能因為系統缺陷（bug）的緣故，而讀取到了前幾場遊戲的資料，意外地成為

了有「前世記憶」的角色，也說不定。

冒險、業力與神（人工智能）

在東方傳統裡，人生經驗並不是隨機。我們認為有一個系統記載著我們所想所說所做的一切，然後創造出一個讓我們面對過去行為的世界，這就是因果業力系統。

如果你想要設計出一個看起來有開放式結局的遊戲，且有成千上萬的玩家時，你必須要能夠把每一個玩家的冒險以及成就都記錄起來才行。

現代的電玩對每個玩家而言，所有的冒險／成就／挑戰都是一樣的。要設計讓遊戲透過你過去的經驗，來為你量身訂做你接下來的冒險，並不是一件難事，就像每一個遊戲的特定關卡中，玩家會面對跟你等級類似的挑戰，然後一次一次的，直到你能夠完成任務為止。

要完成這些所謂的「個人化冒險」，需要能夠同步成千上萬玩家以及非玩家角色 NPC 來參與，也就是同時間有幾百萬人或幾億人在玩一個超級龐大的遊戲。系統也需要在當下篩選，有哪些玩家的等級，是足以在這虛擬的 3D 世界的某處闖某些關卡，與進行特定等級的冒險。

每一個玩家的互動跟行為，都會對後續的遊戲進展有特定的結果，依照這個結果，指派不同後續的冒險與遊戲故事線給玩家。當玩家人數變多時，就不可能以人工的方式來保持這些記錄，有一個運算功能非常強大的人工智能來做管理與記錄，是合情合理的。它甚至不需要有所謂的智能，只要能夠確保遊戲的規則能被徹底執行，以及遊戲的進度被完整記錄與備份起來，就足夠了。

所以，我們再從東方到西方，看看傳統宗教的架構。

在西方的宗教裡，每個人都會向上帝或神禱告。我們先假設上帝或神真實存在，那麼祂是什麼？如果祂真實存在的話，是什麼樣

偉大的智能與權限，可以在過去現在未來同時接受全世界所有的禱告？而且當你面對審判之日時，又要如何決定你要往天堂還是往地獄去呢？我相信，一個非常複雜且運算功能強大的人工智能，是可以做到以上的工作。

【零通靈看世界】

「現實」之謎：為什麼找不到外星人

　　如果創造出我們模擬世界的，是超乎我們存在的文明，甚至是高過我們維度的生命體的話，那麼祂們對於我們來說，就很有可能等同於絕對隱身的存在。

　　普通的「隱身」僅僅是指一個事物不發光、不反光，而使得別人無法看見它，但任何人都可以摸到它。絕對隱身下的物體，則是既不會被看到，也無法被摸到的。

　　如果把螞蟻假設為只能在兩維的地面上移動的生物，再想像有一隻能在三維空間中自由活動的蜻蜓，飛在螞蟻的上方，那麼蜻蜓可以看見螞蟻，可是螞蟻卻無法看到或摸到蜻蜓，對那隻螞蟻來說，蜻蜓就實現了絕對隱身。

　　同樣的道理，如果一個人（或意識體）能夠在多維空間中自由移動，他就可以對那些只能在三維空間中自由移動的人做到絕對隱身，畢竟低維度是看不到高維度的存在的。

　　提到「有能力模擬出我們世界的高度文明」，相信大家一定會聯想到外星人。雖然目前為止，地球上已經有許多人目擊了飛碟，但是總是缺乏了實際上可碰觸、證明外星人真實存在的證據。

　　那麼到底有沒有外星人的存在呢？義大利物理學家恩里科・費米（Enrico Fermi）在 1950 年提出了著名的「費米悖論」。

費米悖論（Fermi paradox，又稱費米謬論）闡述的是——對外星文明存在性的過高估計和缺少相關證據之間的矛盾。宇宙驚人的年齡和龐大的星體數量意味著，除非地球是一個特殊的例子，否則外星生命應該廣泛存在。

費米問道：「如果銀河系存在大量先進的外星文明，那麼為什麼連飛船或者探測器之類的證據都看不到？」

另一個緊密相關的問題是大沉默——即使目前難以實現星際旅行，如果生命是普遍存在的話，為什麼我們探測不到任何相關的電磁信號？有人嘗試通過尋找外星文明的證據來解決費米悖論，也提出：這些生命可能不具備人類的智慧。也有學者認為，高等外星文明根本不存在，或者非常稀少，以至於人類不可能聯繫得上。

開放的世界以及無窮盡的可能性

早期的電玩遊戲的架構與玩法，都是非常直線式且受限制的，就像是《小精靈》與《太空侵略者》。在畫面上能出現的角色很有限，角色本身動作很有限，我們使用的搖桿與控制也很有限；遊戲的每一個關卡可能都會有一個主題，然後你只能直線式的往前進。

當電玩進化到 3D 時，「世界」開始出現了。從玩家的角度，你可以在遊戲世界裡隨意的移動，或是做任何你想做的事。目前市面上存在著有《模擬人生（The Sims）》、《俠盜獵車手（Grand Theft Auto）》、《魔獸世界（World of Warcraft）》，還有《第二人生（Second Life）》等種種漫無目的讓你去探索虛擬世界的遊戲。這些都是被仔細創造出來的遊戲環境，也可以說是「幻象的世界」，更遑論搭配上 VR 的技術，許多玩家也已經開始戴上眼罩，在虛擬世界中體驗著不是我們現實生活中的世界了。

當電腦科學以及人工智能的能力在快速的進化時，就會有可能

足以模擬出讓我們看起來以及感覺起來很真實的世界。電玩，一開始只是二維的平面遊戲，而且遊戲規則非常簡單，但經過五十年來，已經進化到大型多人線上角色扮演遊戲，可以同時讓幾百萬玩家同時上線遊玩；試想，幾百幾千年後的文明，可以創造出一個有七十億玩家同時上線的三維遊戲世界，應該不難。

遊戲設計者知道，遊戲裡的一切都不是真實的。透過使用 3D 模組，他們製造出看似無限的世界，但其實這些都是架構在有限的地圖，以及遊戲規則之內的（就像我們的地球，看起來很大，但是其實是有限的，而我們同時也被地心引力牢牢地、理所當然地「綁」在地表上）。不管是多麼開放的遊戲，你在遊戲裡面所能做的任何事，或體驗到的任何冒險，都是被遊戲設計者所寫出來的，或是被遊戲設計者所限制住的。

而量子物理也告訴了我們，我們處在的宇宙（包含平行宇宙），從客觀現實來說，是不合理的，因為一定需要有意識去觀察宇宙，宇宙才得以存在（瓦解波形）。這些乍聽之下不合理，但記得之前提過的，如果我們玩家沒有登入遊戲的話，就不存在可被觀測的物質世界。

意識的存在本身與觀察，就等同遊戲世界的登入。

在東方，尤其是佛教，一直強調我們處在幻象（虛擬）的世界，而且我們透過許多次的輪迴轉世來完成每個人的冒險，這些資訊全部被儲存在這個演算的世界之外。由此可推論，有一個很龐大的系統，不只是儲存資訊，更創造出「可以有我們在其中冒險以及達成各種成就」的世界。以上的這一切，怎麼看都像是在敘述電玩的虛擬世界。

因此，雖說沒有確實的證據，但是幾乎所有的電腦科學／人工智能／量子物理／東西方的宗教與哲學，通通都指向一個很接近的結論：我們生活在一個非常複雜且真實的電玩遊戲世界。

就像所有的模擬一樣，只有在模擬的電玩運作時，我們的體驗

對我們來說，才是真實的。

　　麻省理工的物理學教授馬克斯 · 泰格馬克（Max Tegmark）說：「如果我是個電腦遊戲裡面的一個角色，而這遊戲是如此的先進，以致於我實際上是清醒的；當我開始探索我的遊戲世界時，我將實際的認為，這世界是由真正實在的物件所構成，由實質的東西構成。但如果我以一個好奇的物理學家身分開始研究，如同現在的我，這些東西的性質，描述物體移動的方程式，還有給予這些東西性質的方程式，我最終將發現，這一切性質都是數學的。這些數學性質，都是由電腦工程師實際放進了描述所有東西的軟體之中。」

　　世界是一個幻象、一場模擬、一場遊戲，並不是什麼新的理論。透過雙縫實驗，我們知道，身為觀察者，對這場模擬有顯著的影響力；我們實際上參與了創造的過程，創造了我們所生活的現實。

　　如果你一部分的潛意識，仍然連結到設計這個虛擬現實的原始意識上，那又會怎麼樣？畢竟我們知道，潛意識可以在我們睡覺時為我們創造一個物質上的體驗，那麼，世界又為何不可能是由我們的意識所創造出來的體驗呢？

我們有自由意志嗎？

　　大部分的人都願意相信自己有自由意志，每天都認為你可以自由的選擇去做你想做的事情。你現在之所以會看到這篇文章，是早就命中註定好的嗎？

　　著名的物理學家牛頓認為，人所做的一切都是早就決定好的；根據他的物理法則，整個世界都是確定的，每一件過去發生的事情，都會對未來有所影響。

　　一個人每天行為的選擇，是他先天的基因與後天成長的環境組合而成的結果。但某個程度上來說，當你已經被你的「先天基因」與「後天學習到的東西」限制住你的想法與決定時，其實你還是沒有選擇；在你的腦袋裡面的慣性思維，在同一個場景之下，選擇只

會有一個。（想想人們只要遇到政治與宗教的場合，往往都會激動到失去理智。）

已故的神經生理學家班哲明・利貝特（Benjamin Libet）在1983 年，曾經在美國加州大學聖地牙哥分校做了一連串研究，他要求頭上戴有電極的實驗對象，在任何他們想要的時候，就移動手腕或是舉起手來。研究的結果發現，大約在實驗對象移動手腕之前的0.5 秒，就可以偵測到名為「準備電位」（readiness potential）的電訊號活動，大腦的運動皮質在動作決定產生前，就變得活躍；而當實驗對象察覺到自己想要動手，其時間點大約是在手腕移動前的 1/4秒。

由上述結果推論，早在實驗對象察覺到自己的意圖之前，大腦就已經做出決定了。附帶一提，利貝特是克拉根福大學（University of Klagenfurt）在 2003 年第一個虛擬諾貝爾心理學獎獲得者，「由於他在意識、行動和自由意志的實驗研究方面取得的開創性成就」。

2013 年，德國柏林柏恩斯坦計算神經科學中心的約翰 - 戴藍・海恩斯（John-Dylan Haynes）與同事發表了一項研究，他們透過功能性磁共振造影（fMRI），要求實驗對象自行決定要把兩個數字相加或相減。

研究結果發現，在實驗對象察覺到自己做出決定的 4 秒前，透過神經活動的反應模式，就可預測他們即將選擇加法或減法。而類似的實驗不斷地被改良與重複，目前已經測量到最大的時間差為 10秒（10 秒的時間差距算是相當久）。

這看起來很像是我們所謂「有意識」所做出的決定，其實只是一份來自無意識對於已經發生的事件的報告，而不是讓我們採取行動的原因。利貝特指出，即使是在做決定前，我們就已經決定好了，但我們仍有短暫的時間「決定不要」。利貝特本身對於「這個實驗是否能回答人類有無自由意志」這個問題，也是感到質疑的。

而海恩斯則說：「我要怎麼宣稱一個想法是『我的』，如果我

根本不知道它是何時產生以及它決定要做什麼？」

雖說目前的神經科學仍然缺乏精密的技術來證明：無意識搶先在大腦這幾秒所做出的決定，在幾天幾個月後甚至幾年後，對我們人生影響究竟有多少？這是一個很龐大的課題，所以我們仍然無法在科學上做出「我們有或沒有自由意志」的結論。

但因為我們處在二元對立的世界，難道大家沒有發現，很多東西最後都只會出現兩種極為相反（二元對立）的可能性嗎？

「人類到底有沒有自由意志」這件事最大的爭議點在於，如果我們沒有自由意志的話，那麼犯罪者需要為他們所做的壞事付出代價與接受懲罰嗎？這在現實生活中，又是一個無解的答案。

不過，如果這一切只是個遊戲世界，而我們的決策與選擇都是由上界玩家來決定的話呢？以上的一切問題，都會有一個比較合情合理的答案。

想像你手拿著紅白機的搖桿在玩《超級瑪莉兄弟》，當你按下A按鈕時，銀幕上的瑪莉歐就跳了起來，這時間看起來幾乎是同時的，不是嗎？但是實際上我們都知道，瑪莉歐是因為你按了A按鈕後，電子訊號透過電線傳達到主機，主機再把結果反映到銀幕上，於是你看到了瑪莉歐奮力的一跳，這中間是有著極短的時間差的。

沒錯，這就是我們角色與上界玩家的關係。

我們（角色）就是銀幕上的瑪莉歐，上界玩家就是拿著搖桿的你。我們不是生化傀儡，我們是「數位傀儡」。

小我的本質就是想要控制一切，這也是上界玩家們之所以進到D文明來玩耍的理由之一：享受小我的限制與扯後腿。基本上，不管你的上界玩家透過搖桿（或是全身潛行的VR）輸入了什麼指令，小我都會很不要臉的說：「沒錯，那是我幹的。」因為遊戲的本質就是讓你發現上界玩家的存在，所以一切都會是小我要站出來「負責」，並且騎劫上界玩家全部的功勞。

我們就像瑪莉歐一樣，活著的時候不斷地奔跑與跳躍，踩香菇

踢烏龜噴火球……我們以為人生的目的就是要不斷的闖關，最後要打倒庫巴，救出碧姬公主。但那也只是身為瑪莉歐，沒有其他選擇的唯一宿命而已。想像一下，如果你能夠更加擴展你的意識呢？（嗯，那你就會變成《超級瑪莉3》、《瑪莉歐64》，或者是最新的《新‧超級瑪利歐兄弟U》……好啦，以上是玩笑。）

《機器戰警》（Robocop）這部電影，是陳述一位警官艾力克斯‧墨菲在經歷一場大爆炸後，被歐姆尼公司改造成一個半人半機械的超級警察的故事。2013的新版《機械戰警》電影中，有一幕是：

創造機械戰警的科學家，歐姆尼公司的丹尼‧諾頓博士與CEO雷蒙‧賽勒斯，透過射擊訓練，在校正艾力克斯‧墨菲，讓他可以減少射擊人類時的遲疑，來提升他身為武器的殺傷率。

跟上一次的模擬訓練相比，機器戰警解決掉敵人的速度明顯快狠準了許多。歐姆尼公司的法務負責人克萊恩，對於機器戰警的進步感到訝異：「諾頓博士，他是怎麼做到的？」

諾頓博士：「他的軟體更快，硬體更強，他是一部更好的機器。」

克萊恩：「但你說人會遲疑……」

諾頓博士：「只有在下決定的時候。」

克萊恩：「所以不是他在下決定？」

諾頓博士：「是也不是。在日常生活中，一切都由艾力克斯做決定，但一交戰時，軟體就取得主控權，然後機器負責所有的事情。在那個時候，艾力克斯只是個過客，就像一名乘客。」

克萊恩：「如果都是機器在主導，那墨菲負責什麼？是誰在扣下板機？」

諾頓博士：「交戰時，系統釋放信號到他大腦，讓他以為他在做電腦做的事。我是說，他以為是他在控制，其實不是，那只是自由意志的幻覺。」

克萊恩：「你讓機器以為它是人，這樣是違法的。」

賽勒斯：「不對，是機器以為它是艾力克斯‧墨菲。在我看來，

這是合法的。做得好，非常好。」

我對這一幕深深的著迷，重複看了好幾十次，因為它就是這麼完美的描繪出我們跟上界玩家之間如何合作進行遊戲、破關的互動與關係。

我們只是遊戲或是小說裡面的角色，依照劇本演出的「乘客」罷了（有 15% 自由發揮的空間）。就如我很常舉出的例子：請問，殺死哈利波特父母的佛地魔，真的是壞人嗎？還是他只是一個忠實呈現他被劇本所交代、所演出的好演員呢？

現實生活中，恐怕我們必須強迫自己去相信，人類是擁有自由意志的，美國哈佛大學心理學教授丹尼爾・韋格納（Daniel Wegner）提到：「人類心理與社會生活的基石，是架構在我們有自由意志的幻覺這回事，失去了這個觀念，我們的社會將會無所適從，最終崩潰消散。」

本章所引用的國際性的種種論述[9]，都是希望大家能正視與思考──我們處在的世界，是一個看似有著無限開放性、但卻同時又有限制的虛擬遊戲世界的可能性。有了這樣的共識基礎，我們才能夠更深入、有效率地理解本書內容的探討。

9　內容引用彙整資料來源與參考文獻，詳見附錄資料。

Ch5 我要預約量子轉化！

5-1 王博士的「量子轉化」服務

　　愛因斯坦曾說：「要解決問題，就不能仰賴當初製造問題的同樣思維。」

　　每個人都具有無限的可能性，只是現在的你很可能被卡在目前生命中的困境裡，而無法看見你還有其他的「可能」。

　　王博士於此代表了通往宇宙的一個媒介，透過宇宙深層意識的轉化，帶領你跳脫原本桎梏的陳舊模式，不使用催眠、NLP、家族排列、能量調整、靈氣、氣功或發功……等等，直接幫助你的深層意識「看到」身體可以是健康的可能性，身心自然就會得到療癒，看見並開放出全新（或是朝你願望發生）的可能性。

　　「量子轉化」的過程中，「不會」做任何身體病症的治療與任何實質上的「處理」。從宇宙意識的角度來說，其實王博士並沒有處理任何的問題，只是開啟了「你的問題可以被處理」的可能性。

　　我們無法決定，也無法知道什麼對你是最好的，因此如果調整後出現變化的話，代表這件事如此發生是有益的；如果沒有出現變化的話，則代表——這件事情如果如你願的話，未必是好事，所以宇宙不允受理。

　　神會用三種方式回應你的祈願：

　　一、祂說好，給你想要的。

　　二、祂說不，給你更好的。

　　三、祂說等，給你最棒的。

　　你會發現，構築你世界的細節漸漸地產生了不同；你會發現，生活和以往開始變得不一樣了。像是平常睡覺都不翻滾的，會發現睡醒後躺的位置跟平常不一樣；有人做完「量子轉化」後，會進到天人合一的狀態，或是情緒釋放、感恩、流淚。

「量子轉化」給了你改變的可能性，接下來，我們交給上天，靜觀其變。

預約並且進行量子轉化的須知

　　很多人寫信都會詢問，「我可以用量子轉化來做 XXX 嗎？」

　　我的答案是，沒有什麼願望是不可以許的，但是要知道，給不給，看宇宙。

　　這是什麼意思呢？在量子轉化的過程中，我進到宇宙深層意識，透過正確的程式語言幫你跟宇宙傳達你要的願望，然後清除掉阻礙的分靈體，有時修改遊戲的參數設定，我的工作就只是如此，除此之外沒有其他的。

　　如果你有去廟裡拜拜或禱告的經驗的話，你可以把我想像成是一個「有高度效率幫助你傳達訊息給神的信差」（這往往比你自己拜拜或禱告有效多了，因為我知道怎麼傳達訊息上去），我把你的願望傳達到了，剩下就看上天要如何回應你了。（但我目前為止還沒看過比「直接跟宇宙意識溝通」來得更有成功率的方法。）

　　你今天來找我做量子轉化而得到了財富、健康、感情、事業、子嗣等，這些都不是我的功勞，因為我不可能幫你賺錢、治病、談戀愛，更別說是生小孩！一切都是宇宙運作的結果。

　　所以，沒有什麼事是不能來做量子轉化的，只要你想的到，就可以來試試看。但由於生活中有許多現實上的考量，不代表所有的願望許了就一定會實現（例如要求已經割除的器官再長新的出來）。

　　誠如我之前所說的，不要找我量子轉化要跟金城武或林志玲上床，我怕他們會因此被我搞得很累（笑）！此外，違法的事情我也不受理。

　　最後，恕不處理被作法、詛咒、卡陰、靈煞等相關問題。

　　量子轉化的預約細節，晴康身心靈中心的官方網站都有詳細資訊。

量子轉化可以怎樣幫到我？

量子轉化怎麼做？原理跟技巧都很複雜，這部分就留給上課的同學們就好。我們來討論一下，具體上，量子轉化是怎樣幫助到大家的？這部分說明起來就簡單多了。

假定你的現況是 A，你想要一個願望 B，因為目前願望還沒達到，所以 A 跟 B 之間就存有能量上的障礙或距離（「分靈體」就是測量能量障礙的單位）。最一開始，量子轉化的概念很簡單，只要把 A 與 B 之間的分靈體消除完，那麼願望就很容易可以實現。以上這是隨喜版的量轉處理方式。

後來隨著處理的案例增加，我發現，有些願望不光是消除能量上的障礙就可以實現的，這時候就出現了「能量相欠債」的概念了，這是高階量子轉化最重要的概念，沒有之一。

同上，假定你的現況是 A，你想要一個願望 B，除了 A 與 B 之間的能量障礙之外，還要考量 A 與 B 之間能量的流動方向。假如能量是從 A 流向 B（A 欠 B）的話，那麼願望就不容易實現；反過來，如果能量是從 B 流向 A（B 欠 A），那麼事情的發生就會順利許多。

這個相欠債的概念，可以延伸到天時、地利、人和。

⊙天時：流年、流月、流日，甚至流時。

只要特定的時間點有欠你，你在那段時間的運勢就會比較順暢（天時的因素有時候還要考量到其他時空的影響）。

⊙地利：你與願望目標地的相欠債。

假如你欠台灣，那麼這代表你的能量會流向台灣，你住在台灣，就是屬於能量耗損的狀態，自然運勢會不佳。如果台灣欠你的話，你做什麼都會如魚得水。欠文明也是一樣的意思，欠了不同的文明，就會有相對應的問題。

⊙人和：人與人之間的相欠債。

這部分我是從很多情侶的個案身上觀察到的，假如 A 欠 B，A 就會對 B 付出比較多，反過來也是一樣。我認為比較理想的情侶關係是互相都有欠，這樣就代表兩人之間都會互相付出，感情就會比較持久。我看過很多是只有單方面相欠的情侶，欠的那一方愛的要死要活的，另一方則完全無動於衷，這樣的關係應該很難長久下去。

人與人之間，除了考量到緣分的深淺以外，只要沒有了相欠債，就也不會有任何關係了，情侶的分手或一段關係的結束，往往也都是因為相欠債結清歸零的緣故。

⊙事件：事件本身也要欠你。

如果想要特定事件發生，除了天時、地利、人和以外，事件本身也要欠你，發生的過程才會比較如你所願。

舉例來說，如果想從台灣股票賺錢，那條件就是要先讓台灣欠你、台股市場欠你、台灣人欠你、你選的股票欠你、金錢欠你、流年流月欠你，這些是外在的先決條件。內在的話，則要看你的文明組合跟財富指數。沒有 C 文明的，難以得到眾生財；D 不欠你的，這個世界的錢也不容易流到你身上。

人生財務不佳，就是欠錢（這裡是說相欠債的數值上欠金錢，雖說你也有可能真的會欠錢）；人生容易生病，就是欠健康（或是欠疾病、欠器官）；人生沒有感情或是感情不順，就是欠桃花，以此類推。說到底，一件事情是否能成，透過以上天時、地利、人的相欠債和簡單的加減法，就會知道結果了。

通常初次來找我的個案，我都會看一下他的文明組合（ABC）、本源（D）、糧草、財富。有時看個案的問題，我也會看一下個案與屬地的相欠債。我的經驗是，只要有欠的，都是不好的，會建議用

量轉做到至少不相欠。因為相欠債的步驟麻煩許多，所以會是強化版的費用。如果有能力的話，把這些項目都調到欠你到最滿，這樣會是最好的。

再更上層的還有：在遊戲世界生出你想要的東西。有時候你願望所想的東西，還沒有以可觸碰到的形式存在這個世界上，那麼就需要靠遊戲的「系統生成」功能，把你願望的結果，先在能量上產生製作出來，之後再調整跟它之間的所有相欠債，讓它去成形。但這部分做法超級複雜，概念上差不多說明到這邊就可以了。

如果你沒接觸過量轉，或是不太清楚該調什麼的話，那麼以上的資訊可以讓你參考一下。

請記得，只要有欠都是有漏洞，一個破了洞的杯子，是什麼都裝不下的，所以至少要把人生的漏洞補好，才有可能在各方面都豐盛到滿滿滿啊。

最後請注意，**天底下沒有永恆不變的東西。相欠債本身就是能量的流動**，所以本質上就是消耗品，並不是說調完了 A 欠你，A 就會一輩子欠你喔，只要你有得到任何從 A 給你的任何好處，A 就是還債給你。當有一天 A 把相欠債都還完後，他就不欠你了，而之後他再多給你，就會又換你欠他了。反過來也是一樣。

為什麼量子轉化不接受當日預約？

很多人對此感到不解，為什麼不可以當日預約？有錢幹嘛不賺呢？

當然不是不可以，真的很緊急（生死攸關）的事情，我還是會接受預約並處理。那麼「不接受當日預約」的原因與標準何在呢？請容我解釋一下：

第一，當然有個人因素在。這是在國外長大養成的習慣，我們已經很習慣看醫生要預約門診，到了自己當上醫生後，也更了解到，這是對醫生的尊重。

我們尤其討厭當日臨時取消的客人，因為時間都空出來了，你臨時取消，而那段時間其實是可以排給其他有需要的客人的，這會造成我們經濟上的損失。

在國外看醫生，有的還會要先留你信用卡的資料，當你臨時取消沒出現時，診所是可以刷你的卡跟你要求賠償的。當然這在台灣不適用，更別說是費用隨喜的服務了。

第二，當日預約，代表你不是很尊重你自己的願望。

如果你的願望很重要的話，你一定是很期待請宇宙幫你處理，所以你會把時間事先排出來，給這個許願的過程。

這一點其實比第一點重要，因為如果你只是今天起床，沒事想到說：「嗯，來許個願好了。」那麼這就釋放出了一個「隨便」的訊息給宇宙，那麼相對來說，宇宙就不會那麼容易完成你的願望，或是可能用很詭異或好笑的方式來呈現出你的願望，或是在一個奇怪的時間點顯化你的願望。

總之，宇宙和世界就是一面鏡子，你尊重自己，就是尊重宇宙。你尊重別人，就是尊重宇宙，這是一體的。

所以，我不接受當日預約，除了個人因素以外，就是為了提升你做量子轉化的效果。而臨時取消（或一直改時間），代表其實你根本不想要實現你的願望，你的行為反映出你內在最真實的想法，那麼我們自然也不再接受你的預約。

是說，你都不是很在意你的願望了，我和宇宙又何需幫你在意呢？

請正視你自己的願望。你的態度，代表你對願望的想法，而你的行為（預約、赴約、隨喜的數目、不亂改願望）會反映出宇宙會要怎麼給你，就這麼簡單。

量子轉化遠距行政作業上的二三事

量子轉化服務有提供「遠距離」協助，也就是透過信件進行事

件處理。基本上，遠距個案一律都會有一週的等待／緩衝期處理，因為來信眾多，需要排程處理。基本上處理好的話就會回信，沒有回信就代表還沒處理，請耐心等待。

我相信面對心願被實現，每個人都很期待。但是，催促並不是一件好事；因為，當你在「催」時，宇宙的規則就會落在「還沒處理」或「怎麼還沒好」，那麼你就會得到這樣的結果。另外，如果你對於遠距離沒有信心或耐心，我建議可以預約現場的服務。遠距離主要是方便不住在台北市與新北市的朋友。

遠距量子轉化信件中請務必附上：

1. 個案姓名與照片。
2. 所求願望的現況（請簡述關鍵癥結點，勿寫長篇故事）。
3. 所欲之結果。
4. 轉帳金額，轉帳後五碼（請勿拍 ATM 收據，帳號請參考臉書社群），轉帳日期與轉帳金額。
5. 如果是跟別人有關的（像是感情或是官司），請附上對方姓名、照片。
6. 若是想做強化版，請一句話敘述出你目前問題的關鍵障礙為何？（若沒做強化版，請不用管第六項。）請告訴我你願望的兩個正負對立面，例如：負面——我再也不要一直每個月賺不到三萬元的工作了。正面——我會輕鬆找到每個月三萬元或以上的工作。

以上資料請不要分開寄，也請勿另外寫 word 檔，直接寫信即可。內容不完整或沒依照格式的信，將會耽擱到我們為你做量子轉化的處理時間。請注意，內容中如果沒有註明要做強化版，一律不會做強化版相關處理。

為了提升服務品質，每次幫親友遠距，最多僅限三人，每人的資料請分開寄（自己的話仍僅限一次，並非一次許三個願望）。

※ 恕不接受 Line 遠距處理。

為了避免遠距服務上有資料不足的問題，造成服務回信較慢，補充大約有以下幾種：

⊙**沒附照片與姓名。**

請每一封信都附上事件相關的人事物照片與姓名。土地買賣與出租，請至少附上物件地址。我沒辦法每次收到信後，又去信箱裡找你前一封信的照片。所以，沒附照片的勢必會延後處理。

⊙**沒附轉帳日期、後五碼以及金額。**

對帳也很花時間，我不是說在意你轉了多少錢，說好了隨喜就是隨喜。但是我需要知道你希望我做的是普通版隨喜量轉，還是強化版量轉？有填上金額的，我可以馬上知道要幫你做什麼樣的服務。所以請務必附上轉帳日期、後五碼以及金額，以利作業。

⊙**一封信，請只寫一件事情。**

如果處理事情以外，你還想問別的，請分開來信。因為，當我看到一封信除了要處理的事情還加上問事的話，我通常的反應是：「這封信好多內容要處理，晚一點再回好了。」

⊙**請勿隨意更改願望。**

除非事情在我還沒處理前出現重大變化，若改願望，因為跟你當初來信的頻率已不相同，我會一律先放置一週，讓能量沉澱後再處理。

⊙**內容請盡量簡單扼要。**

如果事件寫的太複雜，讓我看不懂的話，我仍然無法即刻處理。所以請長話短說；覺得信件無法講清楚的，請約現場。

最後提醒各位讀者，量子轉化事項，請一律透過 email 處理，請勿私訊我個人 FB 詢問量轉事項，因為這樣我對不起來你是誰。

請問量子轉化的效果如何？

效果與速度因人而異。而在量子物理的概念裡，任何還沒發生的事件，都屬於尚未被瓦解波形的波函數，所以存在著無限的可能

性。

　　未來的事件還沒有被百分之百確定，影響一件事情是否能發生的因素有很多，量子轉化透過消除與事件相關的分靈體、調整遊戲系統參數等技巧，雖能大幅提升你願望達成的機率，但並無法保證事情百分百一定會如你所想的發生。敢保證百分百效果的，肯定百分百是騙你的。

　　在調整事件之前，通常我會建議個案搭配強化版量轉，調整與事件相關的一些基本相欠債數值。像是如果你想從美國相關產業或是美股上面賺到錢，那麼就要讓美國在相欠債上先欠你，賺到錢的機率就會提升。感情方面的則是需要考量到緣分、相欠債、功課。當這些基本盤都調整好了，才算是正式拿到入場券。

　　此外，本書也一直提到，跟事件有關的負面情緒越能釋放，量子轉化的效果就會越強。事件顯化的速度也會被你本身對效果的設定所影響，所以請你想清楚你真的要什麼。不是每件事情都如你所願就一定是最好的，請參考「塞翁失馬」的故事。

穿梭平行時空的注意事項

　　許多人跟我反應，在操作量子轉化的當下或之後數小時，會感受到一種很特別的疲勞感。這是正常的，而且對你想實現的目標有所助益。做量子轉化時（包含轉化祭）所經歷到的短暫暈眩、疲勞、想睡等反應，你可以把它當作是一個「重新開機」，或是「穿梭平行時空」的證據。

　　其實，大腦很常做的一件事情是「確定自己現在在哪裡」。

　　每天起床，大腦做的第一件事情正是「確定自己現在在哪裡」。我們出門的時候，本能的會需要「確定自己現在在哪裡」，尤其是出國時，這種感覺會更明顯。

　　其實，不管做什麼事情，我們都會需要知道進度，知道現況如何？這也是一個「確定自己現在在哪裡」。

因此，大腦必須知道自己現在在哪裡，才能做出相對應的行為。這就像當你想使用手機導航時，導航軟體一定會先做定位，才能引導你去目的地，道理是一樣的。

當你做量子轉化時，宇宙帶你的意識離開原本的狀態，再把它放置到你想要的新狀態。這中間，你不會有身體穿梭平行時空的感覺，但是你的「意識」的確是從原本的時空來到一個新的時空（平行時空的簡單定義是：絕大部分都跟原本的時空一樣，只是某些部分跟原本不太一樣的另一個世界）。

你的大腦有可能會因為這個轉變而無法適應新的時空，於是進行一個「強制開機」的動作，所以會產生暈眩、疲勞、想睡等等的感受，來讓大腦重新開機。

但請記得，這些是體質比較敏感的人容易感受到的能量震盪，不代表你一定要有以上的這些感覺，才代表你有成功的穿梭到新的平行時空。因此，也請不用太執著在這個上面，我們以外在世界最終是否有轉變到你想要的狀態為主；外在世界的改變與否，才是我們真正想要的結果。

關於量子轉化後續的調整

做完一次調整後，只要事件有出現了新的訊息（不管是好是壞，都是一個變化），就代表出現了可以調正的下一個點。

事件→調整→新事件→再調整（重複以上）→滿意的結果

基本上，是重複這樣的過程，直到你滿意的結果出現為止。

調整完的第一次，通常會反映出你自己內在真實的想法，以及宇宙調整後結果的總和。有時候，你之所以會沒辦法心想事成，是因為潛意識認為，目前的狀況比你想要的未來結果更好，這在心理學上稱為 secondary gain。比如小朋友發燒可以不用上學，老人家生病可以得到家人的關懷等。更多關於此方面的請參考我的著作《不開心，當然會生病》，內有很多說明與案例參考。

請記得，你本身一直都有著心想事成的能力。宇宙並不會忽視你原本的顯化能力。當然，這或許也是會造成你「卡關」的原因。我的經驗中，經常會發現，很多人嘴巴說想要，但是心裡卻不是這麼想的。

另外，誠如我所說的，我不會通靈，所以不要問我事情的進度或發展還是宇宙怎麼說。我只負責傳達訊息給宇宙，幫你開啟可以轉變的可能性。事情不一定馬上演變成你想要的結果（但是也是有此可能），所以後續的微調就看個人。

讓量子轉化更有效的祕技

這些年，我在量子轉化推廣以及個案、學員回饋上，得到許多有趣的收穫，也可以歸納出以下一些如何讓量子轉化成效更好的方法：

⊙同一個問題，在還沒成功前，能維持最少兩週做一次為佳，這是一個強化、加速與穩定的過程。

⊙目標達成後，能再持續加強願望約一個月，可以讓狀態更加穩定。還沒穩定也沒持續的話，容易跳回去之前的狀態。

⊙量子轉化的費用是隨喜，雖說不規定金額，但是效果往往取決於你的能力與誠心。也就是說，誠實地問自己：「如果這個願望可以達成的話，這對我人生來說有多少價值？」然後依照自己的經濟狀況來隨喜即可。宇宙看的不是金額的多少，而是你的誠心多少。如果你收入很多，卻只隨喜很少，代表你心中不認為你的願望很重要，那麼自然宇宙也不會很慎重地看待你的問題。

⊙請善加利用強化版的服務選項。

很多時候，問題無法解決是因為，在你的原廠設定中能量累積與重複了太多次。所有的生物都是依照習性運作，大家都知道，累積越多的習慣是越難改變的。

　　越難改變的事情，往往就是累積了成千上萬的分靈體（或是加購了行程）。一般做情緒釋放，能把情緒從「很強烈」處理到「沒有不好的感覺」，可以把它當作是處理了一次的分靈體。假設做一次 EFT 需費時一分鐘，如果你想要釋放一億個累積分靈體，那正常來講，就需要花上一億分鐘，也就等於 190 年，對於一般人來說，這就是窮及一生都無法改變的命運了。而量子轉化可以一次處理掉超大量的分靈體，讓你快速擺脫重複模式以及命運的控制。

　　⊙情緒是最重要的關鍵。

　　只有當你能量（或頻率）的狀態改變了，潛意識才有「看到」你如何達到你所想要目標的可能性，這個能量狀態指的就是情緒。達到目標的你跟沒達到目標的你，兩者情緒肯定是完全不一樣的。如果做同一件事情卻希望看到不同的結果，那是不可能的事情。外在的世界是你內在世界的投射，所以量子轉化處理後，通常最先看到情緒上的變化，接著你想要的改變會跟著出現。

　　⊙做完量轉後，自己可以做些什麼嗎？當然可以，就是情緒釋放。

　　最簡單入門的方法就是 EFT。我在 youtube 上面有放免費教學影片，幫助大家可以自己學習並做最基礎的處理。當然也有開設「一階・放下」課程，裡面會教導更多情緒釋放的心要與口訣，歡迎大家報名學習。請不要小看 EFT，我能開發出量子轉化，當初也是從EFT 入門的，這是一個很棒的情緒釋放工具。

請欣然感恩地迎接新時空狀態

頻率與能量是一個很纖細的東西，通常每個人對於「完美」有不同的看法跟解釋，所以不太可能結局是完美的按照你的計畫發生，也不太可能完美地來到百分百都如願要求的平行時空。

但是，量子轉化還是可以讓你來到一個相對上足以稱之為「勝利」、「成功」、「達陣」的結果。請記得，你跟宇宙比，誰能做出更好的選擇跟安排呢？

有時候我自己會來到一個臨界點，而且我可以知道那是什麼樣的狀態。我已經脫離舊現實的引力，而我也已經被新現實的引力所包圍了。我可能還沒有完全的穿梭到我想要的現實，但是我清楚知道，我有足夠的力量讓我往我所想要的現實前進，如果我願意持續往前進的話。

負面情緒會讓你鎖定在舊的平行時空，而讓你鎖定在新的平行時空的一個好方法是「感恩」。你已經努力這麼久，終於來到一個新的世界、新的宇宙了，這個新宇宙有著跟之前截然不同的頻率與能量，而「感恩」會讓你跟新的宇宙在能量上成為更好的共鳴。

如果你抗拒這個改變，而要重新裝載你的舊頻率時，就會很容易被拉扯回去。

因此，並不是說你許了願望，做完量子轉化，穿梭平行時空，你就永遠不會回到以往狀態。你可以來，當然也可以回去。所以想要繼續往前進的話，請釋放負面情緒，對當下你已經發生的改變與一切你所擁有的，感恩吧！

要適應新的平行時空，你可能會要花點時間來熟悉它。盡量不要太過度激動或開心（就像是它只是個短暫的奇蹟），嘗試著看待你的新的平行時空為一個常態，這代表你認為它會好好的持續一段時間。對新的平行時空感覺良好不是不行，但如果你太興奮、太激動，就代表你懷疑它的持久性跟真實性，這也有可能造成反彈。

如果你認為一切的美好都太不真實了，那麼你會吸引到另外一個平行時空來印證你的想法。所以，即使你認為你吸引到讓你覺得很讚的人事物時，請真切的知道，你值得這一切。

這就像我當初一開始研發出量子轉化時，覺得：天啊，這也太神奇了吧！現在的我要創造人們口中的奇蹟，就像每天吃飯睡覺一樣的平常。當你準備好透過量子轉化來進行下一次平行時空的穿梭時，你可能會選擇讓目前好的部分更好，然後修改一些不是那麼滿意的狀態。

就像是，當你來到一個金錢豐盛的狀態時，你下一步可能就會想讓你的人際關係變得更好，是一樣的道理。

腦袋開始改變，代表新旅程已啟航

你的能量頻率掌控著你能夠穿梭到哪裡。當你開始調整你的基本頻率時，你的想法會跟著改變。所以，每當我做完量子轉化時，有時都會問個案：你現在的想法或情緒，跟一開始有什麼不一樣呢？

你通常會開始有一些新的想法，那是被新平行時空的能量頻率所激發的。很多人做完量子轉化後，內心會開始出現一些「舊版本的自己」根本不會有的想法，這就是穿梭平行時空的一個好證據。

有了新的想法後，就要盡你所能的去付諸行動。容許自己成為一個充滿能量、好玩的人。不要猶疑，去做就是了。你必須透過行動來證明給宇宙知道：「我說我想要 XXX 願望實現，我是認真的！」

在行動上，你不太可能百分之百都做對，甚至有可能做錯，但這沒有關係。只要持續的學習跟這個新平行時空帶給你的能量互動，不斷的採取行動。

熟悉→行動→適應，重複以上的過程，這樣就對了。

你會越來越熟悉在新的平行時空該做些什麼、怎麼做會比較好。

同樣的，任何你舊的平行時空要你做的事情（也就是以前的你會做的事情）盡量不要去做。慢慢的，這些想法跟念頭會自動消散。

當你越採取新平行時空的行動，你就會越融入這個新的世界，你就
離心想事成越來越近。

5-2 做完量子轉化後常見問題

常見問題：狀況變糟了，還是狀況出現變化了？

做完量子轉化後，確實不是每個人都馬上會得到狀況改善，有時甚至會出現所謂的「狀況變糟」的結果。量子轉化在機制上，我有做一個安全設定，也就是：「只要是對個案沒有幫助的事件，就什麼都不會發生。」

我無法告訴你這是什麼機制，因為目前對於宇宙與神性是怎麼運作的，我認為我也只是以管窺天而已。

但是從實際上我們可以掌握的面向，也就是我們自己的意識來說，我想問你的是：究竟是狀況變糟了，還是狀況出現變化了？

從我之前醫學臨床的角度來看，**完全都沒有變化，才是最糟糕的事情**。

只要有出現變化，不管是好，還是壞，都代表事情開始變動起來了。至於事情最後會怎麼變化，過程會怎麼發展，我真的不知道。我唯一會做的，是給予宇宙全然的信任。

但是，既然我們當初的願望已經設定好了，只要你信任宇宙的話，或是有稍微了解神性與吸引力法則的話，就知道，不管發生什麼事情，只要你意志夠堅定的話，就會往那個目標邁進。

很多時候，你之所以無法得到你目前想要的人事物，是因為你的潛意識認為「沒有得到比得到來的好」。量子轉化可以幾乎無視潛意識的保護機制運作，但是，在這個物質的世界裡面，事件要能照你的願望發生，仍然需要時間來製造事件，透過事件，把結果導到你要的結果；至於怎麼導，真的就是宇宙神性的運作了。

所以，如果出現你認為「狀況變糟」的狀況，請想想「塞翁失馬」

的故事；認為「狀況變糟了」或是「狀況出現變化了」是一個選擇，你的選擇會決定你的結果。

那麼，你的狀況是變糟了，還是出現變化了呢？

有時候，也有個案會提問：「覺得做完量子轉化後卻什麼都沒動靜，怎麼辦？」

沒動靜是不太可能的（除非遇到被作法或其他能量干擾，但那個比較複雜），只是在於你有沒有看到那個「變化」。宇宙給予的變化是會在生命的種種層面先出現，比如：想到同一件事情心情不一樣，或是有出現以前不太常發生的事情，像是有人突然請你吃飯之類，這些都是變化的一種。

慢慢隨著能量的調整跟增強，以及你情緒的變化，一定會讓你看到跟結果相關的變化，甚至完全達標。所以，如果你專注的點是「都沒動靜」，那麼宇宙回應給你的也是沒有動靜的結果。

請學著去找出做完量子轉化後，生命中有什麼不一樣的變化出現了？只要你專注的是跟以前不同的東西，透過重新瓦解波形，那麼你就會得到跟以前不一樣的結果，這就是吸引力法則實際上運用的好例子。

外在的世界只是一面鏡子，它會隨著你內在的世界所變化。

因此，通常一開始的變化會出現在情緒上（當然也有可能事情直接就出現變化）。所以我才說，情緒是最關鍵的那個點。

總之，「量子轉化」是目前我所知道的，吸引力法則可以真實且快速被實踐的最強版本。但是，如果你不去實踐的話，還是什麼都得不到的。

請記得，對於你所「不想要」的專注力，是無法贏過吸引力法則的，而這也就是人類所謂「自由意志」最值得玩味的地方。

對量子轉化的誤解

曾經，有個人到我 Youtube 示範量子轉化的影片留言，說他「付

費請求執行量子轉化，兩個月過了，什麼變化也沒發生」。

　　我請問他是處理什麼事件？他說：「當初求『當事人能發現自己對於卜卦理解錯誤』，到現在為止一切維持原貌，沒有任何轉變。」

　　我想起了這個案例：有位先生對卜卦的結果理解錯誤（來信的個案並沒有解釋他與這位先生之間的關係），把老婆趕出家門，個案希望可以透過量轉來讓這位先生清醒，並了解到自己的錯誤，把老婆帶回家。

　　這是個相當複雜的案例，但我們先不管它有多複雜。我認為這個案例是需要強化版的，但是因為個案已經隨喜了，我通常也不喜歡開口，想不想做強化版通常是個案的決定，或是可以先問過我再決定。總之，我就用一般的做法處理了。

　　有做過遠距的朋友，都會在第一次量轉後收到一封量子轉化的說明，有說做完後先觀察兩週，之後告訴我變化，需要的話，可以看看下一次要做什麼樣的處理。

　　這位個案之後也沒有來信回報任何狀態，我也不會通靈，加上我手邊個案也很多，我也不可能一個一個回去看每個個案的狀態。

　　然後我就收到 Youtube 上面的留言了。

　　我想說的是，量子轉化是很厲害，但是厲害的地方可能跟你想像中的不太一樣。量子轉化厲害的地方在於：它就像搭飛機一樣，在還沒搭上飛機之前，你會需要計畫你的行程，買票，到機場候機。前面的這些準備過程可能會比較繁複與瑣碎，一旦搭上去了，速度就很快。畢竟事前的精準目標設定很重要啊！這樣才不會跑錯地方。

　　我通常喜歡示範的是處理身體上的不舒服（但不是治病，有疾病請先求助正規專業醫師的幫助），因為這方面能量運作的最快速，效果最立即可見。

　　但是當事情牽扯到人與人的關係時，就是最複雜了。很多個案寫信要求「希望某某某愛上我」、「某某某跟我復合」，然後只做

一次就希望願望就可以達成。天啊，如果天底下一切有這麼簡單就好了。

以感情而論，我通常都會建議，要做加強兩人之間的緣分，然後調整能量之間的相欠債，有好幾個步驟的基本功要做，這樣你才算是把最低限度的入場券拿到手而已，而且以上幾個步驟都會需要用強化版處理才行。

金錢部分也是，並不是說許一個「我想要每個月有一百萬的收入」，做一次量轉願望就可以達成。你要去考慮，你跟地區之間能量的互動、跟公司之間的互動，還有你跟客戶之間能量的互動，這些都需要納入考量。否則，即使有一百萬進帳，也會被公司、被客戶、被地區莫名其妙的吸走，總之，最後手邊就是留不住那筆錢。

這麼多年下來，我發現大家都把「心想事成」想得過度簡單了。我是一路不斷地處理個案跟累積經驗，才知道中間的眉角超級多！心想事成跟你想的絕對是不一樣的。

想要有好效果，請先了解到自己願望的複雜程度，可以先問我，需不需要強化版，強化版的存在有它的理由，因為效果會大幅加強與加快。然後，請務必至少兩週跟我回饋一次做完量轉後的狀態，大部分的時候，事情會往你想要的方向走，只是未必是如此呈現給你，有時候有可能暫時性會以你認為比較糟糕的方式出現。

這就好比你想搭高鐵從台北到高雄，但是假如高鐵今天出狀況，那麼最快的方法可能就要改成搭自強號。一般人如果不知道高鐵有問題，就會認為這樣是狀況變糟糕了，可是對宇宙來說，當下只有自強號，這就是目前最快最好的方法。

我也真的很希望可以一次發功就馬上圓滿大家的願望，但是宇宙跟這個世界運作的機制，真的遠比大家想像中來的複雜許多。

總結就是：做了量轉後，觀察兩週看出現是什麼狀況（如前文所述，你必須知道如何觀察「變化」），我們就繼續往你要的目標修正方向，直到你到達目標為止。然後強化版會加速你到達目標的

速度跟力道。

最後，自己情緒的狀態很重要，絕對會影響到量子轉化的效果，因為，**宇宙絕對不會給你你不想要的東西。**

量子轉化，一次就夠嗎？還是多多益善呢？

通常做完量子轉化後的當下，如果你感受到任何身體上的變化（頭暈、疲勞、想睡、更舒適、疾病的變化），或是情緒上的變化（更好或更壞），都是一個「上天受理你請求，把你帶到你已經心想事成的平行時空」的指標。

接下來你要做的，就是靜觀其變（你將會看到外在世界的改變）。如果事情方向偏離了你要的設定，或有受到其他方面的干擾，那麼就需要回來找我再轉化，重新調整一下方向。

請相信，只要有變化，就是好事。

如果你情緒上真的還是因為很擔心事情的結果而感到焦慮、不耐煩等，請自己搭配「放下的技巧」（EFT、聖多納技巧或是能量逆轉），會讓你所做的量子轉化效果更好。

這過程就像裝潢房子一樣，你不會只跟設計師溝通一次，然後到完成之前都不用再修改設計。只有你最清楚知道你想要的是什麼，我只是傳達訊息而已。這過程難免有誤差，或是你之後有了新的想法（比如說，一開始請求收入增加兩萬，後來覺得增加五萬比較好），所以有需要的話，還是要回來「修改」你的願望。

總而言之，量子轉化什麼都可以做，只要你相信宇宙的力量，放手交給宇宙去處理，那麼事情的成功率自然會提高許多。

5-3 量子轉化常見的 Q&A

關於量子轉化發展至今，有太多「FAQ」是我反覆回答的標準內容。因此，在本次集結出書的計畫中，把所有的常見提問一併整理出來，也算是給予讀者的一份回饋。至於個案們對「量子轉化」提出過哪些精采問題呢？就讓我們一起來看看吧！

問：我想問一下，相欠債做完後，是欠一輩子嗎？那我可以把家裡人都做一遍嗎（調整成都欠我）？是算加強版嗎？

答：不管是先天的，或是量轉做出來的，相欠債的本質是消耗品，只要你有付出或是對方有付出，都會導致相欠債的減少。因為「匯率」上的不同，相欠債消耗的速度也都不一樣，但是通常可維持半年到一年都沒問題。如果想讓家人能量上都欠你也是可以的，但這種步驟上比較複雜的，都需要強化版才能處理。

問：開天財做完後的財運，如果是因為有「開天財」才更容易有錢，你怎麼知道每個人先天都有天財？有可能沒有呀！

答：在我研究的理論中，我認為，我們存在的世界是個電腦虛擬的世界（可以參考電影《駭客任務》），我們只是神性在虛擬世界裡面玩耍所使用的虛擬角色而已，我自己的印證也是如此。

以電腦程式而言，角色的有錢與沒錢，都只是程式有沒有如此設定而已。所以不可能有人先天沒有「天財」，只是你這個角色在故事中的設定，是有多少錢而已。故事（程式）中說要讓你有錢，你就會有錢。「開天財」是我拿來使用、一般人比較聽得懂的概念而已，原則上的做法，就是讓你這個虛擬角色可以透過設定，在這個遊戲世界變得更有錢。

當然，說是容易，要破解起來，可真不是件容易的事呢！像我現

在也一直都在努力破解，怎樣更有效率、更快速修改遊戲原廠設定的方法。

問：因為本源的關係，有可能是獸人，本來豐盛度就很糟了，開了天財也沒用嗎？只如博士所說「乞丐中的霸主還是乞丐」。所以，是不是要提升本源再開天財，才是最好的呢？

答：順序上並沒有規定一定要哪個先、哪個後，但是有開天財的，我都會幫個案把財運豐盛的部分調到當下宇宙所允許的等級。

問：你說你不是通靈體質，為何之前堅持要學會通靈？為了改變你現實世界嗎？現在呢？有達到你想要的了嗎？你的現實生活順利嗎？

答：我從很小時就曾待在一個宗教團體約二十年，師父本身就是以通靈神算第一自居的，所以當時不管是師父的開示中，或是同門師兄姐的聊天當中，「通靈」與「感應」可說是家常便飯。

可是偏偏我是個不會通靈的人，每天在那邊聽大家討論說「今天我在師父身上看到的光好漂亮」、「某某菩薩剛剛在同修的時候有降臨耶，而且那個灌頂的感覺好清涼好舒服！」、「剛剛財神賜甘露耶，你沒感覺到嗎？」時，我都覺得：「我是不是哪裡壞掉了？」、「難道無法通靈，就沒辦法有跟大家一樣的覺受與修為嗎？」、「我是不是師父口中的破法器？」

我也曾經找宗派其他的上師幫忙「啟靈」，能試的方法都試過了，但是什麼鬼都沒有發生。所以，我天生就是個「麻瓜」。回台灣後，我也曾經拜了一位當時住在台中的通靈氣功老師為師，當時我每個週末都乖乖搭客運到台中（當時還沒有高鐵），付費請他指導，希望我可以通靈。那位老師當時只收了三個學生，好巧不巧，我又是那個唯一不會通靈的學生，四個人相聚上課時，只有我什麼都感知不到。

跟這位老師學習的過程細節我們就不聊了。我只記得在拜師兩年後，我被老師如此地羞辱：「教你學會通靈？那不就跟教會一條狗會咬拖鞋來給主人，這樣有什麼意義？」最後大家不歡而散。

由於我從小時候接觸宗教以來，就被灌輸了「修行上沒有通靈就什麼都不是」的觀念，當你不會通靈時，別人總是會安慰你：「沒通靈也沒什麼大不了的啊，不要太執著。」可是講完了就一旁通靈快活去了，沒人真的管你死活。

直到我遇到一位 NLP 老師──江健勇，他幫助我脫離了被宗教的洗腦，我才了解到，過去我所學的，可能不一定都是正確的觀念（我並不是說我過去所學的都是不正確，相對的，我認為那也是我人生一段很珍貴的經歷）。

接下來，就開始了我接觸所謂新時代思想。從網路上找資訊、找老師，出國去上課，最後自己整合所有所學的一切，然後「量子轉化」就出現了。

雖說直到今時今日，我仍然不會通靈，我依然沒有得到我想要的通靈能力。但我靠我自己的所學，開發出量子轉化裡面的這個「零通靈」能力，是類似通靈的不通靈方法，可以算是超能力吧。這些技巧一切合乎科學，而且人人都學得會，只要你願意好好用心學習與練習。

四五年前，我曾經請我一位通靈的朋友，幫我請示瑤池金母：為什麼上天打死就是不肯給我通靈的能力？我朋友請示後回答：「金母認為，如果給你通靈能力的話，以你的個性，一定會沉迷在通靈的世界裡而走偏了，所以不要通靈其實對你比較好。」我想金母可能是對的，如果我會通靈的話，可能無法走到今天這一步。

最終的結論，不管我會不會通靈都好，其實我想要的很簡單，就是人生可以變得比之前更開心、更自在、更自由。而我的生命因為自己的努力而變得更好了，我確實比之前更開心、更自在、更自由了，我覺得這樣就是對了。

所以，人並不需要通靈才能改變自己的世界，這是我多年來親身體驗所得到的結論。

問：你到達了「覺醒」境界嗎？因此才有類似通靈的結果？如何確認自己已經覺醒了？常常通靈的人會說「到達覺醒境界」，王博士可否

分享你的體驗與看法？

答：「覺醒」，在佛教來說，指的是「開悟」二字。雖說「佛陀」這個詞的本意就是「覺者」，也就是醒來之人。

在釋迦牟尼佛的那個年代，有許多進行著苦行的修道人。苦行常流行於印度文化圈，在印度提倡苦行的宗教有耆那教、印度教等。進行過苦行的悉達多太子發現，修苦行並不能達到究竟，於是轉以其他方法修行成佛。

在釋迦牟尼佛悟道前，他也曾經拜過許多當時有大成就的苦行沙門為師，這些仙人以苦行、瑜伽、禪定、持咒、拙火定、入三摩地等方式得到五通，即天眼通、天耳通、他心通、神足通、宿命通。

所謂的「神通」，可以當做不同等級的通靈能力來看待。天眼通與天耳通，顧名思義就是可以看與聽到普通人所看不到、聽不到的東西；他心通就是可以讀取別人心裡想什麼的能力；宿命通就是可以知道別人前世是誰，或是有什麼因果（如果真的有前世的話啦）；神足通，就是禪定中可以天上地下、各界穿梭行走的能力。

由此我們可以知道，即使你會神通，不代表你就是開悟成佛的。否則釋迦牟尼佛成佛前拜的師父，就各個都是佛啦！所以，是否覺醒，跟你有沒有通靈、有沒有神通，兩者之間完全沒有關係。

在佛教裡面提到，一旦你成佛了，就會得證第六個神通「漏盡通」（指的是一切煩惱漏盡，沒有煩惱的意思）之後，你就會擁有其他的五通。

我們或許可以這麼認為，「神通，只是成佛的副作用」，而有神通並不代表你有修為。所以如果有通靈人自稱達到覺醒，你可能要檢視一下他的言行舉止了。如何檢驗呢？因為「開悟」是佛教的專有名詞，檢驗的方式當然也要用佛教的方式，會比較合乎標準。

基本上就是要符合佛教的三法印：諸行無常，諸法無我，究竟涅槃。

這本書的目的並不是要討論佛教教義的，所以我簡單快速帶過三法印。以下僅是非常簡短的個人淺見，如果有錯還請佛教的大德們指正：

第一、「諸行無常」：宇宙唯一不變的真理就是「變」。如果任何人跟你講有什麼是可以保證永遠不變的，那就違反了諸行無常的第一法印。

　　第二、「諸法無我」：所謂的我，指的是「小我」，我們只是幻化到世間來體驗遊戲的角色，哪有什麼「我」好執著的呢？看破了這一點，就完成了第二個法印。

　　第三、「究竟涅槃」：當你一切都通達時，完全沒有一絲煩惱，你就跟所有一切三世諸佛一樣，來到了那個似空非空、似有非有的沒有二元對立的境界（用「喜悅」或「極樂」來描述這個境界都是錯的，因為這樣就又有了對立出現）。這是一個言語無法形容的感覺，所以「佛說：不可說，不可說，一說即是錯」，指的就是這個。

　　如果一個人自稱自己開悟了，那麼他的言行舉止就必須符合佛陀講的三法印。如果違反了，那當然就是個騙子。

　　就我過去在宗教圈的經驗，我發現，只要一個人敢說自己開悟的話，就是把自己當成釋迦牟尼佛或是彌勒佛的意思，這樣的行為往往會導致全佛教的趕盡殺絕，旁人也有很大機率會覺得你是個瘋子或騙子。

　　畢竟《彌勒下生經》說，繼兩千多年前「現在佛」釋迦牟尼佛後，下一個在娑婆世界成佛的人是五十七億年後的彌勒菩薩，也就是「未來佛」，所以依照這個邏輯，接下來的五十七億年內，都不會有人成佛。可是，如果學佛不能成佛的話，那為何又要學佛呢？

　　真的開悟的人不會刻意去講自己有沒有開悟，因為那個沒有真實的意義，因為「開悟跟沒開悟」對開悟者來說，其實沒太大差別。這就像一個醒來的人看到身旁的人還在睡覺，這對「覺者」來說，本質都是一樣，沒有分別。「覺醒」的覺，跟「睡覺」的覺，都是同一個字，中文在這裡真是巧妙啊！那麼請問，所謂「覺者」是指醒來的人還是睡覺的人呢？

　　總之，通常只要說自己是開悟的，就沒有開悟；而說自己沒開悟的呢，嘿嘿嘿，不可說不可說。

　　而講「覺醒」兩個字就安全多了，畢竟沒有宗教的包袱。

問：你忽然人神合一領悟量子轉化，可以請示宇宙，那你就是達到了通靈呀！不然怎麼可以有迴天幻眼、超度靈魂、開天財的能力。對一般人來說，這些其實就是通靈了，因為一般人做不到。

另外，我倒覺得王博士像綜合治療師，可以科學、懂醫學、涉略宗教又走身心靈，或許本身也不是通靈體質，但可以說是從心理治到身體。但你發明一套依據，將它套用在生活，幫助更多人解決問題，讓人好奇這一切發生的過程，畢竟大多數學醫的人都很科學，不信怪力亂神？

答：對一般人來說，可能我的能力很像通靈。那麼，或許可能要定義一下什麼是「通靈」？我認為，通靈就是：有外在的意識或靈體力量給你五感上面的資訊。

所以一般通靈的人可能會從某某大仙、某某菩薩、某某高靈，或某某過世的親人得到訊息。有些人出門會看有被車輾過剩下一半身體的鬼，在地上爬啊爬。或是下榻旅館打開門，看到有上吊的鬼影舌頭伸得長長的，在天花板上晃呀晃，甚至可能還會聞到一些腐屍的味道。

以上這些經驗我通通都沒有，所以我不認為我通靈。

至於本身的能力由來，是當我某天在靜坐時，突然靈光一閃，就自己想到怎麼做量子轉化了。你要說是上天給了我什麼訊息嘛～老實說，並沒有什麼高靈出現，按部就班的教我：「嘿，我現在要教你量子轉化，步驟一、步驟二……」之類的。僅僅是一個「好像可以這麼做」的念頭，然後我去實驗看看，就是這樣而已。

這大概就跟愛迪生發明燈泡，總共失敗了六千多次是一樣的；又或是像周杰倫腦袋裡經常有歌曲的旋律一樣。我相信很多人都跟我有一樣的經驗，就是那個突如其來的靈光一閃而已。但跟通靈不一樣，這些靈感是來自於我自己的內在；或許也可以說，這些是當我跟宇宙合一時，來自我內在的宇宙給我的東西。

巴夏也提過，既然我們都是幻化到這個世界的角色，所以我們的

一言一行，都是從宇宙「下載」到我們這個角色來的，也就是說，我們無時不刻都是跟內在自己的宇宙「通靈」著。而關於我其中一個能力「迴天幻眼」，那個就是每個人被催眠時都能進到的狀態。只是當你能夠把情緒都釋放掉，沒有小我干擾時，你看到的內容會更加接近所謂的「真相」。

說也好笑，我曾經一直以為，所謂的天眼或陰陽眼，就是要用肉眼看到佛菩薩或鬼神，那樣才是天眼或陰陽眼，那是資訊來自外在的通靈定義。如果說，來自於自己看到的就算的話，那麼每個人每天都在做白日夢，那個都可以算是內在的訊息。所以，如果你硬要說我是通靈的話，我只能說，或許我是跟我自己「內在的神性」通靈。跟外面所謂的有高靈出現、通靈給你訊息，完全是兩回事。

我之所以能研發「量子轉化」的機制出來，當然也是和我本身是學醫的有關。一開始我學的是自然醫學，我擅長的是「撥恩技巧」、「巴哈花精」與「同類療法」。但當我幫一些病人治療到一個點後，我發現他們的病情很容易就會卡住了，我百思不得其解。

後來我學習到了 EFT 情緒釋放技巧，我把它跟露意絲‧賀（Louise Hay）的身心訊息觀點結合起來，發現我可以讓病人的病情進步許多。對我自己來說，我突破了一個相當大的瓶頸。

當醫師的人當然鐵齒，凡事都要講求證據與效果，否則我無法被說服。所以當我從 EFT 情緒釋放技巧開始，搭配 NLP、吸引力法則以及我本科的自然醫學，我發現，透過情緒的改變，竟然可以改變別人的命運，幫助別人心想事成！

接著又遇到薛佛德老師以及許多國外的老師。我覺得能夠有量子轉化的出現，只是在於我「準備好了」而已。我剛好有過宗教上的經驗，有學習氣功、CIA 遙視的經驗，我上過了我需要上的課，腦袋裡也有我需要的資訊，只是在那一次的靜坐中，宇宙幫助我把所有的資訊連結在一起，量子轉化就出現了。

同樣的，即使量子轉化的一些新想法看似可行，我也是進行了一段時間的實驗與印證，才開始幫別人解決問題，量子轉化一點都不怪力亂神。

所以我經常說，量子轉化是宇宙給我的禮物，也是每一個人都可以收到的禮物。

　　最後，超渡靈魂的部分，只要你肯把《阿彌陀佛往生神咒》三十萬遍唸好、唸滿，依照密宗師父的說法，你的超渡功力應該都不會太差才對。更何況，還有根本上師駐頂加持的力量呢！

問：為何取名量子轉化？如何知道量轉能幫助處理事情，並提供此服務？

答：我對取名字其實一直都很不拿手，只是當時要開放服務，總也不能沒有名字，我本身很喜歡動漫，但如果取一個很中二的名字也很奇怪，難道要叫「銀河星爆」或「星爆氣流斬」嗎？（笑）

　　「嘿，我們明天來找王博士做『銀河星爆』吧！」這是什麼搞笑對白啦！所以只是想說這是個很科學的東西，技巧也符合量子物理，所以用「量子」；既然可以幫助別人改變人生，那麼就「轉化」吧！說到底這只是個呼應技巧的名字，之後的發展會不會更多元，或產生新名稱？其實都很難說呢！

問：如何知道跟宇宙溝通並下達願望，就能達到想要的結果？請問你是如何思索練出來的？

答：量子轉化這個技巧，與其說是跟宇宙溝通，實際操作時，我比較傾向這是一個「駭客」入侵宇宙的概念。當你了解到，宇宙與我們世界的本身都是電腦虛擬的遊戲時，那麼這要做起來就簡單多了。

　　在一個遊戲裡面，角色身上每一個你所看到的狀態，都只能是一個參數。比如說你有多少錢，就是這個角色有多少錢的意思。下一個問題來了，那麼要如何讓你的角色變有錢？如果依照遊戲的規則，玩過遊戲的朋友們都知道，當你等級很低時，你能打的怪等級也相對的低，報酬也很少，所以想要累積一筆遊戲裡面的財富，並不是件容易的事。

　　那麼另外還有兩種方法，一個是「課金」，就是透過遊戲本身的

收費機制，把我們現實生活中的錢，轉變成遊戲裡面的金錢（通常是聖石之類的名稱）。但是我們並沒有一個所謂遊戲外的玩家，會幫我們課金，所以這個選項無效。另一個方法就是「開外掛」，或是透過「駭客」來修改你這個角色手上金錢的參數。

只是，身在遊戲系統內的我們，要如何到系統外開外掛呢？答案很簡單，就是和宇宙神性合一。簡單來說，當你透過情緒釋放，讓「小我」已經不干擾你時，你的本質就是跟宇宙神性是一樣的；在那個狀態，你就是 Game Master 了，你就具備了「從遊戲外面修改遊戲內角色參數」的最基本能力。

當然，說是很簡單，但是真的能讓你有可以改變參數能力的過程，一點都不容易。除此以外，接下來還有「權限」的問題。權限，自古以來大多被稱呼為「法力」。法力越高，你每次能改遊戲裡面的參數就越多，或是你就能一次改變更多不同的東西，同時也會提升遊戲世界依照你設定而改變的速度。

要怎樣提升法力？那這就得靠多練習了。直到今天，我每天晚上仍然都花大約兩小時練功，我把我的功力歸功在我肯腳踏實地的每天練功。而不練功，也是大部分人會失敗的地方。

所以在此不得不又再次強調情緒釋放的重要性。之前我提過，釋迦牟尼佛得道後得證了「漏盡通」，也就是人生再無煩惱時，他的其他五個神通就出現了。神通，就是開外掛。也可以換個角度來說，釋迦牟尼佛透過情緒釋放後，得到了駭客遊戲的能力，改變了自己這個角色的參數，讓這個角色開啟神通的外掛。

問：你的課程常強調，沒有通靈體質也能改變現狀（因為你自己是零通靈），所以課程一般大眾都可學；真的沒有通靈體質、任何人學習後，都可像博士一樣嗎？

答：我不會通靈，自然也無法教你通靈的東西。我的課程的確就是設計給跟我一樣，曾經對人生感到極度無力而不知所措，卻又想靠一己之力扭轉命運的「麻瓜」。

每個人都可以學烹飪，但不是每個人學了就會變成米其林主廚。

學習後如果有把課程內容融會貫通，也肯跟我一樣努力練習的話，每個人都可以跟我一樣的。

畢竟，我也是從一個什麼都不會的普通人開始的。

投靠博士就好，還需要上課嗎？

曾有人問我：「老師你功力這麼強大，那麼只要人生有問題時來找你做量子轉化就好啦！幹嘛要上你的課？」

這真是個好問題。答案是這樣的：當你人生遇到困境時，人會尋求解決的方法往往只有兩種，一種是外求，一種是內求。外求就是尋求現實世界中的解決方案，內求則是往自己的內在世界來解決問題。

如果從現實世界中能很快找到解決的方案，那麼你的問題早就已經解決了，所以要討論的是，當你現實生活中，沒有能力解決問題時怎麼辦？那麼，首先要了解的是：一切外在世界的變化，都是你內在的狀態所顯化出來的。所以，當你外在無力解決問題時，就必須要從內在的方式來找到解藥。

當然，這過程中會遇到「好的能力者」與「不好的能力者」。好的老師真的會帶你上天堂，不好的老師會把你騙光光，因為他並不了解什麼是「往內求」，很多時候只是包裝了「內求」的糖衣來騙你的錢。這種老師我曾經遇過許多，除了沒被騙色以外，能被騙的我差不多都被騙過了（笑）。

往內在尋求解答，方法不外乎是「讓情緒與能量產生出你要的變化」。值得注意的是，「求神拜佛、請人解前世」這種，嚴格說起來不算往內在尋求，但很多人都誤以為是。內求到了極致，才能真正的跳脫到遊戲系統之外，來操縱系統內的一切。

總之，簡單來說，是看你到底有沒有決心跟毅力，以及有沒有正確的方法與實際的行動來解決你的問題。每個人的人生，都會有各自的主題與功課。如果你有來找我幫忙，我雖然有能力處理掉許多你的負面情緒與能量，讓事情有進展與變化，但我無法幫你完成你自己的人生功課，否則功課就失去了其本身存在的意義了。

　　人生因為痛苦才出現所謂的功課，如果沒有這些功課的化解，其實你無法找到人生的意義。而在功課的處理中，最後終將帶給你喜悅與圓滿。

　　請記得：

- 痛苦是根源
- 功課是明燈
- 情緒是方向

　　當你跟我學習到正確內求的心法與技巧時，你解決問題的方向會是正確的；而當上天看到你真的有心在做練習，在往內在解決問題時，再搭配上我的量子轉化，讓我把你問題的負面能量解決到你自己可以負擔的層級時……那一瞬間，上天看到了你真切想解決問題的決心與行動（偷偷跟你說，老天爺很吃行動這一套），一切天人合一，水到渠成，問題就迎刃而解了。

　　請記得，當你沒有往內求加上實際行動時，就是在告訴上天，你並不想要問題被解決，並不想要願望被實現！那我能幫到的是有限的。

　　因此，找我做量子轉化與學習，兩者並不衝突，效果反而會無限的加乘！

問：博士是否試著歸納出個案或是你的學員，操作量子轉化後到的成效？

答：坦白說，族繁不及備載。在我們課程的私密社群中，許多學員都有發表自己在不同課程中做到的效果以及經驗分享。甚至，【一階

魔法】的學員在尾牙時，經常包辦了自己公司的各大獎項，所以案例統計是有的。另外，由於案例量過高，在撰寫、整理本書時，甚至思考要另外單獨出一整本案例故事集。因此，可被見證與檢驗的案例真的很多，只怕你不來體驗與嘗試。

問：若真如你所說，量子轉化及其研發課程如此強大，其他所有身心靈老師及神明代言人不就沒飯吃了？遭遇不順的一切，只要來個量子轉化，是否就能換得順順利利的「現實生活」？

答：老實說，我的課程都是我獨自研發跟整合一些國外課程而來，我並沒有接觸到台灣身心靈課程的體系，所以我不知道外面其他老師或課程是怎麼一回事。

我開課跟幫人做量轉的目的，從來都不是要讓別的老師或是神明代言人（畢竟我這邊不講宗教，基本上跟神明無關）難看。其實就只是很單純的透過幫助別人，然後做自己喜歡做的事情，順便混口飯吃而已。

每個人都有自己生命的課題與劇情的安排，有問題來找到我，我能幫到他，這樣甚好。如果他在別的老師那邊能解決到問題，也是甚好。即使在我這邊做量轉，我也無法保證事情百分百會照設定的發生。

會干擾結果的因素很多，像是個案的情緒，我認為這是最嚴重的干擾之一。首先個案必須給我足夠的資訊，接下來還有個案本身本源的層級，以及個案願望目前原廠參數為何，讓我知道如何去駭客、修改參數等。如果牽扯到別人，那干擾的因素就又更多了。另外被作法或被能量干擾，也是很麻煩的一個因素。

另外還有一個問題，就是許了一個不可能達成的願望，自然也不可能實現。簡單舉例，假如當下你骨折了，不管你再怎麼做量子轉化，骨折的部分都不可能馬上自動接回去。

現實生活中許願，還是必須顧慮到遊戲的現實基本規則，這樣才符合現實。再次強調，量子轉化非常科學，並不怪力亂神。量子轉化

本身的目的，僅是提升事情成功的機率，如此而已。

問：博士曾提到凶星部分，所有事物都有可能是凶星，那不就對任何人事物都要量轉一下？把凶星量轉，這樣不幸的事件就不會發生嗎？
答：如果能這樣的話當然很好。但是問題是，我不會通靈，我也不可能一天到晚測來測去，看看出現在我身邊的人事物到底是幸運星還是凶星。要是每天這樣做，我想我會資訊爆炸跟得強迫症的。

　　但是我舉個例好了，我有位身材比較有福氣的朋友，他知道他自己心臟可能不太好，所以有找我測了一下，我當下得知，心臟是他的凶星，於是就把他調成幸運星。約莫半年後有一天，這位朋友在跟女友發生親密關係後，走出摩鐵要開車時，竟然急性心肌梗塞發作！還好女友趕緊叫救護車，將他送到醫院緊急開刀，這才撿回一命。

　　事後這位朋友跑來感謝我，他說，他平常業務的關係常跑國外，好險這次發作時人在台灣，而且身邊有人。如果在國外發作的話，可能沒人可以幫他叫救護車；即使有，國外龐大的醫療費用，也是他負擔不起的。真是感謝我把他心臟事先調成了幸運星，讓心肌梗塞在「最安全」的時候發作。當然我最後還是酸他，叫他要減肥，不然有多少顆心臟都不夠用啊！

問：在社群日帖中，博士常常發文提醒「要準確許對願望」，因為宇宙跟我們文字詞意認知不同，所以很多是表達不清楚，導致願望沒能明確傳達。意思是說，其實願望可以達成，但只是一般人不知道要如何對宇宙正確下達正確內容嗎？
例如我知道一個事件，是跟神明許願，希望得到一筆錢，結果中獎獲得一筆錢後，家人過世。你也有提到你有個案，想要一筆錢，也是從家人出事，拿到保險金。但是，不是很多人求神拜佛都沒效嗎！為何上面案例跟神明許願後，真的會得到一筆錢，只是因為他有正確說明願望，而一般人沒正確向神明許願，這麼單純嗎？
而且，要如何得知所謂「願望安全設定」？我希望得到錢，又不會危

害到家人生命，該怎麼做？

答：是的，請參考本書第一章〈對宇宙許願時容易犯的錯誤〉，文中有提出詳實的誤區與注意事項。還有在我的課程中，我會教導如何用正確的句子許願，以及如何安全的許願。想要掌握更多精隨，也歡迎隨時留意課程資訊。

另外，我認為願望成真與否跟求神拜佛無關，但是這關乎你自己的信念系統。我只能說：「真正厲害的不是神佛，而是拜拜的那個人。」

問：博士曾在臉書提到，你有個案例，做法事、拜拜、補財庫都沒用，是不是沒正確許願的關係？另一個案例，一個泰國單親媽媽拜神佛跟找法師作法，導致量轉反撲。（故事詳情請見本篇後【零通靈看世界】）

這兩個案例都有拜佛，差在一個有找法師，所以會影響你做完之後能量調整嗎？因為你說不想跟泰國神佛大戰，那另外個案也有作法事，為何就沒有干擾呢？

答：「不想跟泰國神佛大戰」，那只是寫臉書日帖文章的詼諧手法，不用太認真。如同我上一個問題最後所回的：「真正厲害的不是神佛，而是拜拜的那個人。」

沒正確許願當然也是因素之一，但另外一個更重要的是：你必須要知道你內在真正想要什麼。

之所以會發生這些事情，很多時候都是個案本身對事件「自我感覺良好」所導致而成。也就是說，事情本身沒有照你想要的走，你卻硬是要認為事情應該照你想要的走。你的內在其實是恐懼與害怕的，而這個負面的情緒，最終導致了負面的結果。

求神作法並非多多益善

　　有一次，我和一位專門來台灣做代購生意的泰國朋友見面，聊天中發現她的情況不太好，言談中一直在想辦法要找錢，而且這次在台灣的生意不太好，讓她面帶憂愁，原本天使般的笑容不見了。

　　我看了一下她最近金錢的能量，結果大吃一驚，怎麼突然變得這麼負面？我第一個出現的直覺是「投資賠錢」，我測一下能量確認後，問她：「妳的財務狀況怎麼了？妳是不是把錢拿去放到錯誤的投資標的，然後賠錢了？」她頓時痛哭流涕！因為她本來就知道我的能力，所以也沒感到太驚訝我為什麼會知道。

　　我再看了一下，天啊，2018 年台灣跟泰國都會吸她的能量（也就是，以相欠債的概念來說，那年她欠台灣跟泰國欠慘了，所以根本不可能從這兩個地區賺到錢啊）。即使之前表面上看起來有賺到錢，但是因為相欠債的緣故，賺到錢後就會莫名其妙地被「吸走」，錢就消失了。

　　我心想，她是一位單親媽媽，為了生活這麼辛苦的打拼，就幫她一把吧！於是我幫她調整了她與台灣跟泰國相欠債的關係，起碼讓她在台灣的這幾天生意可以好一點。隔天她跟我說，生意跟之前比，終於有起色了，我也為她開心了一下。但是，之後她又跟我說，過了第一天後，她開始遇到一些奇怪客戶的刁難，雖說生意是有做到，但是並不輕鬆。

　　這跟我平常處理後所觀察到的結果不太一樣，於是我決定再看更細一點。因為我沒有通靈，不會有高靈來告訴我她的問題癥結點，我只靠平常累積的經驗與智慧，並運用邏輯去判斷與除錯，才能推斷到事情的原委。

測完了發現，果然是我最擔心的狀況。她在泰國拜過太多神佛，應該也是找了不少當地的法師幫她的生意作法。並不是說不可以這麼做，但泰國當地許多作法的，都不是太正派的神明，有的是養小鬼或惡靈（其實在台灣也是很多啦）。那些在我之前所作的法，會產生干擾與反撲，所以導致我這一次這樣調整能量的效果有限，因此就出現了原本不應該出現的刁難她的客人。

在這邊告訴大家一個我觀察到，應該不算是祕密的祕密：不管是哪裡，許多幫人作法的法師都不太會把東西完整的幫你處理好，因為他們希望看到的是，你因為他們的幫助而得到改善，但這改善只是暫時的，讓你之後還會繼續回去找他們，他們才有錢賺。

而且不一定是宗教圈裡才會這樣喔！我知道在台灣就有一個 NLP 老師，會專門詛咒自己的學生跟身邊認識的人，讓他們人生出問題後才會去找他解決。

總之，這行水很深，祕密很多。我猜想唯一能幫到我泰國朋友的方法就是：把她身上這些作法全部都解掉。不過我沒有在幫人解被作法的服務，所以我沒有出手。畢竟我並不擁有通靈人般的感知能力，所以在這方面是比較「吃虧」一點以外，最重要的是，我也沒有打算跟泰國的滿天神佛或是小鬼惡靈等的來個大戰一場。

更何況，我怎麼知道解除掉她身上的作法，對她來說是不是最好的呢？搞不好她在泰國因為這些法術的幫助，也得到很多好處也說不定啊。我不是神，無法幫她做這種決定。

我想，這也是她命中的造化了，非親非故的，其實我能多管的閒事也是很有限。

問：若找你做量轉前、後有參加身心靈課程，或本身有在靜心、修練及練功，會影響量轉能量和結果嗎？或是量轉後在等待事件發生結果的這段時間，還可以正常做上述事情嗎？
答：如果想要心想事成更快速有效，請記得我從頭到尾一直在強調的

關鍵，就是自身情緒的平穩。所以不管你參加身心靈課程，或是本身有在靜心、修練及練功，只要你的技巧不會導致你對願望匱乏，產生負面情緒，那麼不管做什麼都沒有關係。如果能幫助情緒更加平穩的話，自然是更好。

反過來說，任何會讓你對你想要的願望產生負面情緒的技巧與功法，都會拉長你達標的時間，甚至會讓你根本無法達到心願。

量子轉化能幫助的，就是提高你達成願望的機率，但無法幫助你達成「你在能量上對宇宙訴說著你不想要」的願望。記得，任何時候，當你想到你的願望，你產生的是負面情緒時，就代表著你內在其實是訴說著：你並不想要它實現！

問：如果個案因為同樣事情來做量子轉化，會發現根源或是原因嗎？你會建議個案把根源去除，或是告知原因（就像博士有時臉書日帖會把個案來龍去脈詳加描述）？例如：你之前提過，有人本源是精靈，後來被作法變獸人，如果你發現前來進行量子轉化的個案有類似情況，你會主動提出並告知嗎？
答：我通常認為問題的原因，都是「原廠設定」居多，因為我本身沒有通靈。很多時候，我也只能透過空間訊息讀取的結果，來推敲個案目前問題是怎麼來的（其實就像醫生看檢驗報告來做診斷一樣的意思）。

被作法是不太常出現的案例，所以要不要說出口，就是看當下的感覺吧！如果當下我覺得眼前這個人信任度足夠，我可能會提一下。但是，我也沒有打算沒事幫所有來找我的人一一解除作法，解不解，我想就看個案跟我之間的緣分吧！

問：請問，透過量子轉化調整文明、本源、天財，會有時效性嗎？
答：相信這是大家比較在意的問題，調完了能維持多久？效果能有多好？

在我的研究中，文明就是生命藍圖，占了你人生的 75% 左右，

除了我用量子轉化調整之外，要出現變動，是很不容易的事情。

但目前觀察到，有兩件事情可以影響到文明的組合：

第一，改姓名。我自己改過名字，我看了我自己改名字前後的文明組合，是很不一樣的。我另外再看了一些我知道有改過名字的個案，也是會出現變化。

藝人改藝名的話，同樣也會有變化。例如，安心亞本名廖婧伶的文明組合是 D-2，改完藝名安心亞後，則變成 B1C2D2，這真的是天壤之別！當然我也有認識藝人朋友改錯名字的，這也是很糟糕的。

所以好的名字真的會帶你上天堂，一定要慎選改名字的老師。（工商服務，推一下我們晴康中心的宇宏老師，是姓名學的高手，加上可以找我幫你選字，效果如虎添翼！）

第二，整形。我也曾把幾個案例整形前後的文明做了比較，的確也是出現很不一樣的文明變化。

為什麼這兩個會出現這麼大的變化？從遊戲的角度來說，改名字跟改外表，都可以說是「角色重塑」；換句話說，就是換了個新角色，所以屬性出現變化是理所當然的。

接下來，本源容易受制於情緒的影響，所以如果無法保持好心情的話，本源等級容易往下掉。不過，當你本源調到比較高的時候，自然你的生命中也不太容易出現影響到你情緒的事件，這是一個相輔相成的循環。

最後，天財容易受到流年、流月的影響，畢竟這也是屬於命運的一部分。生命總有潮起潮落，這是自然界運作的現象。不過，當你開了天財後，在財運上，腳步會站的比較穩，也就是說，當流年、流月對你不利時，你受到的影響相對是少的。

同理，當流年、流月對你有利時，因為開過天財，所以財運自然會強上加強！

問：外面也有很多宣稱可以幫人改變命運的老師與大師，我可以找別人幫忙，為什麼我要找你做量子轉化？你跟別的老師差別在哪？

答：量子轉化跟其他技巧有一個很大的差別，首先要有「我們所處在

的世界是個電腦模擬遊戲世界」的認知，那麼差別就在於：量子轉化是從系統外開外掛、改變命運的做法；其他的技巧就我所知，都是用遊戲系統裡面的方法來改變命運。

舉例來說，假設遊戲裡面有一把最強的武器，叫做「王者之劍」，王者之劍是在亞瑟王傳說中所登場的魔法聖劍，可以稱得上是後世騎士文學中，英雄多半配持著名劍、寶劍傳統的開端。

這把劍依照遊戲中的歷史，可能存在於現在英格蘭的 Dorzmary Pool。如果遊戲中有一個傳說或是規則說：「只要拿到王者之劍，就可以擁有等級 99 的攻擊力。」那麼所有的玩家一定會為了得到這把劍，而迫不及待地殺去英格蘭，大家搶一把劍，免不了一場腥風血雨。

最後費盡千辛萬苦，你終於打敗所有的對手，取得「王者之劍」這把神器的物件所有權，配備後你就擁有等級 99 的攻擊力了。以上就是在系統內，依照遊戲規則來滿足條件、改變命運的做法。

但假如我是遊戲的系統工程師，我可以從遊戲外掛程式另外「寫出」一把劍呢？姑且就稱它為「王者之劍 EX」好了，持有者將會達到等級 120 的攻擊力。遊戲系統工程師可以隨時看他心情，隨便把這把神劍賦予遊戲裡面的任何一個他選擇的角色，讓角色擁有超越 99 等級的能力，這就是「從系統外開外掛改變命運」的做法。

兩者沒有誰對誰錯，只是輕鬆度與效率的問題而已。前者你必須依照遊戲的規則，一步一腳印的從台灣出發到英格蘭，經歷一場大戰的廝殺，打敗所有的競爭者，才能得到寶劍；相對於系統直接變出來給你，哪一個比較輕鬆？

當然，如果你想體驗在遊戲裡跟其他玩家殺的你死我活來爭奪王者之劍，那麼依照遊戲規則走，就是個比較適合你的方法。問題是，當你知道系統可以就這樣憑空變出「王者之劍 EX」給你的時候，你還會想要老老實實的闖關打怪嗎？

從人類有歷史以來，「改變命運」就一直是人類熱衷的項目，從最古遠的祈雨儀式開始，在西方就出現了宗教、禱告、巫術、血術、黑魔法等技巧；東方則有宗教、道教、佛教、密宗、泰國佛牌、降頭、蠱術、等等種種幫助改變命運的方式，當然還有其他比較不公開的邪

術，像是養小鬼、祭獻生命等。

不管是哪一種方式，都因為歷史的久遠，而架構出屬於它自己的一套遊戲規則（所有的儀式、儀軌）。也就是，玩家必須遵守這些遊戲規則，依照這些規則去做，就有可能得到自己想要的結果。而這些規則往往都很難懂、複雜，且不容易做到。

我過去的人生中，也曾為了得到我想要的目的，而依照不同宗教門派的這些遊戲規則去做。像是曾經跟我媽為了化解祖先的業力干擾，兩人一起總共燒了價值新台幣 98000 元的金紙、也曾花了 50000 元改宇宙戶籍、固定時間燒金紙給土地公等等，但是幾乎是沒看到任何效果的（邪術的部分恕我膽小，我不敢碰，也不懂相關運作的機制）。

當沒有效果時，你往往會被告知沒有效的理由，像是「業障太深重」、「前世因果業障」、「你跟對方沒緣分」、「你不夠誠心」、「燒的金紙不夠」、「神明沒有答應要給你」、「福分不足」、「祖先業力干擾」、「冤親債主」等等。這些都是無法印證跟沒有實際有效方法可以改變的。更何況，當你求神拜佛，或是想依賴其他術法時，你就把力量交給別人了，這往往會大幅增加你對事件的無力感（所以我不講神佛、不講宗教，因為它們也是我們處在的遊戲世界裡的產物，是系統內而不是系統外）。

因此，當我接觸到 EFT 情緒釋放技巧，且立刻感受到它釋放情緒後帶給我的變化時，我驚為天人，也從此大力推崇 EFT。因為它免費（任何人都可以上網找到相關資訊）、簡單，而且自己情緒好壞自己知道，你並不會陷落在一個「不管怎麼做都不知道問題到底出在哪」的困境，只要情緒變好，事情變好的機率就會提高許多。

這些技巧在邏輯上一切清楚明白，不再有你不知道也無能為力的理由，被怪罪為生命卡關的幕後黑手，這是多麼大的一種解脫啊！而我透過不斷地情緒釋放（我的二階與三階課程就是更快速有效的情緒釋放），終於讓意識可以提升到我們這個遊戲的系統之外，開啟外掛開始修改遊戲的內容。

雖說這方面未知的東西還很多，但是我很確定，我的方向是快速

跟有效的。因為是電腦模擬的遊戲啊，電腦就是單純的 0 與 1。0 就是沒有，1 就是有。我只要能夠找到需要調整的參數，去把開關開啟，讓你從沒有變到有，命運就得以改變了。人生多麼簡單。

一切外在世界的現象都是你內在心境的顯化，只要能夠進到內心深處，你就會有能力來到遊戲系統外，開始幫自己的人生開外掛，修改原廠設定。

如果不是這麼做的話，那麼就得乖乖的依照遊戲裡面的規則來。只是可惜的事情是，雖說是在遊戲世界裡，卻不是世界上每個人手上都有一本遊戲規則的說明書，甚至很多人被灌輸了沒有用或是錯誤的說明書，即使得到了也枉然。

很多人窮極一生，都沒找到改變命運的遊戲規則，然後就鬱鬱寡歡地過了一輩子。但是呢，因為是一場遊戲嘛！搞不好，沒有辦法心想事成，也是你上界玩家透過你這個角色，想體驗、想玩的也說不定呢！因為想體驗「沒有心想事成」而無法達成目的，也是種心想事成呀！

最後，並不是一定要找我做量子轉化才能改變命運。基本上，每一個存在的老師與技巧，都只是遊戲中裡面的一個遊戲而已，包括我與量子轉化也不例外，就看你自己選擇想找哪位老師、玩哪一種遊戲。只是我這邊的最基礎規則之一相對簡單許多：「掌控情緒，就能掌控命運。」我幫你把願望傳達給宇宙（在系統外修改原廠參數），接下來你只需要為你自己的情緒負責就好。這樣是不是輕鬆許多呢？

每個人都想要改變世界，但是沒有人想要改變自己

某一天工作上遇到的連續幾位個案，都是希望處理「關係」方面的問題。所以我就連續被問到了一些我覺得很莞爾的東西，像是：

「我想跟對方在一起，前提是他必須要怎樣、怎樣才行。」

很好，那你有想過，你必須要先改變什麼嗎？

或者也有一位待業中的個案：「我兒子都不務正業，不去找工作。可以讓他乖乖的去找工作嗎？」

呃，可是你自己不也是沒工作嗎？在你兒子眼中，你也是不務正業啊……

要知道，外在的世界只是你內在的一面鏡子。先有你內在的狀態，才會有外在世界的狀態反映出來給你看的。不管外在發生了什麼事情，都是在提醒你自己，內在哪邊可能「有問題」，才會導致外在你不想要的狀態（「有問題」是指，你主觀的認為有問題，而不是客觀的一個問題）。

其中一些個案也有接觸過不少身心靈課程，我只是很訝異，為什麼這個最基本的概念，在外面的課程並沒有被教導呢？

在我的經驗中，感情的問題的確是比較難處理的。它難處理的原因，不是因為要改變別人很困難，而是因為沒有人想先改變自己。

鏡子裡的你如果沒有笑容，那麼是誰的問題？當然是照鏡子的人的問題啊！你先笑了，那麼鏡子裡的你自然會笑的很燦爛。要解決「關係」的問題其實很簡單，你真心的打從內在改變了，對方就沒有選擇的，只好跟著改變，因為它是鏡像。

掌握到問題的關鍵點，問題已經解決一大半了。剩下的，就要靠自己的決心與動力了。

請記得，外在的世界沒有別人。改變自己，世界就跟著改變！

【尾聲】來自 A 文明的財富：有錢咒

　　2020 年 1 月的某一天，我腦袋裡突然不斷地響起了五個音節：「阿瑪伊布族」。這種感覺就像是，小時候聽過的某首歌突然出現一樣。當時我先把這五個字記錄了下來，猜測是宇宙有東西要給我，可是因為我不會通靈，所以只好開啟空間訊息讀取的能力，來一一測試比對。

　　我發現，原來「阿瑪伊布族」在中文的意思是「執行」，也可以是許多佛教咒語裡面完結語「梭哈」或是「娑婆訶」的意思。

　　有了初步的想法，我再去地下街跟通靈的師姐討論，師姐馬上收到訊息說：「這是天語。」呃，是說我又不會通靈，我也沒打算要學或講天語啊（我一直認為，天語是只有通靈人在通靈的時候才會說的語言，但是否如此，我不確定）。

　　後來我繼續用空間訊息讀取的方式跟宇宙問答，得到了這樣的結論：一般的天語，是 C 文明的語言；而佛教的咒語，來自 B 文明。我所接收到的「阿瑪伊布族」，是來自 A 文明的語言。

　　其實我近期在做量子轉化所使用的設定句，已經是偏向「程式語言」的架構了。我認為，如果我們的世界是一個遊戲結構的話，它必定是由程式語言所撰寫與構成，所以如果設定句能越接近程式語言，那麼理論上就可以達到更精準的效果。

　　我發現英文的文法其實是最接近程式語言的，尤其是「主動受地時」的句型。只是在表述上，會跟我們所習慣的中文語法方式很不同，但這部分比較複雜，就暫不贅述。

　　我花了兩天的時間，用空間訊息讀取技巧來取得了一些 A 文明關鍵的字。當然，其中也有一些自己覺得有趣好玩而得知的字句。

　　有了一些發音，再搭配上程式語言的架構，我發現，出現的東西聽起來就是佛教在唸咒語的感覺了，雖說這並不是咒語，而是 A

文明的語言。

　　A 文明只有 1 個語言，而使用的人口大約是 40 兆人口。
　　B 文明有 7 種語言，總人口數約 300 億。
　　C 文明有約 5000 種語言，總人口數約為 50 億。

　　由此可知，越往下的文明，人數雖然越少，但語言種類卻越多（這讓我想到《聖經》裡談到巴別塔，上帝透過語言分化人類的故事）。但不管怎樣，從型態場的角度來說，一個東西使用的人口越多，存在的時間越久，它的力量就會越強。所以來自 A 文明語言的力量，一定會強過 B 與 C 文明的許多，更何況，我們的世界就是源自於 A 文明呀！

　　到此，我終於明白咒語的祕密了。因為我們 D 文明人類語言的句型不夠程式語言，導致設定容易不精準以外，反過來也因為我們的語言太精準，導致設定無法精準。

　　這時，我想你會說，博士你頭殼壞掉了喔？上面這兩句話是矛盾的耶。

　　沒錯，像是「阿瑪伊布族」這五個字，在 A 文明裡同時包含了執行、如我願、祝福、強化等五個意義，我們 D 文明的語言相對來說比較不夠「含糊」。

　　咒語就是一個詞有多種意義，但是因為我們的語言一個詞只會有一個意義，無法一詞同時多義，這樣的情況下，翻譯起句子就會失真，咒語上就會失去效果。所以在佛教裡通常不去翻譯咒語，就是這個道理。

　　因此咒語又叫做「真言」，也就是其他文明真實的語言之意。

　　此外，佛教的《心經》僅以 260 個字，就濃縮了 600 卷大般若經的要義，而《心經》裡面的咒語：「揭諦揭諦　波羅揭諦　波羅僧揭諦　菩提娑婆訶」這 18 個字就又濃縮了《心經》裡 260 個字。

換句話說，這 18 個字的咒語就是 600 卷大般若經的總和，也未免太「含糊」了是吧？

原來咒語的「密中密」就是：首先要使用高過自身文明的語言，重點是只要句子越不精準，反而就能達到更精準的效果。

那麼在這邊跟大家分享 A 文明的有錢咒語：

俱・尼卡・阿瑪伊布族・記・Mur・Pa・Ring

短咒則是「俱・尼卡」就可以了。想唸長咒短咒都可以，但是長咒的效果比較完整，會建議有時間就唸長咒。

這咒語一天只要唸 7 次就夠了。有些人因為在宗教時習慣咒語唸很多次，只唸 7 次會覺得不夠踏實，如果一天想唸比較多次的朋友，可以每天最多唸到 21 次。想多唸也不是不行，但超過 21 次，能量無法再累積上去，因此沒有差異。

【備註】

咒語果然跟密宗裡講的一樣，是需要「授權認可」才能使用的。在密宗裡面的認可，是透過灌頂來完成，但因為我並不打算成立宗教，所以將來只要有來上我課，我在課堂上有傳授的咒語，就可以得到授權認可，或是直接跟我購買使用權也可以。

另外，只要有購買本書的朋友，就可以得到唸 A 文明有錢咒的授權。授權是給予書本的持有者，賣掉了就會失去授權，買二手書也無法得到授權。送人的話，得到書的人就是持有者，一樣會得到授權。

如果想累積財富能量的話，最多可以累積到 6 本書的能量，超過 6 本以上就無法再累積上去了喔！

最後，分享兩則有錢咒短咒「俱・尼卡」的個案回饋吧。

◆回報王博士，今天統一發票開獎（開 108 年 11-12 月發票），我竟然中了三張，1 張 1000 元，2 張 200 元，共中獎 1400 元。我從來沒有這樣中獎過，我這兩天都有唸「俱·尼卡」，不知道是「俱·尼卡」還是「過年旺旺旺」的效果，哈哈！總之很開心。感謝王博士，新年快樂！

PS. 附件是中獎發票截圖，以茲證明。

◆嗨，博士：

我想跟你分享一下我今年靠你的有錢咒與幸運星。過年遇到的爽事。

我初一就刮中兩張刮刮樂，中了 2000 元。

之後拿到幸運星的幾天，跟親戚朋友打了四次牌，只有一次沒輸沒贏，其他三次牌都從頭好到尾，好到我會怕（差不多等於三次都有拿到同花順的等級）。靠運氣壓制全場，贏到沒人敢跟我打。三次贏法都很猛，只有我贏，其他人都輸。

【附錄】卡到負面能量的自救方法

　　我的服務並不包括幫人解決卡到負面能量、卡到陰、遇到小鬼或是被作法的問題（真的要我解，我的費用會超級貴）。那真的遇到了怎麼辦？如果你有認識的師父、法師、神父、牧師等有能力解決的話，就可以直接找他們處理。

　　如果你對拿香不排斥的話，我推薦大家可以前往位在台灣新北市中和區的「烘爐地」。基本上要準備的東西很簡單：

⊙便利商店就可以買到的小瓶中式烈酒（高粱、二鍋頭、大麴等），因為土地公愛喝酒，祂喝得越開心，就越願意幫你處理問題。
⊙牛奶，代表豐盛之意。
⊙甜的水果或是糖果，代表甜蜜的結果。
⊙到現場買蠟燭（總是要給在地店家賺點錢）。
⊙其他供品隨自己心意，不拘。

　　準備好這些供品後，去土地公上香，報上自己的姓名、生日、地址，然後跟土地公報告你最近卡到或沾惹到負面的能量（或其他干擾），誠心地請祂幫你化解。

　　供品大約供個 10 到 15 分鐘左右，讓土地公有時間享用。等待的時間可以去其他香爐上香，或去換個錢，買飼料餵鴿子，或去摸摸土地公手上的元寶，總之就是自由活動時間。時間到了之後，把酒跟牛奶倒到旁邊山坡的土地上（記得，不是水泥地喔，要真的土地），這樣才是真正供養給土地公。

　　供養完了之後，跟土地公擲筊，請示祂是否已經處理完了？如果是聖杯，就代表完成了（一次聖杯即可），可以把水果或糖果帶回家自己慢慢吃。15 分鐘內如果沒有聖杯，一週後再過來，依照以

上步驟，再次請祂幫忙。

因為環保的緣故，烘爐地不給燒金紙，所以離開前記得去天宮爐過個火。

右手在香爐上繞三圈，然後依序把手帶到你的印堂、喉嚨、胸口，以及左肩與右肩（很像基督徒禱告畫十字的手勢），這樣等於是請土地公幫自己做了清淨、防護與結界。

如果你手邊有項鍊、念珠飾品，你若覺得它們能量不乾淨，也可以帶去放在供桌上，請土地公一併處理，取得聖杯後，再去香爐過火淨化即可。

以上是請烘爐地土地公處理的簡易流程，希望對大家有幫助。

如果你不住北部呢？抱歉因為我本身現在已經沒有宗教信仰，也沒有在拜拜，對台灣的廟宇也不熟悉，所以就無法給你建議。雖說實際效果因人而異，但是烘爐地土地公的型態能量場域強大，我認為大約 80% 的負面能量問題，土地公都有能力化解，大家有空可以去那邊走走。

請注意，我認為土地公並無法強效地化解被作法或養小鬼的攻擊，如果有遇到這些問題的，在台北可以找行天宮的收驚服務看看，在香港的則可以去黃大仙廟，擲笅請黃大仙給你「清風拂袖」的加持，可以化解掉某些程度的無形干擾，這是只有本書讀者才知道的特別服務項目喔。此外任何收費很高、叫你做功德，然後什麼都沒幫你做的，也是要小心。

另外，無形干擾種類眾多，有時候量子轉化的效果也會受此干擾。簡單來說，只要有被干擾或被作法，就會在事件上產生「空轉」。

例如：如果心臟被作法，心臟的功能就會空轉，最終導致死亡。其他的人事物都有可能遇到這些干擾而停滯不前。但是當你一去碰觸，就又有可能會跟施術者開戰鬥法，是頗棘手的問題，甚至有時候解開一個術法後，還會引來對方整個派別幾十幾百人的反擊，所以這是為什麼我堅持不跟別人開戰、不擋人財路的原因。

但是對於不觸碰到施術上而跳過空轉，量子轉化也是有特別技巧的，這些都在比較高階的課程裡會教授。

　　有興趣的讀者，可以多多參考我所開立的課程，自己學習掌握保護自己的方法，這才是長久之道。

【參考文獻】

△王永憲《不開心，當然會生病》，商周，2014

△王永憲《放下的力量》，商周，2012

△狄帕克‧喬布拉，米納斯‧卡法托斯《意識宇宙簡史：人類生命本質的九大奧祕》，橡實，2018

△亞德里安‧貝贊，《生命的物理學》，三采，2018

△林文欣《生命解碼》八方，2017

△珊卓‧安‧泰勒《量子物理與宇宙法則：量子成功的科學》，宇宙花園，20102

△科學人博學誌，《愛因斯坦的時空》，科學人，2017 年 11 月號

△椎木一夫，《圖解量子力學》，商周，2005

△戴維‧郭德堡，傑夫‧布朗奇斯，《宇宙使用手冊》，世茂，2013

△羅伯特‧舒華滋 《靈魂的出生前計畫：你與生命最勇敢的約定》，方智，2013

△羅伯特‧薛佛德《你值得過更好的生活》，大塊，2009

△ Amschek, Simulation Model Mechanism of the Universe, independently published, 2019

△ Buchanan, Lynn, The Seventh Sense: The Secrets of Remote Viewing as Told by a "Psychic Spy" for the U.S. Military. Pocket, 2003

△ Campbell, Thomas, My Big Toe, Lightening Strike Books, 2003

△ Kastrup, Bernardo, Why Materialism is Baloney, Iff Books, 2014

△ Barlett, Richard, The Physics of Miracles: Tapping into the Field of Consciousness Potential, Atria Books, 2010

△ Sheldrake, Rupert, Morphic Resonance: The Nature of Formative Causation, Park Street Press, 2009

△ Talbot, Michael, The Holographic Universe:The Revolutionary Theory of Reality, Harper Perennial, 2011

△ Virk, Rizwan, The Simulation Hypothesis, Bayview Books, 2019

影片：

△ Total Recall, DVD, Paul Verhoeven, Tristar Pictures. 1990

△賭俠 2 之上海灘賭聖，DVD，王晶，永盛電影公司，1991

△ The Matrix, DVD, Andy Wachowski and Larry Wachowski. Warner Bros. Pictures, 1999

△ Thirteenth Floor, DVD, Josef Rusnak, Centropolis Entertainment, 1999

△ What the Bleep Do We Know? DVD, Arntz, William, Health Communications Inc, 2007

△ Robocop, DVD, José Padilha, Strike Entertainment, 2014

△ Morgan Freeman Through the Wormhole Series, Youtube, 2015

網路搜索：

△ Youtube.com

△ google.com

△維基百科

王永憲博士　量子轉化系列課程簡介

【神祕課程】

來學習人人都能做到的時間魔法，讓自己安心之餘，也能用意識複寫現實，讓願望更快達成。

【一階・放下】

最基礎的入門課程，透過 EFT 與聖多納技巧，學習到更多放下的心法，開始體驗心想事成的神奇之道。

【一階・生命重設技巧・LRT】

術法類的最基礎課程，加上無需通靈也可以掌握事物的狀態的「空間訊息讀取術」，更能針對現況做出調整。

【一階・魔法】

透過初步的 CRV 練習，再搭配奇妙的魔法元素，讓你達到真正零通靈的境界。

【一階・逆轉】

最簡單的課程，只需逆轉能量，卻能有著極大的威力與效果，請勿小看這堂課程。

【一階・調頻】

精準的調整外在世界能量的頻率到你所想要的狀態。

【二階・轉化】

了解人類遊戲背後真正的目的，以及如何從遊戲中解脫。

【二階・進階】

更深入在人生各個層面探索二階轉化，有更進階的加速解脫技巧，還有分靈體的教授。

【三階・覺醒】

最快速情緒釋放的方法，讓自己徹底從人類遊戲中覺醒，處於不敗之地。

【三階・進階】

綜合所有一二三階的課程，就是量子轉化。這堂課幫你整合起來，融會串通！

【四階・超釋放】

最究竟的情緒釋放術，消除超越想像以上數量的分靈體於彈指之間。

【四階・幻魔咒心】

了解咒術的由來，學習自我防護以及破解咒術攻擊的技巧。

【四階・時空重整】

讓術法精準的在最有效力的時空中發揮，以及讓自己永遠處於對自己最有利的時空。

【四階・加分靈體】

消除分靈體以外，還可以加分靈體在人類遊戲中做出「系統生成」。

詳細的課程內容請參考官網：http://quantumrichard.com/?page_id=14

最新開課資訊請洽王博士的部落格與 facebook

晴康中心資訊

臉書社群請搜尋「量子深層意識轉化」（最新資訊都在此）
臉書粉專請搜尋「自然醫學博士王永憲」
官網：http://quantumrichard.com
部落格：http://drwang.pixnet.net

晴康身心靈中心
(02) 8773-6818（週一到週五 13:00-21:00 開放來電）
恕不接受當日預約，也不處理被作法、詛咒、卡陰、靈煞等相關問題。
量子轉化遠距請一律以電子信箱聯絡。請勿使用臉書私訊，臉書私訊將不會得到任何回覆。
Email: pingshun168@gmail.com

更多關於量子轉化的資訊及個案分享，請參考晴康中心官方網站：
http://quantumrichard.com/?page_id=58

國家圖書館出版品預行編目 (CIP) 資料

零通靈博士事件簿：宇宙遊戲大解密 / 王永憲著. --
初版. -- 臺北市：商周出版：家庭傳媒城邦分公司
發行, 2020.03
面； 公分
ISBN 978-986-477-804-1(平裝)

1. 修身 2. 生活指導

192.1   109001760

零通靈博士事件簿：宇宙遊戲大解密

傳　訊　者　王永憲
責 任 編 輯　徐藍萍
編 輯 協 力　柯延婷

版　　　權　黃淑敏、吳亭儀、翁靜如
行 銷 業 務　莊英傑、王瑜、周佑潔
總　編　輯　徐藍萍
總　經　理　彭之琬
事業群總經理　黃淑貞
發　行　人　何飛鵬
法 律 顧 問　元禾法律事務所王子文律師
出　　　版　商周出版　台北市 104 民生東路二段 141 號 9 樓
　　　　　　電話：(02) 25007008　傳真：(02)25007759
　　　　　　E-mail：ct-bwp@cite.com.tw　Blog：http://bwp25007008.pixnet.net/blog
發　　　行　英屬蓋曼群島商家庭傳媒股份有限公司城邦分公司
　　　　　　台北市中山區民生東路二段 141 號 2 樓
　　　　　　書虫客服服務專線：02-25007718　02-25007719
　　　　　　24 小時傳真服務：02-25001990　02-25001991
　　　　　　服務時間：週一至週五 9:30-12:00　13:30-17:00
　　　　　　劃撥帳號：19863813　戶名：書虫股份有限公司
　　　　　　讀者服務信箱 E-mail：service@readingclub.com.tw
香 港 發 行 所　城邦（香港）出版集團有限公司　香港灣仔駱克道 193 號東超商業中心 1 樓
　　　　　　E-mail: hkcite@biznetvigator.com　電話：(852)25086231　傳真：(852)25789337
馬 新 發 行 所　城邦（馬新）出版集團 Cite (M) Sdn Bhd
　　　　　　41, Jalan Radin Anum, Bandar Baru Sri Petaling, 57000 Kuala Lumpur, Malaysia.
　　　　　　Tel: (603) 90578822　Fax: (603) 90576622　Email: cite@cite.com.my

設　　　計　張燕儀
印　　　刷　卡樂製版印刷事業有限公司
總　經　銷　聯合發行股份有限公司　新北市 231 新店區寶橋路 235 巷 6 弄 6 號 2 樓
　　　　　　電話：(02) 2917-8022　傳真：(02) 2911-0053

■ 2020 年 3 月 17 日初版
■ 2020 年 4 月 1 日初版 2 刷

城邦讀書花園
www.cite.com.tw

Printed in Taiwan

定價 420 元